PHYSIQUE QUANTIQUE MINUTE

Gemma Lavender

PHYSIQUE QUANTIQUE MINUTE

200 concepts clés expliqués en un instant

Éditions **CONTRE-DIRES**
19, rue Saint-Séverin
75005 - Paris

SOMMAIRE

Introduction

Le monde de la physique quantique est un lieu étonnant, où les particules subatomiques peuvent faire des choses quasi miraculeuses : disparaître d'un endroit et apparaître soudainement à un autre ou communiquer instantanément l'une avec l'autre à travers l'immensité de l'Univers. Les particules réelles peuvent se mêler aux particules virtuelles qui « empruntent » de l'énergie à l'Univers, interactions régissant les forces fondamentales qui relient les atomes et les molécules, créant ainsi la structure même de la matière. Aux yeux des profanes, tout cela à l'air magique.

La physique quantique élargit les frontières du savoir, même si les interprétations des scientifiques à propos de sa signification diffèrent. Tous semblent cependant s'accorder sur le fait qu'aux échelles les plus infimes la nature est probabiliste – Dieu ne joue vraiment pas aux dés. Par exemple, la probabilité détermine l'emplacement le plus susceptible d'être occupé par une particule, ainsi que son énergie, sa vitesse ou ses autres propriétés fondamentales susceptibles de se manifester éventuellement. Selon nombre de scientifiques, c'est là le sens étayant la physique quantique. Pour d'autres, cela implique un multivers de réalités parallèles, où chaque possibilité est présente. Il n'y a pas encore de preuves directes de la justesse de cette dernière interprétation, pourtant les mathématiques suggèrent indéniablement cela.

Même si on débat encore de la vraie signification de la physique quantique, ses innombrables applications sont concrètes. Toute l'électronique de nos ordinateurs, téléphones, téléviseurs et tablettes opère grâce à des principes quantiques. Les lasers ne pourraient pas exister sans les niveaux d'énergie quantifiés des atomes. L'IRM se sert des mécanismes quantiques à l'œuvre dans notre corps. Dans un avenir proche, les ordinateurs reposant sur les principes de la physique quantique pourront résoudre des problèmes plus rapidement que tout ordinateur actuel. La physique quantique est aussi une étape vers la théorie ultime du tout qui tente d'expliquer l'origine du Big Bang et la structure à grande échelle de l'Univers. Des scientifiques suggèrent que même la conscience humaine a une nature quantique, chose controversée.

La physique quantique est de la science, pas de la magie. Pourtant, ce qu'elle arrive à faire est quasi magique. En cherchant à la comprendre, nous nous retrouvons immergés dans le tissu même de la nature et de la réalité.

Qu'est-ce que la physique quantique ?

La physique quantique décrit la science de l'extrêmement petit, des choses de moins d'un milliardième de mètre, de l'échelle des atomes, des particules subatomiques et de la longueur d'onde de la lumière. Elle met aussi en évidence la manière dont de nombreuses propriétés sont « quantifiées » – subdivisées en unités discrètes – à ces échelles infimes. Au quotidien, difficile d'imaginer les propriétés existant dans ce monde infinitésimal. Par exemple, des particules comme les électrons n'ont pas de dimensions physiques, d'autres sont dépourvues de masse. Toutefois, le fait que les particules peuvent montrer tant un comportement d'onde qu'un comportement de corpuscule est la notion la plus bizarre. Cette chose simple et en même temps surprenante est au cœur de la physique quantique et de tout ce qui en découle.

Il a fallu longtemps aux scientifiques pour accepter cette idée singulière ; la révolution qui en a découlé a bouleversé en profondeur la science moderne. Pourtant, l'idée de la théorie quantique plonge ses racines dans un débat bien plus ancien – la lumière est-elle constituée de corpuscules ou d'ondes ?

« Quiconque n’est pas choqué par la mécanique quantique ne la comprend pas. »

Attribué à Niels Bohr

La lumière est-elle une onde ?

La théorie quantique plonge ses racines dans un débat houleux, très long, sur la nature de la lumière. À la fin du XVIIe siècle, la question de savoir si la lumière est constituée de corpuscules ou d'ondes dominait la science. En 1678, l'homme de science hollandais Christiaan Huygens a popularisé l'assomption de la propagation de la lumière sous forme d'onde (reposant sur des idées précédentes du philosophe René Descartes).
Pour se propager, les ondes (des raz-de-marée aux ondes sonores) exigent un milieu. Il était clair que les ondes lumineuses n'utilisaient pas l'air comme milieu – on savait que l'espace était dépourvu d'air. Pourtant, nous voyons la lumière du Soleil, des étoiles et des planètes. Pour contourner ce problème, Huygens a avancé l'hypothèse de l'« éther luminifère », milieu dont il n'a pas expliqué la nature, affirmant simplement qu'il était dépourvu de masse, invisible et omniprésent. Peu surprenant, beaucoup d'hommes de science, dont Isaac Newton, n'ont pas été convaincus par la théorie d'Huygens, car pour eux la lumière était constituée de corpuscules.

L'étude du mouvement des vagues révèle des aspects du comportement des ondes, comme la diffraction, aspects qui sont aussi partagés par la lumière.

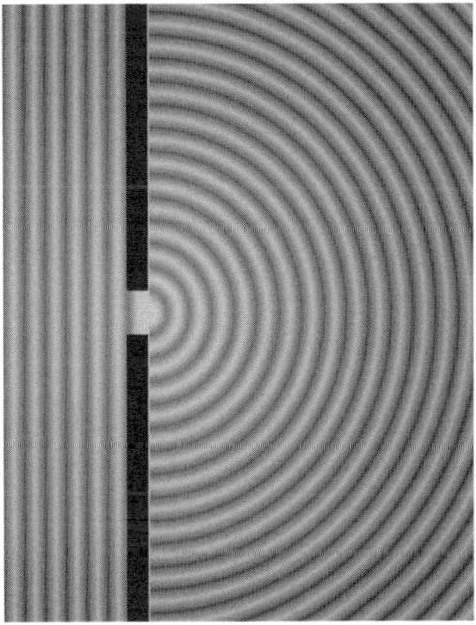

Diffraction des ondes parallèles après la traversée d'une fente étroite.

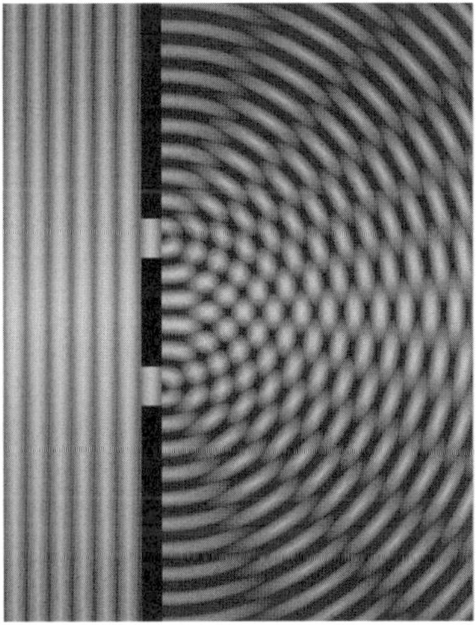

Figure d'interférences entre deux ondes diffractées.

La lumière est-elle un corpuscule ?

Le physicien anglais Isaac Newton a proposé un modèle où la lumière est constituée de corpuscules discrets. Outre ses objections à la théorie d'Huygens, son modèle reposait aussi sur la manière dont la lumière est reflétée à partir d'un miroir : les ondes ne se déplacent pas suivant les lignes droites qui produisent une réflexion, au contraire des corpuscules. Qui plus est, Newton expliquait la réfraction (le changement de direction d'un rayon de lumière en passant d'un milieu à un autre) comme étant l'effet d'un milieu attirant les particules de lumière et les accélérant.
Par un jour ensoleillé, on aperçoit les contours nets de son ombre. Mais si la lumière solaire était constituée d'ondes, les contours de cette ombre seraient certainement flous.
Le modèle de Newton est devenu la théorie dominante de la lumière, même si certains ne l'ont pas bien acceptée ; son influent rival Robert Hooke préférait toujours la théorie de l'onde. En 1801, longtemps après la mort de Newton, l'expérience de la double fente a semblé réfuter définitivement les corpuscules.

Quand il a utilisé la réfraction à travers un prisme comme argument en faveur de la nature corpusculaire de la lumière, Newton était dans l'erreur. Toutefois, sa découverte que la lumière blanche peut être décomposée en plusieurs couleurs a conduit à des découvertes importantes, dont la spectroscopie.

L'expérience de la double fente

Malgré le succès de la théorie corpusculaire de la lumière d'Isaac Newton, la théorie d'onde a gardé quelques partisans. Au début du XIXe siècle, l'Anglais Thomas Young a semblé réfuter Newton grâce à une expérience que les lycéens reproduisent encore à ce jour.

L'expérience de Young implique d'envoyer un rayon de lumière provenant d'une source ponctuelle vers une surface plane percée de deux minces fentes parallèles. Après avoir traversé les fentes, la lumière produit sur un écran deux figures de diffraction qui commencent à se chevaucher, créant ainsi un phénomène d'interférences. Quand le creux d'une onde coïncide avec le pic de l'autre, elles se neutralisent réciproquement, si bien que lorsque la lumière atteint l'écran, les ondes neutralisées produisent des bandes sombres, appelées « franges d'interférences ». Comme seules les ondes peuvent interférer de cette manière, Young a conclu que la lumière avait une nature ondulatoire. En étudiant les diverses couleurs de l'arc-en-ciel formées par les figures d'interférences différentes, il a réussi à estimer les longueurs d'onde de ces couleurs-là.

L'expérience de la double fente de Young

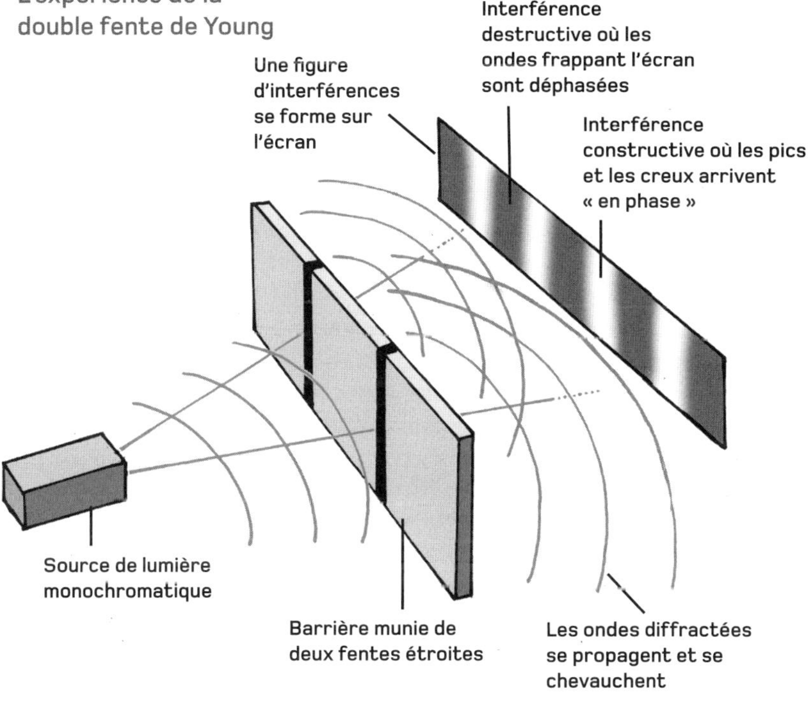

L'expérience Michelson-Morley

La démonstration de Thomas Young de la nature d'onde de la lumière impliquait que l'éther luminifère, le milieu de propagation de la lumière proposé par Huygens (voir page 10), devait lui aussi être réel. Pourtant, les hommes de science du XIXe siècle avaient du mal à le détecter. En 1887, les physiciens américains Albert Michelson et Edward Morley ont mené une expérience ingénieuse, la plus célèbre des expériences négatives. En théorie, l'éther luminifère est stationnaire dans l'espace, donc la vitesse de la lumière dans la direction du mouvement de la Terre devrait être différente de celle dans une direction perpendiculaire à ce mouvement. Michelson et Morley ont construit un interféromètre pour mesurer la différence de phase. À partir d'une source unique, ils ont envoyé des rayons de lumière dans des directions perpendiculaires, avant de les refléter et de les recombiner. Si la vitesse de la lumière variait selon le sens du mouvement, les ondes reflétées « déphasées » auraient dû créer une figure de franges d'interférences se modifiant au fil du temps. Michelson et Morley ont pourtant constaté que la vitesse de la lumière était la même dans toutes les directions. Donc, si l'éther n'existait pas, comment la lumière pouvait-elle être une onde?

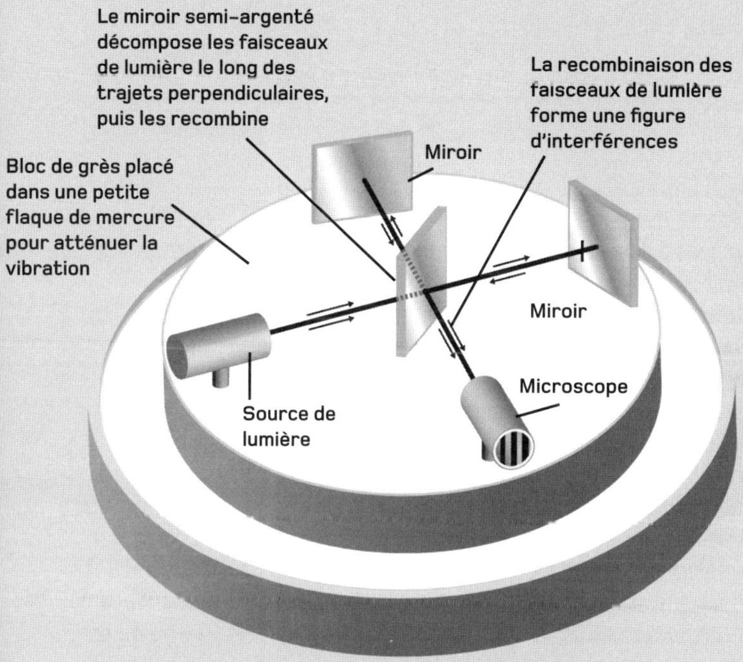

Si l'éther luminifère existait, la modification de la vitesse de la lumière selon les différentes directions devrait produire des figures d'interférences qui, vues au microscope, changeraient au fil du temps.

Électromagnétisme

Si la lumière est réellement une onde, il semble raisonnable de se demander *ce qui* la produit exactement. Les propriétés d'un phénomène apparemment sans rapport, l'électromagnétisme, ont apporté la réponse.
En 1831, Michael Faraday a découvert le phénomène d'induction : le passage des courants électriques « induit » des champs magnétiques variables et *vice-versa*. Les expériences de Faraday (qui expliquent encore la génération de l'électricité) ont montré un lien clair entre électricité et magnétisme.
Ce n'est qu'en 1865 que James Clerk Maxwell a présenté un modèle théorique du mécanisme de l'induction et de ses effets. La théorie de Maxwell expliquait le déplacement des champs magnétique et électrique, oscillants, à travers l'espace, en tant qu'ondes électromagnétiques. Chose essentielle, il a constaté que ces ondes se déplaçaient librement à travers un vide et se propageaient à une vitesse de 300 000 kilomètres par seconde, exactement la vitesse de la lumière. Si l'éther n'existait pas, la lumière pouvait-elle être une onde électromagnétique ?

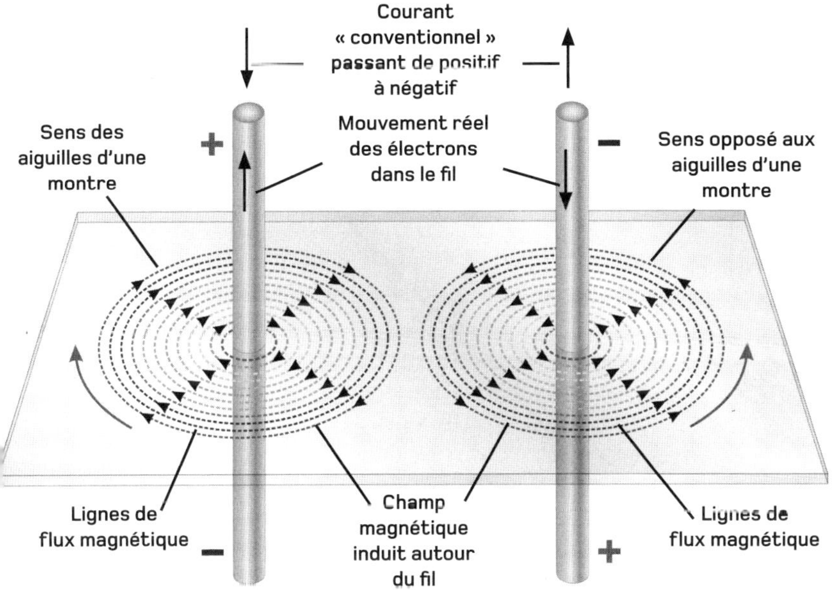

Le courant électrique (flux d'électrons à charge négative) à travers un fil induit un champ magnétique autour de ce conducteur. L'inversion du courant électrique inverse la direction du champ magnétique.

Équations de Maxwell

Pour expliquer de manière exhaustive l'électromagnétisme, James Clerk Maxwell a pris diverses lois découvertes par ses prédécesseurs et en a fait une synthèse cohérente. Sa première équation (équation de Maxwell-Gauss) décrit la divergence du champ électrique en fonction de la densité de la charge électrique. La deuxième équation décrit la force des champs magnétiques et le fait qu'ils forment toujours des boucles fermées entre les pôles magnétiques.
La troisième équation (équation de Maxwell-Faraday) décrit la manière dont les interactions entre champs électrique et magnétique en oscillation créent une induction électromagnétique qui se manifeste en tant que potentiel électrique. La quatrième équation (équation de Maxwell-Ampère) décrit la manière dont un courant électrique oscillant induit un champ magnétique dont la force est proportionnelle à l'intensité de ce courant-là. De concert, ces équations décrivent le comportement des ondes électromagnétiques, tout en offrant une explication théorique de ce qu'est exactement une onde de lumière, de sa propagation dans un vide et de son interaction avec les champs électrique et magnétique.

$$1.\ \nabla \cdot \mathbf{E} = \frac{\rho}{\varepsilon_0}$$

ε_0 = permitivité électrique du vide
μ_0 = perméabilité magnétique du vide

$$2.\ \nabla \cdot \mathbf{B} = 0$$

Variation du champ magnétique

$$3.\ \nabla \times \mathbf{E} = -\frac{\partial \mathbf{B}}{\partial t}$$

Variation du champ électrique

$$4.\ \nabla \times \mathbf{B} = \mu_0 \left(\mathbf{J} + \varepsilon_0 \frac{\partial \mathbf{E}}{\partial t}\right)$$

Dans les équations de Maxwell, E représente le champ électrique, B le champ magnétique, ρ la charge dans un volume défini et J la densité de courant circulant dans un conducteur.

Thermodynamique et entropie

Au XIXe siècle, de concert avec la découverte de l'électromagnétisme, l'étude de l'énergie en tant que chaleur a conduit à une autre révolution scientifique. Les principes de la thermodynamique ont introduit plusieurs concepts qui se sont avérés fondamentaux pour la théorie quantique. Le premier principe de la thermodynamique (principe de conservation) dit que l'énergie interne d'un système fermé varie en cas de transfert de chaleur : l'énergie totale du système est égale à la chaleur fournie, moins le travail effectué (changements physiques aux milieux).
Le deuxième principe (principe d'évolution) dit que la chaleur ira toujours depuis les systèmes plus chauds aux systèmes plus froids. En fait, ce principe décrit l'entropie, qui caractérise le degré de désordre d'un système (illustré ci-contre). Le troisième principe est à la base de la thermodynamique : l'entropie tend à devenir nulle à mesure que la température à l'intérieur d'un système s'approche du zéro absolu. Ces notions de conservation de l'énergie et d'entropie sont présentées plus en détail aux pages 82 et 320.

Entropie accrue

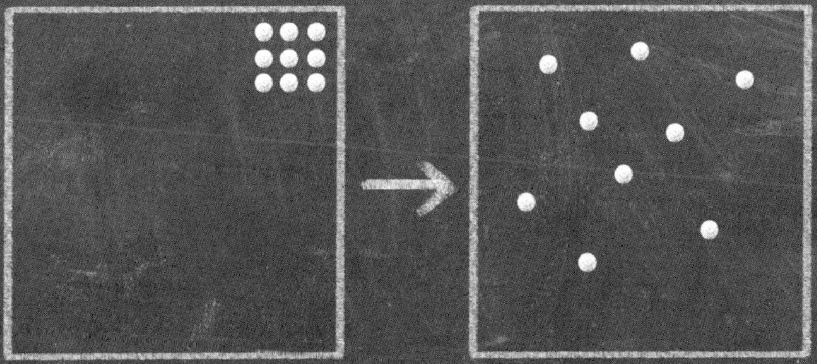

Système à entropie basse — Système à entropie élevée

Le deuxième principe de la thermodynamique affirme que les systèmes tendent toujours à devenir moins organisés au fil du temps, sauf si une énergie externe est introduite. Par exemple, une petite giclée d'eau chaude tendra naturellement à se propager à travers le milieu plus froid, sauf si elle est confinée.

Corps noirs

Au milieu du XIXe siècle, l'étude de l'émission des ondes électromagnétiques a conduit au concept de « corps noir », objet idéal dont l'absorption et l'émission s'équilibrent parfaitement (et dont le rayonnement ne dépend que de la température). Le physicien allemand Max Planck a découvert que plus la surface d'un corps noir est chaude, plus l'énergie du rayonnement qu'il émet est considérable. À la température de la pièce, les objets émettent un rayonnement infrarouge. Les objets chauffés à des températures élevées émettent un rayonnement dans le spectre de la lumière visible ; à des milliers de degrés, les objets émettent des rayonnements ultraviolets ou des rayonnements de longueurs d'onde encore plus courtes, comme les rayons X.

Une étoile est l'objet naturel le plus proche d'un corps noir parfait. Les étoiles illustrent la relation température-énergie en action : les étoiles plus froides émettent plus de rayonnements rouges et infrarouges, le rayonnement des étoiles plus chaudes va vers le bleu et l'ultraviolet. Les tentatives d'étudier le comportement des corps noirs aux températures les plus élevées ont été essentielles pour la naissance de la théorie quantique (voir page 26).

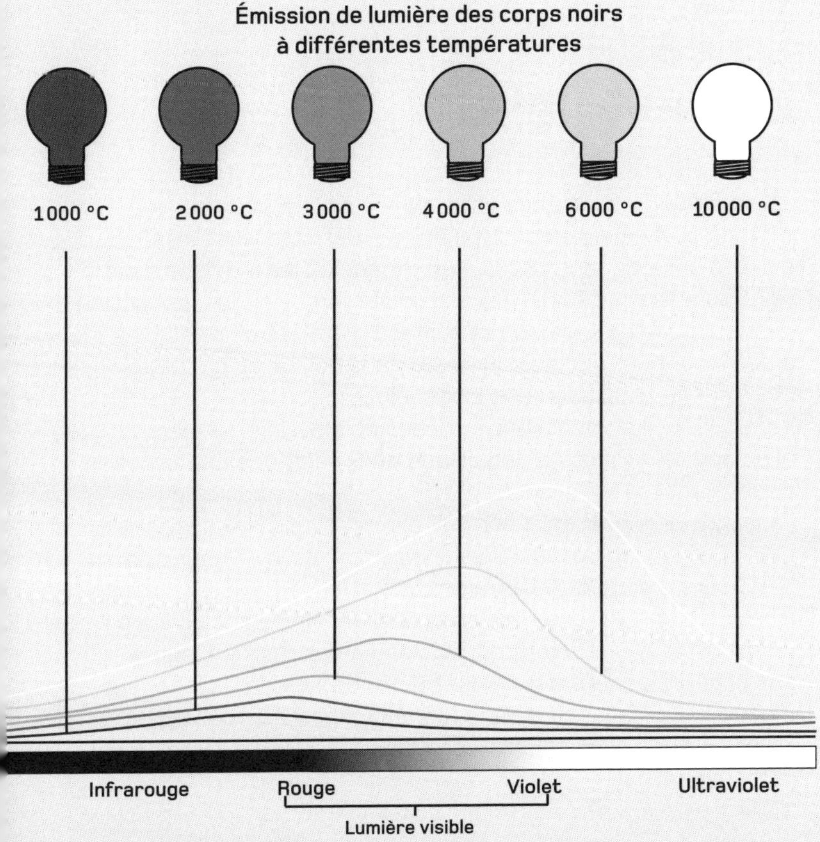
Émission de lumière des corps noirs
à différentes températures
1000 °C
2000 °C
3000 °C
4000 °C
6000 °C
10000 °C
Infrarouge
Rouge
Violet
Ultraviolet
Lumière visible

La catastrophe ultraviolette

À la fin du XIXe siècle, les physiciens qui étudiaient le comportement des corps noirs à des températures élevées ont été confrontés à un paradoxe : les modèles de la relation entre la température d'un corps noir et la distribution du rayonnement émis par sa surface n'étaient plus valables à des longueurs d'onde courtes, d'où le nom accolé à ce phénomène, « catastrophe ultraviolette ».

Vers 1900, en se penchant sur ce problème, le physicien allemand Max Planck a déduit que deux relations distinctes décrivaient les différentes parties de la distribution de l'énergie. Une loi établie par Wilhelm Wien en 1896 décrit le rayonnement du corps noir à une température T pour des longueurs d'onde courtes, alors que la loi de Rayleigh-Jeans (formulée en 1900) montre que l'énergie émise par un corps noir à la température T pour les longueurs d'onde longues, est proportionnelle à la température divisée par la longueur d'onde à la puissance quatre (comme montré ci-contre). Planck a donc dû réconcilier ces deux relations apparemment indépendantes.

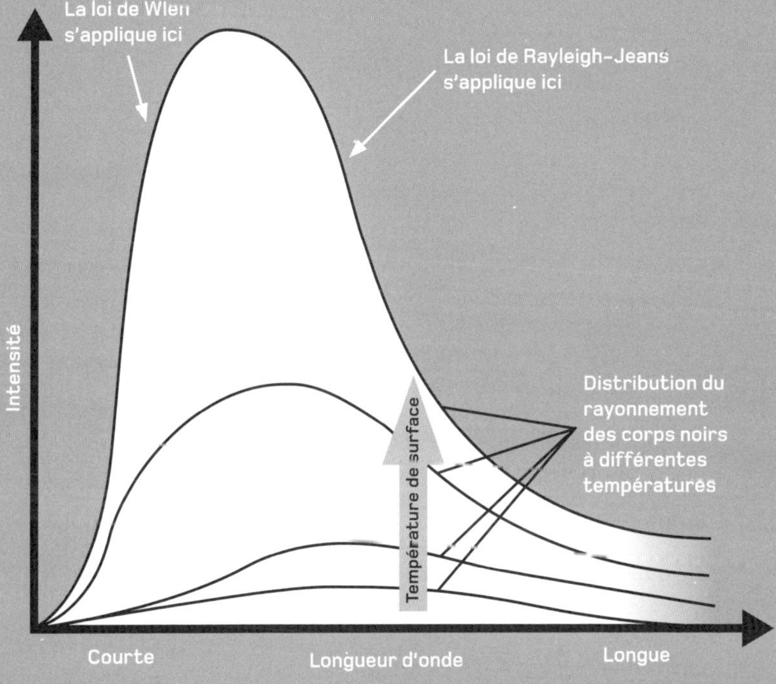
La loi de Wien s'applique ici
La loi de Rayleigh-Jeans s'applique ici
Intensité
Température de surface
Distribution du rayonnement des corps noirs à différentes températures
Courte
Longueur d'onde
Longue

Quanta

Obligé de trouver une justification au rayonnement du corps noir à des températures élevées, Max Planck a fini par découvrir qu'il pouvait expliquer sa distribution s'il assumait que l'énergie n'était pas émise de manière continue, mais par paquets discrets, qu'il a appelés « quanta » (singulier : *quantum*).

Planck a déduit l'existence d'une relation entre l'énergie et la fréquence du rayonnement du corps noir, exprimée par l'équation simple montrée ci-contre, où *E* est l'énergie, ν la fréquence de l'onde électromagnétique et *h* une constante de proportionnalité (constante de Planck : $6{,}626 \times 10^{-34}$ joules par seconde). Planck a supposé que la quantification des échanges d'énergie est en quelque sorte une conséquence du mode de vibration des particules d'un corps noir. Albert Einstein n'a admis l'idée de quantification qu'en 1905, prônant que le rayonnement était en essence divisé en paquets quantifiés, qu'il a appelés « photons ». De concert, les découvertes de Planck et d'Einstein ont marqué la naissance de la physique quantique.

$$E = h\nu$$

Découverte des électrons

À l'époque où les hommes de science se sont penchés sur la nature de la lumière, les secrets de la structure atomique commençaient peu à peu à être dévoilés. Les premiers indices de l'existence de particules plus petites composant les atomes sont apparus clairement lors de l'étude des rayons cathodiques.
Une cathode est une électrode positive qui émet un faisceau de particules (sur les écrans phosphorescents des téléviseurs anciens et des moniteurs de laboratoire, les faisceaux étaient déviés par les champs magnétique et électrique traçant dessus des images brillantes comme montré ci-contre).
En 1897, le physicien anglais J. J. Thomson a découvert que les rayons cathodiques sont constitués de particules à charge négative, à la masse bien plus réduite que les atomes. Premières particules subatomiques à être découvertes, ces « électrons » ont pavé la voie à un domaine entièrement nouveau de la physique des particules. À l'époque, les hommes de science n'imaginaient pas que les débats sur la nature de la lumière allaient entrer rapidement en conflit avec le nouveau monde des particules subatomiques.

Tube cathodique

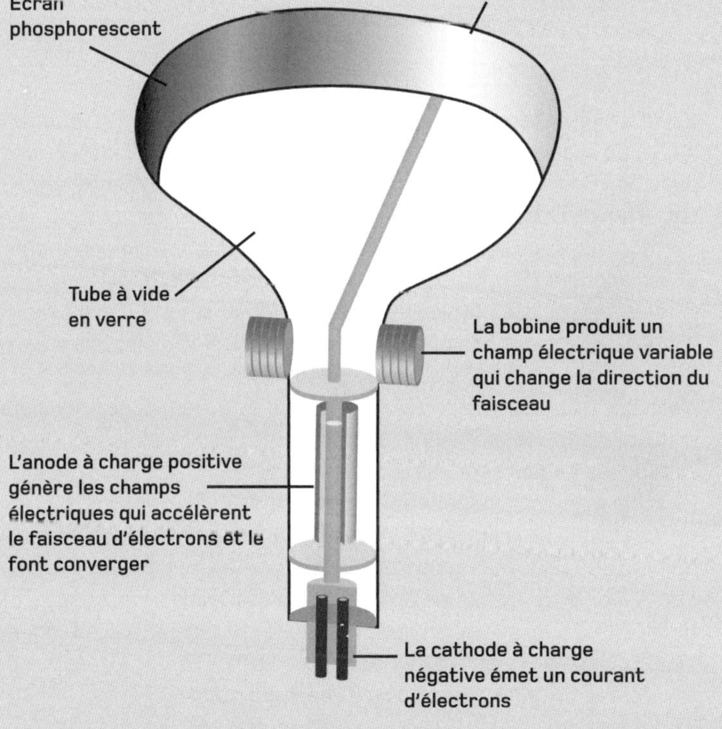

L'effet photoélectrique

L'effet photoélectrique s'est avéré essentiel lors de la formulation et de la démonstration de la théorie photonique d'Einstein (voir page 34). Découvert par l'ingénieur anglais Willoughby Smith en 1873, cet effet était défini comme l'éjection d'un flux d'électrons par une surface métallique soumise à un rayonnement électromagnétique d'une longueur d'onde donnée. Vers la fin du XIXᵉ siècle, les connaissances des physiciens étaient suffisantes pour leur permettre d'interpréter ce phénomène comme une émission d'électrons à partir de la surface du métal exposé. Cependant, un fait étonnant subsistait : alors que la lumière bleue et ultraviolette à haute fréquence induisait efficacement une émission d'électrons, les faisceaux de lumière rouge, si intenses qu'ils soient, n'avaient aucun effet.

Einstein a mis en évidence le mécanisme de l'effet photoélectrique en interprétant la lumière non pas comme une onde continue, mais comme des paquets quantifiés discrets similaires à ceux mentionnés par Planck pour éviter la catastrophe ultraviolette (voir page 26). Publiée en 1905, sa théorie prédisait une relation entre la fréquence de la lumière et l'énergie des électrons émis. Elle a été démontrée en 1916 par le physicien américain Robert Millikan.

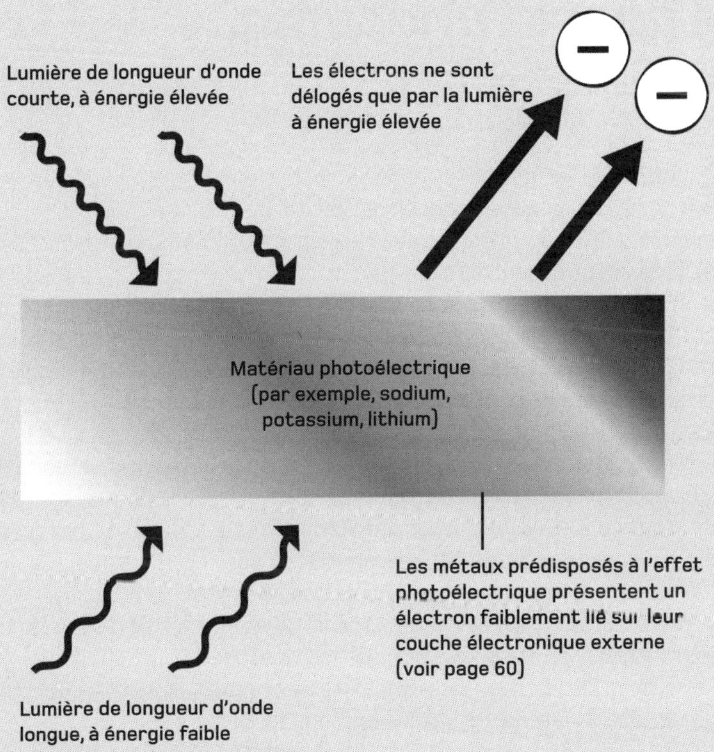
Lumière de longueur d'onde courte, à énergie élevée
Les électrons ne sont délogés que par la lumière à énergie élevée
Matériau photoélectrique (par exemple, sodium, potassium, lithium)
Les métaux prédisposés à l'effet photoélectrique présentent un électron faiblement lié sur leur couche électronique externe (voir page 60)
Lumière de longueur d'onde longue, à énergie faible

Théorie photonique d’Einstein

L’étude de l’effet photoélectrique menée par Albert Einstein a abouti à quelques conclusions spectaculaires. Max Planck a montré que le rayonnement des corps noirs était émis par paquets dont l’énergie dépendait de la fréquence. Selon Einstein, il s’agissait d’un aspect inhérent de la lumière plutôt que d’un aspect concernant son mécanisme d’émission. Pour lui, la lumière est toujours émise par paquets quantifiés indivisibles – photons –, particules à l’énergie proportionnelle à leur fréquence.

Cette théorie a mis en avant une approche complètement nouvelle de l’effet photoélectrique : les noyaux atomiques étant entourés d’électrons sur des niveaux d’énergie quantifiés, ce sont eux qui interagissent avec les photons arrivants. Pour s’échapper d’un atome, un électron doit gagner l’énergie lui permettant de sauter par-dessus l’intervalle entre deux niveaux électroniques. Einstein prônait que les photons individuels soit véhiculent assez d’énergie pour traverser cet espace, soit sont déviés (photons indésirables). Le facteur décisif n’est pas le nombre de photons arrivants (l’intensité de la lumière), mais leur fréquence (voir page 28).

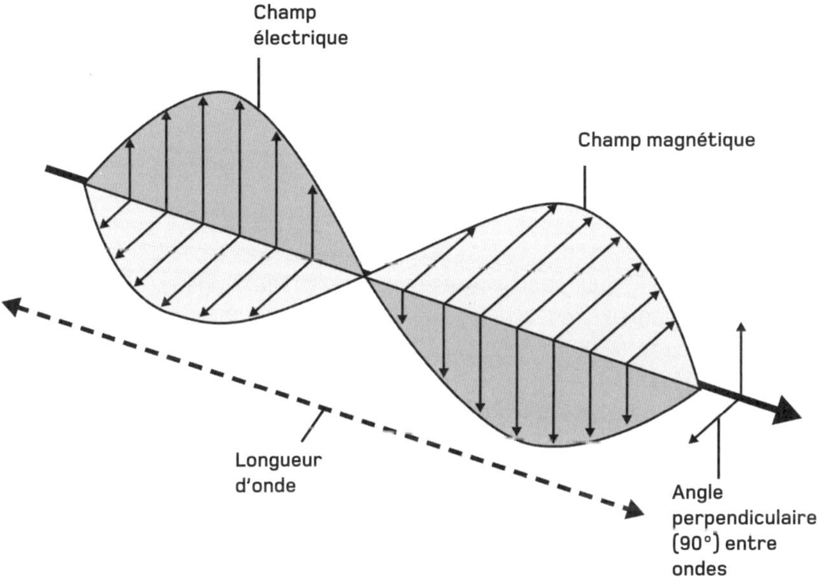

Un photon correspond à une brève émission des champs oscillants électrique et magnétique traversant l'espace et se renforçant l'un l'autre grâce à l'induction électromagnétique.

Diffusion Compton

En 1923, le physicien américain Arthur Compton a démontré un autre effet mettant en évidence la nature corpusculaire du rayonnement électromagnétique. Compton a fait réfléchir des rayons X sur des atomes de carbone et observé la manière dont les photons individuels étaient « diffusés » par les électrons de ces atomes. Les photons des rayons X ont une énergie supérieure à celle requise pour libérer un électron, si bien qu'à mesure de leur diffusion, ils conservent la partie non utilisée de leur énergie. Toutefois, en raison de l'énergie cédée à l'électron, chaque photon finit par avoir une fréquence légèrement plus basse.
Compton a comparé ce processus aux boules de billard : la boule blanche tape dans une autre boule, lui transférant une partie de son énergie et de sa quantité de mouvement. Les deux boules continuent, mais la première se déplace plus lentement qu'avant la collision. Donc, durant de telles collisions, la quantité de mouvement devrait être conservée dans l'ensemble du système : si la lumière se comporte comme si elle a une quantité de mouvement propre, c'est une preuve supplémentaire de sa nature corpusculaire.

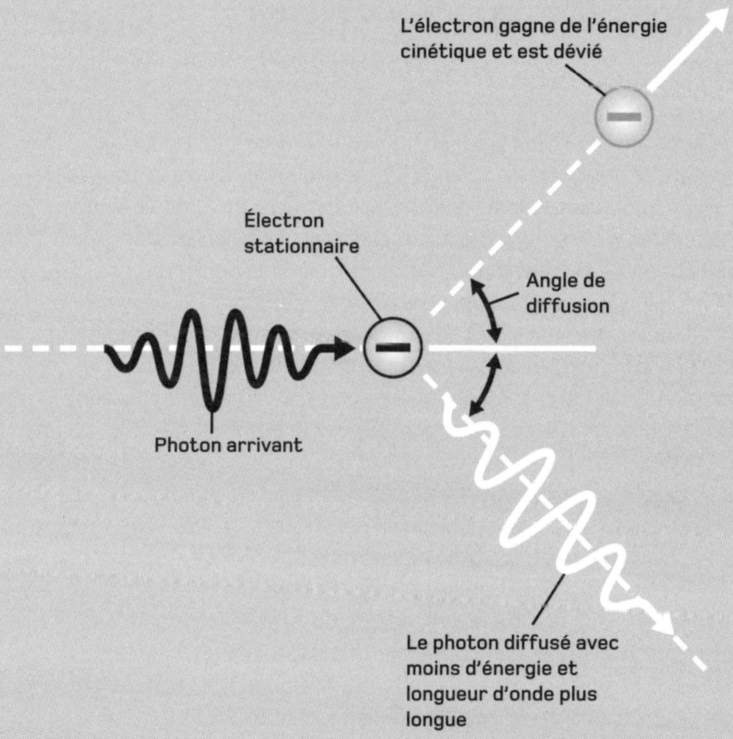
L'électron gagne de l'énergie cinétique et est dévié
Électron stationnaire
Angle de diffusion
Photon arrivant
Le photon diffusé avec moins d'énergie et longueur d'onde plus longue

Dualité onde-corpuscule

Vers le début des années 1920, la preuve que la lumière avait des propriétés tant d'onde que de corpuscule était largement acceptée ; pourquoi seule la lumière montrait cette double personnalité restait cependant une question sans réponse. En 1924, le physicien français Louis-Victor de Broglie a suggéré une hypothèse, à savoir que toute particule telle que l'électron peut *aussi* être caractérisée par une longueur d'onde. Selon lui, la longueur d'onde d'une particule peut être calculée en divisant la constante de Planck (voir page 28) par la quantité de mouvement de la particule (longueur d'onde de de Broglie, montrée ci-contre). Il s'est effectivement avéré que *toute* matière a une nature ondulatoire. La forme de son onde (sa fonction d'onde) agit comme une courbe de probabilité, avec des pics aux endroits où la particule est la plus susceptible de se trouver. Plus la quantité de mouvement est élevée, plus la longueur d'onde de de Broglie est courte, si bien que la nature ondulatoire est manifeste uniquement à des échelles atomiques et subatomiques. À l'opposé, la longueur d'onde de de Broglie d'un sprinteur olympique sur 100 m est un 10^{-37} m indétectable.

$$\lambda = \frac{h}{mv}$$

Diffraction d'électrons

Les idées de de Broglie quant à la dualité onde-corpuscule ont été confirmées par Clinton Davisson et Lester Germer en 1929. Leur expérience impliquait de diriger un faisceau d'électrons vers un cristal de nickel. Comme la longueur d'onde de de Broglie des électrons est bien moindre que la longueur d'onde de la lumière visible, les espaces infimes entre les plans atomiques du cristal agissent comme un réseau de diffraction. Davisson et Germer ont mesuré les franges d'interférence, similaires – en ce qui concerne l'intensité des électrons arrivant de l'autre côté du cristal – aux franges créées par la diffraction de la lumière. Peu de temps après, le résultat a été corroboré indépendamment par une expérience similaire du physicien britannique George Thomson.

En plus de montrer de façon concluante que les électrons ont une nature ondulatoire, le fait qu'ils subissent une diffraction s'est aussi avéré d'une extraordinaire signification pratique. L'infime longueur d'onde des électrons permet leur utilisation pour sonder la structure de la matière à des échelles bien plus infimes que la microscopie optique.

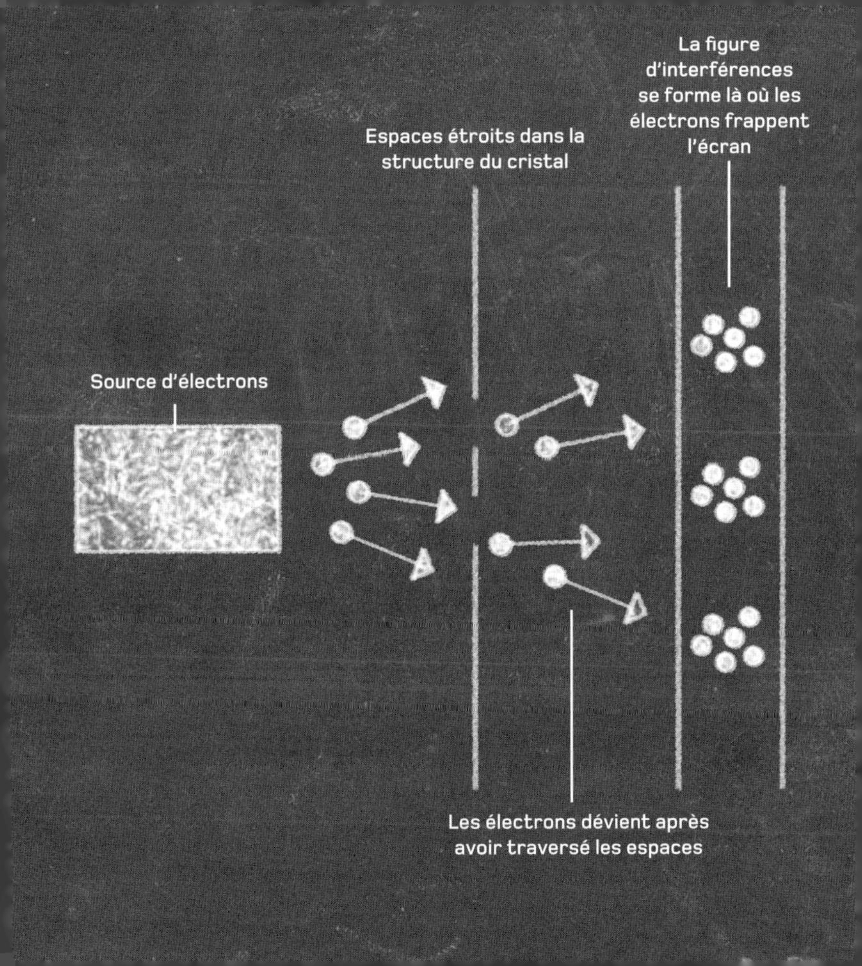
La figure d'interférences se forme là où les électrons frappent l'écran
Espaces étroits dans la structure du cristal
Source d'électrons
Les électrons dévient après avoir traversé les espaces

Modèle atomique de Rutherford

La dualité onde-corpuscule montre que la théorie quantique ne s'applique pas uniquement à la lumière, mais aussi aux atomes et aux particules subatomiques. Comment s'est donc développée la compréhension de ces particules? Suivant sa découverte de l'électron (voir page 30), J. J. Thomson a proposé un modèle simple de l'atome, avec les électrons à charge négative enfoncés dans un espace à charge positive, comme des prunes dans un pudding. Toutefois, en 1908, Ernest Rutherford, Hans Geiger et Ernest Marsden ont découvert une chose plus complexe. Lors d'une expérience célèbre, ils ont lancé des particules alpha radioactives à travers une mince feuille d'or, en direction d'un écran phosphorescent qui s'éclairait quand une particule le frappait. La plupart des particules traversaient la feuille d'or, mais la trajectoire de certaines était légèrement déviée, alors que d'autres rebondissaient. Le modèle « plum-pudding » ne pouvant pas expliquer un tel comportement, l'équipe de Rutherford a déduit que la plupart de la matière d'un atome est comprimée en un infime noyau central. Nous savons maintenant que le noyau est constitué de particules subatomiques encore plus infimes, les protons et les neutrons.

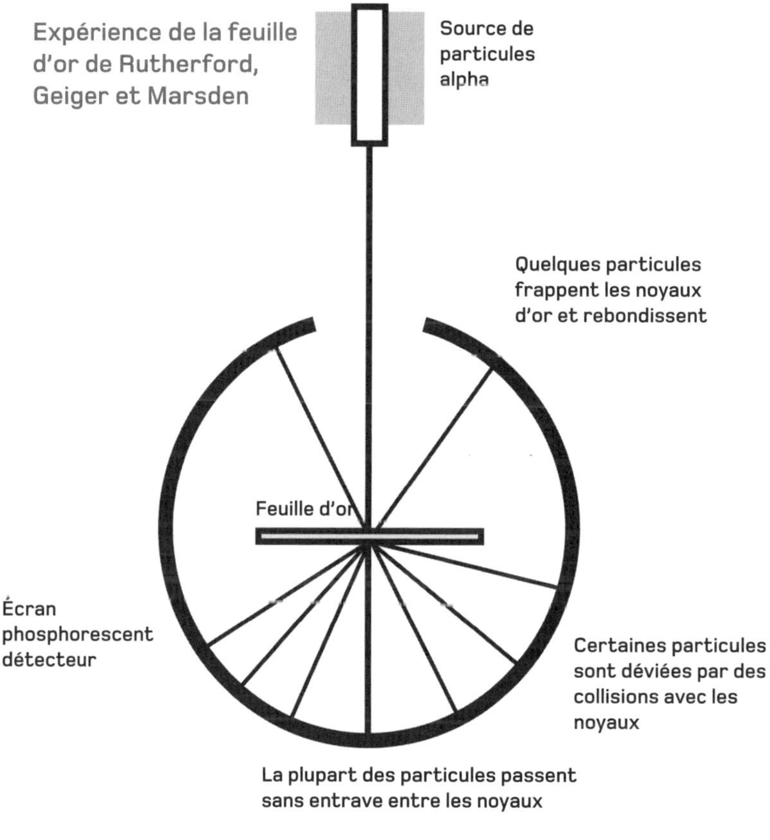
Expérience de la feuille d'or de Rutherford, Geiger et Marsden
Source de particules alpha
Quelques particules frappent les noyaux d'or et rebondissent
Feuille d'or
Écran phosphorescent détecteur
Certaines particules sont déviées par des collisions avec les noyaux
La plupart des particules passent sans entrave entre les noyaux

Modèle atomique de Bohr

Par nature, l'atome suggéré par l'expérience de la feuille d'or de Rutherford est instable. Dans ce modèle, les électrons perdent de l'énergie, se déplacent en suivant une spirale et entrent en collision avec le noyau à charge positive, émettant ce faisant de la lumière, dont la longueur d'onde augmente progressivement. Cependant, les atomes restent en fait stables et la lumière est émise par les électrons uniquement en quanta discrets.
Le physicien danois Niels Bohr a été le premier à débrouiller tout cela en s'appuyant sur la théorie quantique qui faisait ses premiers pas. Selon lui, les électrons occupent uniquement des orbites stables ; chaque orbite a un niveau d'énergie spécifique. Pour qu'un électron passe sur une orbite plus basse, il doit céder un peu d'énergie, libérant un photon dont l'énergie est égale à la différence entre les deux orbites. Pareillement, afin de passer sur une orbite plus haute, un électron doit accepter un photon à l'énergie suffisante. C'est la théorie basique de la spectroscopie (voir page 56). La différence entre les niveaux d'énergie est donnée par une équation, la relation de Planck-Einstein (voir page 29).

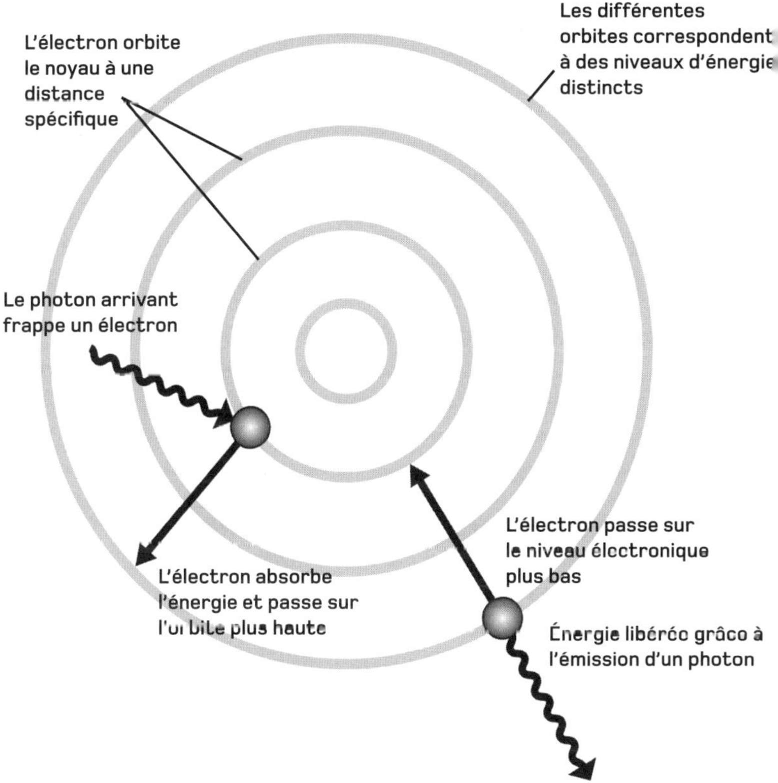
Les différentes orbites correspondent à des niveaux d'énergie distincts
L'électron orbite le noyau à une distance spécifique
Le photon arrivant frappe un électron
L'électron absorbe l'énergie et passe sur l'orbite plus haute
L'électron passe sur le niveau électronique plus bas
Énergie libérée grâce à l'émission d'un photon

L'atome de la mécanique quantique

Malgré les efforts de Rutherford et de Bohr, certains aspects de la structure atomique sont restés une énigme jusqu'en 1925, quand les dernières pièces du puzzle se sont mises en place.

La dualité onde-corpuscule dit qu'un électron peut agir en égale mesure comme corpuscule et comme onde. Si on imagine les orbites des électrons comme des cercles concentriques autour du noyau (analogues aux orbites des planètes autour du Soleil), on devrait savoir où se trouve chaque électron à un moment donné. Toutefois, si on superpose l'onde de probabilité de la longueur d'onde de de Broglie aux orbites électroniques, on constatera qu'un électron peut exister en tout point de cette onde : à défaut d'un terme plus approprié, sa position devient « diffuse ». Les physiciens allemands Werner Heisenberg et Erwin Schrödinger, les premiers à comprendre ce fait, ont suggéré que l'orbite électronique devait être considérée davantage comme un « nuage » d'électrons. Actuellement, on tend à s'y référer par le terme « orbitale ».

Dans le modèle quantique de l'atome, les électrons occupent des orbitales diffuses plutôt que des orbites fixes (voir page 70 pour une explication de la notation)

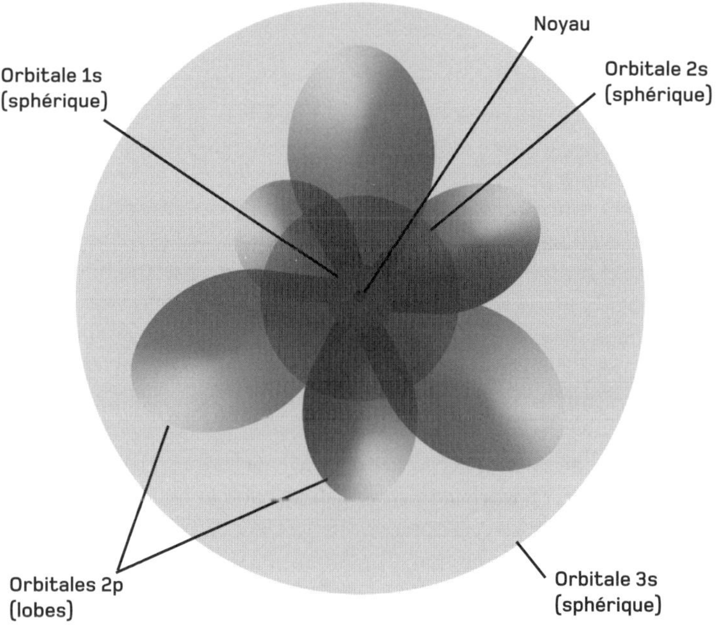

Relativité

Le début du XXe siècle a été le témoin des énormes progrès de la physique. De concert avec les explorations des mondes subatomique et quantique, la révolution probablement la plus considérable a pris place à l'autre extrémité de l'échelle des grandeurs, avec les théories de la relativité restreinte et générale d'Einstein (publiées respectivement en 1905 et 1915). Ces deux théories ont eu des implications importantes pour la physique quantique. Le développement de la théorie restreinte (qui explique la physique des objets se déplaçant à une vitesse proche de la vitesse de la lumière, mais ignore les situations d'accélération) a conduit Einstein à l'idée que la masse et l'énergie sont équivalentes, clef de voûte de la physique quantique et de la physique des particules (voir page 50). La théorie générale, qui considère l'accélération des « cadres de référence », a montré que la gravitation déforme l'espace et se fait sentir à travers de vastes distances cosmiques. Néanmoins, Einstein visait une théorie plus complète, capable d'expliquer l'action de la gravitation tant à des échelles infimes qu'à des échelles très grandes, unifiant la relativité et le monde quantique (voir page 262).

L'équivalence masse-énergie

La plus célèbre équation de la physique dit que la masse et l'énergie sont équivalentes. Einstein a fait cette remarquable découverte lorsqu'il étudiait le comportement des objets de masse (*m*) se déplaçant à une vitesse proche de la vitesse de la lumière (*c* ; limite ultime de la vitesse cosmique, que seuls les photons dépourvus de masse peuvent atteindre). Le facteur d'échelle de l'équation (la vitesse de la lumière multipliée par elle-même) révèle combien d'énergie est contenue dans une masse, même relativement infime. Par exemple, un paquet de sucre de 1 kg renferme 3 millions de milliards de joules d'énergie. Plus un objet est massif, plus il contient de l'énergie (et quand l'objet se déplace, il véhicule encore plus d'énergie – voir page 82).
Cette équivalence masse-énergie vaut aussi pour les atomes et les particules agissant selon des principes quantiques. Quand les physiciens discutent des particules, ils ne parlent pas de leur masse en termes de poids, mais en termes d'énergies, mesurées en électronvolts (eV). Par exemple, la masse restante d'énergie d'un électron (l'énergie qu'il a quand il ne bouge pas) est de 0,511 million eV.

$$E=mc^2$$

Le congrès Solvay

Les premiers pas vers l'intégration des brins disparates de la physique quantique en une théorie complète ont été faits en 1927, au congrès Solvay de Bruxelles, qui a vu 29 des scientifiques mondiaux de premier plan débattre de ce sujet. Parmi eux, il y avait 17 prix Nobel et des géants du monde de la physique quantique, dont Niels Bohr, Arthur Compton, Marie Curie, Louis de Broglie, Paul Dirac, Albert Einstein, Werner Heisenberg, Wolfgang Pauli, Max Planck et Erwin Schrödinger.

Il y avait des divisions (amicales) entre ces héros et ces héroïnes de la science. Par exemple, pour Heisenberg la question de la physique quantique était réglée, alors qu'Einstein cherchait encore une explication du fait que la mécanique quantique fonctionnait tout court. C'est à ce congrès qu'il a prononcé sa célèbre boutade : « Dieu ne joue pas aux dés avec l'Univers » en réponse au principe d'incertitude d'Heisenberg (voir page 172). Einstein pensait qu'on ne devait rien confier au hasard.

Participants au congrès Solvay de 1927

L'interprétation de Copenhague

Dans les années 1920, Niels Bohr (ci-contre) a effectué une bonne partie du travail préparatoire théorique de la physique quantique à l'université de Copenhague. De grands hommes de science, parmi lesquels Paul Dirac, Erwin Schrödinger et Werner Heisenberg, sont venus au Danemark travailler avec lui. Leurs efforts conjugués ont abouti à ce qui a été appelé « interprétation de Copenhague ». Cette approche de la physique quantique, sorte d'idéologie, affirmait que tout ce qu'on peut réellement savoir sur le comportement d'un système quantique apparaît dans l'acte même de la mesure. À défaut de mesure, on est limité à décrire une fonction d'onde qui prédit la probabilité de certains résultats.

Malgré sa popularité, cette interprétation n'a pas été acceptée unanimement. D'autres approches ont été proposées depuis, de la théorie des univers parallèles à l'idée que la seule présence d'un observateur conscient peut faire en sorte qu'une fonction d'onde n'ait qu'une solution (voir pages 286 et 392). Néanmoins, c'est *via* des découvertes capitales réalisées en utilisant l'interprétation de Copenhague que les scientifiques ont fini par trouver les outils nécessaires au travail dans le monde bizarre de la physique quantique.

Spectroscopie

La spectroscopie étudie les longueurs d'onde auxquelles les matériaux émettent, absorbent ou reflètent les rayonnements. Outil extrêmement puissant, la spectroscopie sert actuellement dans toute une gamme de domaines autres que l'astronomie : recherche médicale, physique des matériaux, analyse chimique. Par exemple, l'élément hélium, qui constitue presque un quart de tous les atomes de l'Univers, n'a été découvert qu'en 1868, quand l'astronome Norman Lockyer a identifié une « brèche » dans le rayonnement solaire à une longueur d'onde de 588 nanomètres et a compris qu'il s'agissait de la signature d'un nouvel élément absorbant la lumière, présent dans l'atmosphère solaire.
Les longueurs d'onde de la lumière émise ou absorbée par les atomes sont étroitement liées à la structure interne de ceux-ci ; elles sont régies par les interactions quantiques intervenant entre les électrons présents sur divers niveaux d'énergie. De ce point de vue, la spectroscopie est un terrain d'essais idéal pour identifier et comprendre de nombreux aspects du monde quantique.

Types de spectres

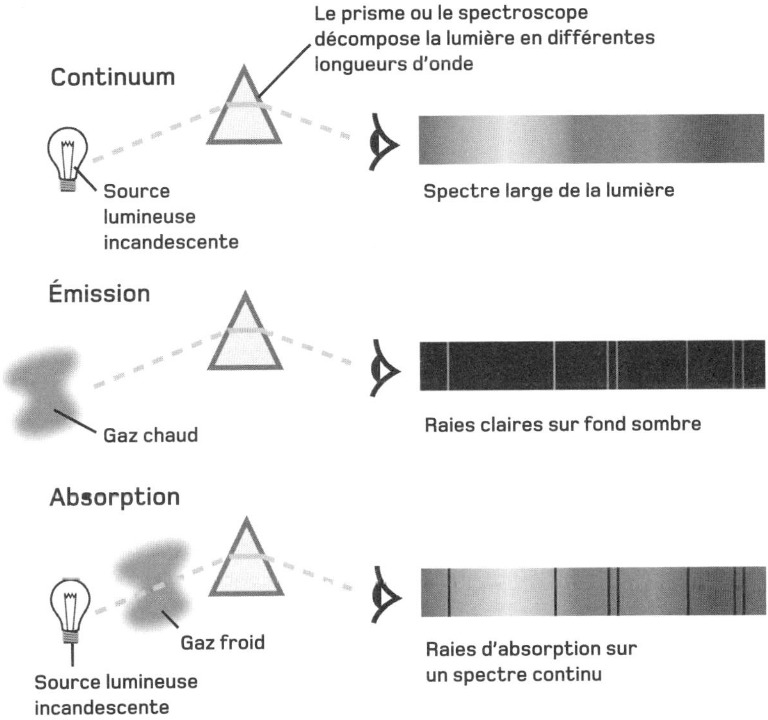

Structure atomique

Le modèle atomique tel qu'imaginé par Rutherford et Bohr (voir pages 42 et 44) est assez simple : un noyau au centre, entouré par des électrons sur leurs orbites.
Le noyau est le cœur de l'atome, dont il constitue la plupart de la masse. Il est formé d'un ou de plusieurs « nucléons », qui sont soit des protons, soit des neutrons. Ces deux types de particule sont composés à leur tour de trois particules plus petites, les quarks (voir page 92). Le proton a une charge positive, le neutron est électriquement neutre. Dans l'atome électriquement neutre, la charge est équilibrée, autrement dit la charge positive d'un proton est neutralisée par la charge négative d'un électron l'orbitant.
Les atomes du plus simple élément – l'hydrogène – consistent en un proton unique autour duquel orbite un seul électron. L'hélium a deux protons et deux neutrons orbités par deux électrons. À l'autre extrême, l'élément le plus lourd connu a 118 protons, 118 électrons et 176 neutrons.

Structures atomiques simples

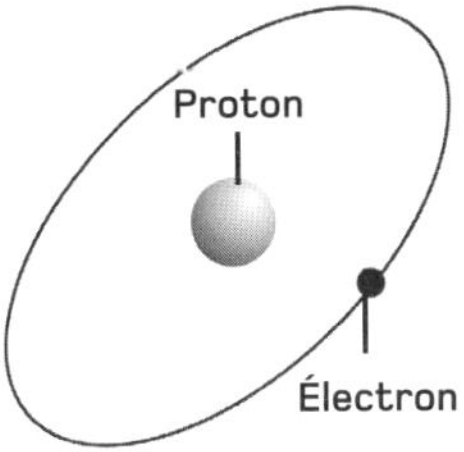

Hydrogène
1 proton, 1 électron

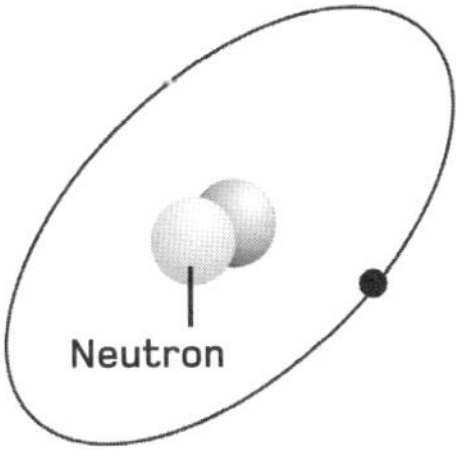

Deutérium (hydrogène lourd)
1 proton, 1 neutron, 1 électron

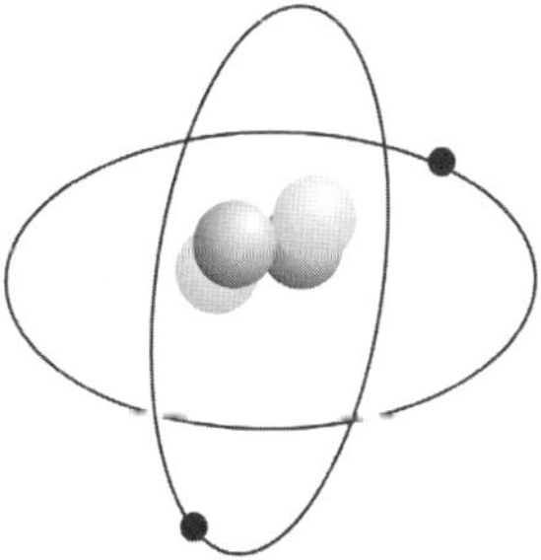

Hélium
2 protons, 2 neutrons,
2 électrons

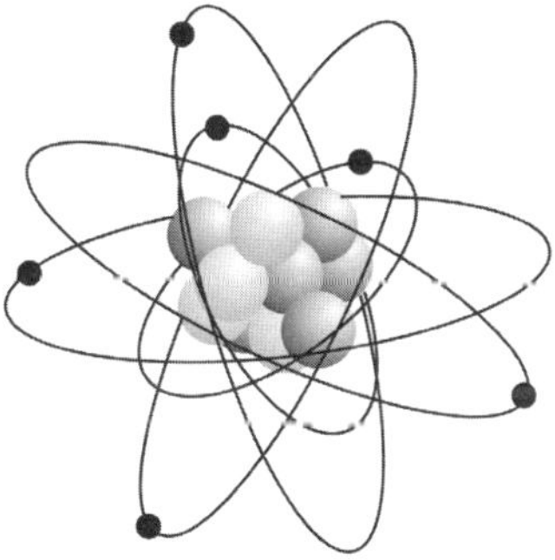

Carbone-12
6 protons, 6 neutrons,
6 électrons

Couches électroniques

Les électrons se déplacent autour du noyau de l'atome sur des couches électroniques. Plus une couche est éloignée du noyau, plus elle peut accepter d'électrons. La première couche, la plus proche du noyau, notée par la lettre K, ne peut contenir que deux électrons. La deuxième, la couche L, peut en contenir huit, la troisième, la couche M, jusqu'à 18, la quatrième, la couche N, 32, et ainsi de suite. On peut calculer la capacité d'une couche donnée grâce à la formule $2n^2$, où n est le numéro de la couche concernée, aussi appelé « nombre quantique principal ». Donc, sur toutes les couches allant jusqu'à la couche M et l'incluant, on peut avoir

$$2 \times (1^2 + 2^2 + 3^2) = 2 \times (1 + 4 + 9) = 28 \text{ électrons.}$$

Le nombre de couches électroniques d'un atome dépend de son nombre d'électrons, donc de sa masse atomique. Dans tout atome, la couche externe (la plus éloigne du noyau) est la couche de valence. Comme elle interagit directement avec les autres atomes, c'est cette couche-là qui permet de définir les propriétés chimiques de l'atome concerné.

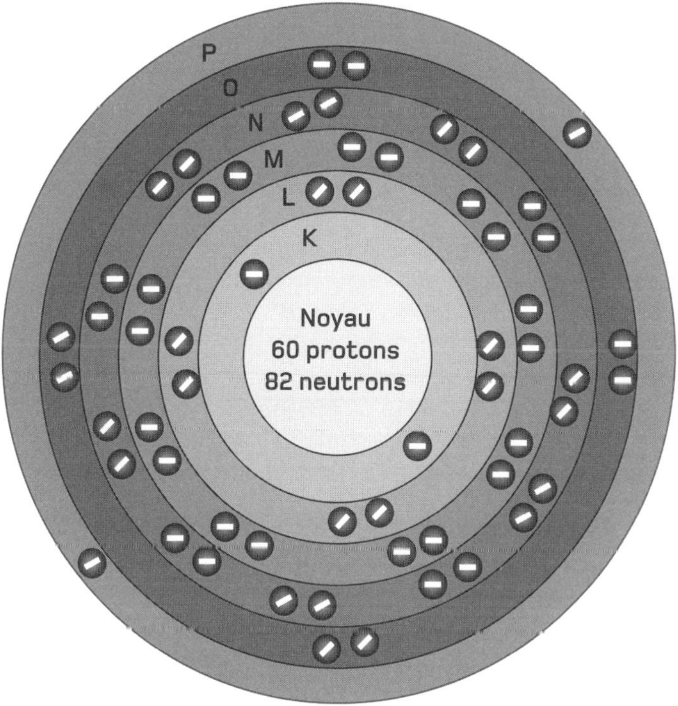

Ce schéma montre la distribution des électrons dans un atome de néodyme (nombre atomique 60). Les complexités des niveaux électroniques signifient que ses 32 électrons les plus externes sont distribués à travers les couches N, O et P, au lieu de se rassembler tous sur la couche N.

Nombres quantiques

Le nombre quantique principal, qui décrit les niveaux d'énergie des couches électroniques, n'est pas le seul paramètre définissant l'état quantique – autrement dit, la fonction d'onde de probabilité – d'un électron. À ses côtés, trois autres nombres quantiques essentiels permettent de définir les propriétés d'un électron.

Les électrons ont un spin (*s* ; voir page 102), qui peut prendre deux valeurs, ½ ou de -½. Le nombre quantique azimutal ou orbital (l) est relié à la quantification du moment cinétique de l'électron (bien que la masse d'un électron soit infime, seulement 9×10^{-31} kg, elle existe, de sorte qu'un électron sur orbite a un moment cinétique).

Pour finir, le nombre quantique magnétique (m_l) se rapporte à la quantification du moment cinétique orbital et décrit les niveaux d'énergie des sous-couches d'une couche électronique donnée (voir page 70). Dans un champ magnétique, m_l peut produire d'autres modifications de l'énergie de l'électron, liées à un phénomène appelé « effet Zeeman » (voir page 86).

Nombres quantiques et orbitales atomiques

Nombre quantique principal, *n*	Valeurs possibles du nombre quantique azimutal, *l*	Nom de la sous-couche	Valeurs possibles de nombre quantique magnétique, m_l	Nombre d'orbitales de la sous-couche *
1	0	1s	0	1
2	0	2s	0	1
	1	2p	1, 0, -1	3
3	0	3s	0	1
	1	3p	1, 0, -1	3
	2	3d	2, 1, 0, -1, -2	5
4	0	4s	0	1
	1	4p	1, 0, -1	3
	2	4d	2, 1, 0, -1, -2	5
	3	4f	3, 2, 1, 0, -1, -2, -3	7

* NB – Deux électrons peuvent coexister sur chaque orbitale si leur spin est opposé.

Niveaux électroniques

Chaque couche électronique d'un atome existe à un niveau d'énergie différent. Plus un électron est loin du noyau, plus il doit avoir d'énergie. Inversement, plus il est proche du noyau, moins il requiert d'énergie.

Considérons, par exemple, un atome d'argon. Il a 18 électrons, donc ses couches K, L et M sont saturées. Les électrons de la couche K ont une énergie de -4 408 électronvolts (eV). Le signe moins est dû au fait que l'énergie potentielle d'un électron arrive à zéro seulement à une distance infinie du noyau, si bien que, par convention, toutes les couches électroniques les plus proches du noyau ont une énergie négative. Les électrons de la couche L ont une énergie de -1102 eV, ceux de la couche M, une énergie de -489,78 eV, autrement dit les niveaux d'énergie se rapprochent de zéro à mesure de leur éloignement du noyau. Pour qu'un électron passe sur une couche plus haute, il doit gagner une certaine énergie en absorbant un photon. Inversement, pour quitter cet état excité, il doit perdre un peu d'énergie en émettant un photon.

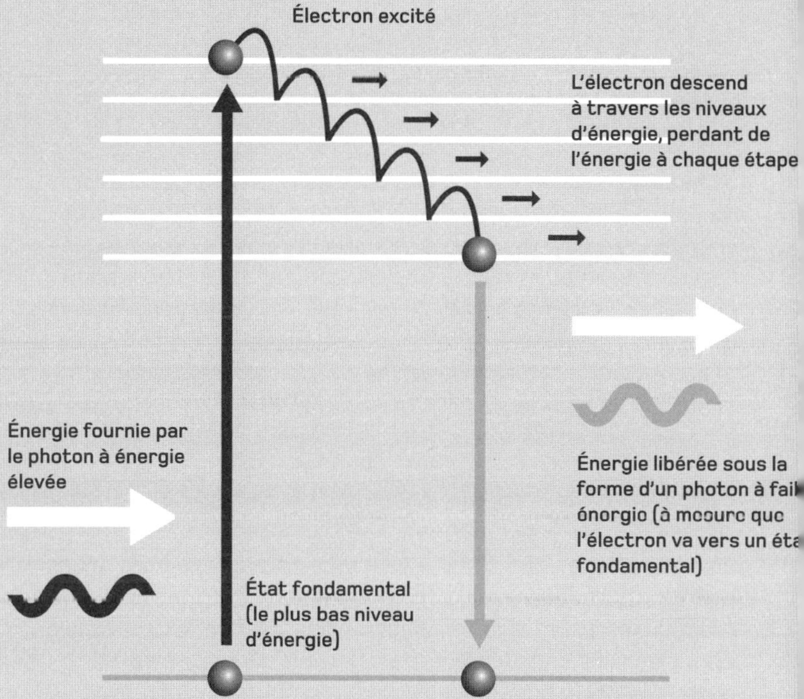

Les matériaux fluorescents luisent quand les électrons excités par un rayonnement à énergie élevée reviennent à leur état initial et émettent de nouveau des photons à faible énergie.

Calcul des niveaux d'énergie

En analysant les spectres, les physiciens doivent calculer les niveaux d'énergie approximatifs des électrons d'une couche donnée. Pour cela, ils utilisent l'équation ci-contre, où E désigne l'énergie qu'on tente de calculer, h la constante de Planck (voir page 28), c la vitesse de la lumière ($2{,}998 \times 10^8$ m/s), R la constante de Rydberg ($1{,}097 \times 10^7$), Z le nombre atomique (le nombre de protons ou d'électrons d'un atome) et n le nombre quantique principal. Dans l'exemple précédant de l'atome d'argon, $Z = 18$. Pour calculer l'énergie de la couche M ($n = 3$), il suffit de les multiplier :

$$E = -6{,}626 \times 10^{-34} \times (2{,}998 \times 10^{8}) \times (1{,}097 \times 10^{7}) \times (18^2/3^2)$$

arrivant ainsi à $-7{,}845 \times 10^{-21}$ joules. Les physiciens quantiques, préférant travailler avec des unités d'énergie plus infimes, traduisent cette valeur en électronvolts (l'énergie nécessaire pour déplacer un seul électron à travers une différence de potentiel électrique de 1 volt), aboutissant dans ce cas à E = -489,78 eV.

$$E = -hcR\,(Z^2/n^2)$$

État fondamental

Les électrons à l'énergie la plus basse d'un atome (ceux se trouvant sur la couche K, la plus proche du noyau) sont en un état fondamental : leur énergie ne peut pas diminuer davantage. D'autre part, les électrons des couches électroniques plus éloignées du noyau, disposant d'une énergie plus considérable, sont en un état excité.
La différence entre électrons en état fondamental et en état excité est la clef de voûte d'une bonne partie des événements quantiques prenant place dans les couches électroniques. Lorsqu'un électron gagne de l'énergie en absorbant un photon, il passe à un état énergétique excité supérieur, donc à un niveau d'énergie plus élevé. Inversement, quand un électron perd de l'énergie en émettant un photon, il passe à un état énergétique plus bas. Pourquoi un électron perd-il de l'énergie ? Toute particule est à son mieux quand elle est aussi proche que possible de l'état fondamental – autrement dit, les électrons excités sont par nature instables. Si la couche électronique immédiatement en dessous de la position d'un électron n'est pas saturée, celui-ci se débarrassera de son excès d'énergie pour passer sur cette couche-là.

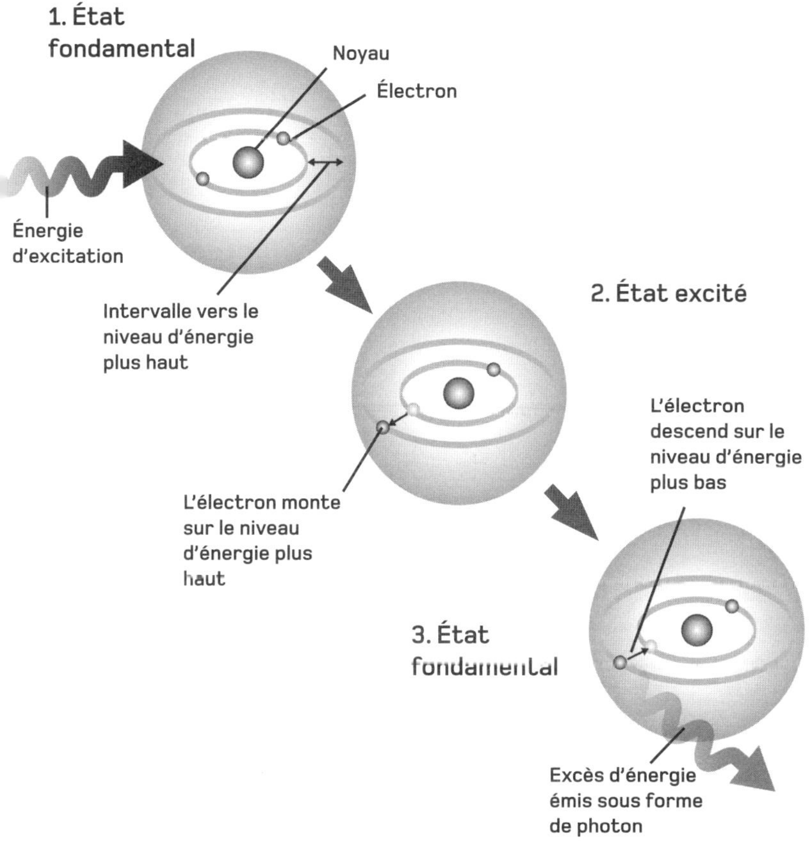
1. État fondamental
Noyau
Électron
Énergie d'excitation
Intervalle vers le niveau d'énergie plus haut
2. État excité
L'électron monte sur le niveau d'énergie plus haut
L'électron descend sur le niveau d'énergie plus bas
3. État fondamental
Excès d'énergie émis sous forme de photon

Sous-couches électroniques

L'équation de la page 67 pourrait suggérer que tous les électrons de la même couche ont une énergie parfaitement identique, ce qui n'est pas tout à fait vrai ; comme c'est souvent le cas, la physique quantique introduit une certaine ambiguïté. Une couche électronique est divisée en plusieurs sous-couches, dont l'énergie est calculée en utilisant cette équation ; l'énergie de chaque sous-couche présentera de légères variations autour de ce niveau d'énergie théorique. Un électron d'une couche électronique donnée peut exister dans n'importe laquelle des sous-couches. Les sous-couches sont désignées par les appellations *s* (*sharp*), *p* (*principal*), *d* (*diffuse*), *f* (*fondamental*), puis par ordre alphabétique *g, h, i, j*. La couche K la plus proche du noyau n'a qu'une sous-couche, la 1s. La deuxième, la couche L, a deux sous-couches, 2s et 2p ; la troisième, la couche M, a trois sous-couches, 3s, 3p et 3d, et ainsi de suite.
La fonction d'onde des électrons représente l'amplitude de probabilité de leur distribution spatiale – autrement dit, un électron aura une probabilité donnée d'exister sur l'une des sous-couches. On peut déterminer la sous-couche particulière en utilisant la célèbre équation d'onde de Schrödinger (voir page 156).

Formes généralisées des sous-couches individuelles s, p, d et f

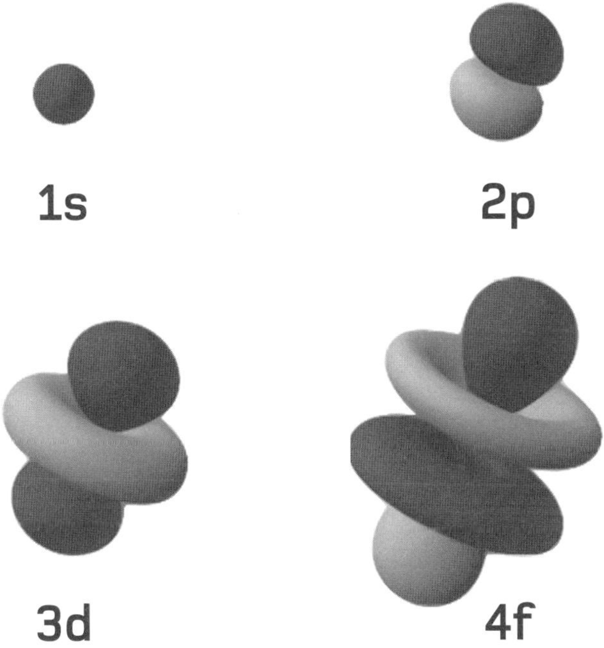

Dégénérescence quantique

Les modèles mathématiques dits « oscillateurs harmoniques » sont omniprésents en physique et offrent une manière de décrire de nombreux phénomènes vibratoires et ondulatoires. Le type d'oscillateur le plus simple est une masse attachée à un ressort idéal, montant et descendant dans une seule dimension. Considérons cependant une oscillation tridimensionnelle, qui monte et descend, va à gauche et à droite, en arrière et en avant, tout en vibrant. Si les trois états de vibration oscillent avec une amplitude et une énergie égales, le système est dit « dégénéré » ; pour le décrire, on a besoin de moins de vecteurs qu'on pourrait le penser.

En physique quantique, le concept de dégénérescence signifie qu'un niveau d'énergie correspond à plusieurs états distincts. La dégénérescence quantique impose l'égalité de l'énergie de plusieurs nombres quantiques. Elle est donnée par le carré du nombre quantique principal. Dans un atome d'hydrogène, un électron à l'état fondamental présente une dégénérescence de 1 ; si cet électron est poussé sur la couche L, sa dégénérescence devient 4 (2^2), sur la couche M, elle devient 9 (3^2).

Niveaux d'énergie d'un atome à un seul électron (hydrogène)

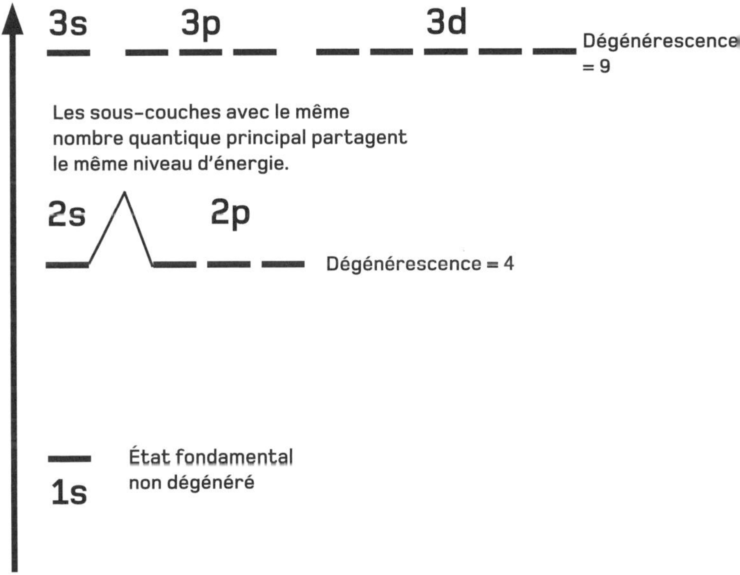

Règles de Hund

En 1927, le physicien allemand Friedrich Hund a proposé une série de règles simples pour tenter de faciliter la compréhension du chaos potentiel des configurations électroniques. Trois règles permettent de déterminer quelle configuration d'un atome comportant plusieurs électrons présente l'état fondamental le plus bas, et est donc préférée. Ces règles impliquent d'additionner le spin (s) et le moment cinétique orbital (l) de tous les électrons individuels pour calculer le spin total (S) et le moment cinétique orbital total (L). Cette addition donne le nombre quantique du moment cinétique total (J). Ce sont les implications des règles présentées ci-contre qui comptent le plus. Les règles de Hund suggèrent que tous les électrons se trouvant sur des positions occupées séparément doivent avoir le même spin, et aussi que toutes les positions vides doivent être d'abord occupées avant que les électrons puissent former des paires.

La configuration électronique de sa couche externe définit les propriétés chimiques d'un atome – l'ordre d'occupation des positions définit la manière dont un atome interagit avec d'autres atomes et molécules.

Règles de Hund

Pour une configuration électronique donnée, le terme de plus faible énergie a la valeur la plus grande pour S.

Pour une valeur donnée de S, le terme de plus faible énergie a la valeur la plus grande de L.

Dans un atome dont la sous-couche externe est moins qu'à moitié remplie, le niveau de plus faible énergie est celui minimisant J ($L+S$). Dans un atome ayant sa sous-couche externe plus qu'à moitié pleine, le niveau de plus faible énergie est celui maximisant J.

Principe d'exclusion de Pauli

Même si les règles de Hund décrivent la configuration des électrons, elles n'expliquent pas la raison de son existence. Cette explication a été proposée par le célèbre principe d'exclusion que le physicien autrichien Wolfgang Pauli a formulé en 1925.

Pauli a compris que le nombre d'électrons de chaque couche électronique complètement occupée – deux sur la couche K, six sur la couche L, dix sur la couche M, et ainsi de suite – est identique au nombre d'arrangements distincts possibles pour les nombres quantiques des électrons de cette couche-là. Il a conclu que deux électrons ayant des nombres quantiques identiques ne peuvent pas occuper la même couche ; tous ceux qui le tentent sont évincés (poussés sur une couche différente de niveau d'énergie plus élevé). De cette façon, la structure des couches électroniques évite l'effondrement.

Il a été démontré par la suite que le principe d'exclusion de Pauli s'applique non seulement aux électrons, mais aussi aux neutrons et aux protons, ce qui suggère certaines implications très intéressantes (voir page 236).

Distribution des électrons de quelques éléments simples

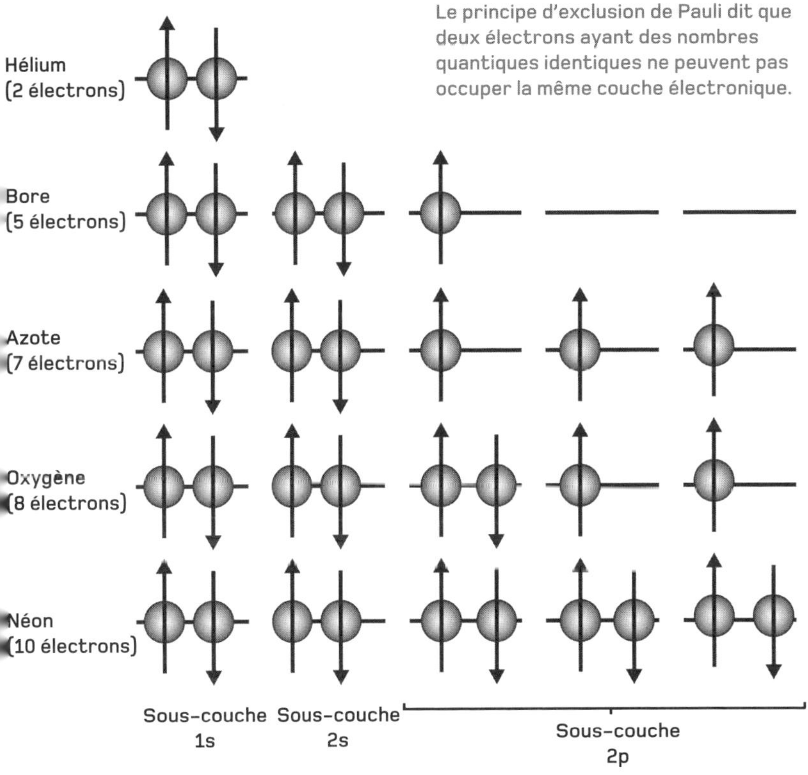

Raies de Fraunhofer

Lorsqu'un rayon de lumière passe à travers un prisme, il se décompose selon les différentes longueurs d'onde de la partie visible du spectre électromagnétique. Au début du XIXe siècle, les hommes de science se sont aperçus que cet arc-en-ciel de couleurs était traversé par des raies sombres. L'opticien allemand Joseph von Fraunhofer les a étudiées en détail et a identifié plus de 500 ; maintenant, on en connaît des milliers.

Les raies de Fraunhofer sont produites par les atomes de l'atmosphère solaire qui absorbent la lumière émise à la surface de l'astre. Elles sont une conséquence des niveaux d'énergie discrets des atomes. Pour passer d'un niveau à un autre, un électron doit absorber un photon et accepter un volume précis d'énergie, correspondant à une longueur d'onde spécifique. Quand beaucoup d'atomes absorbent des photons similaires, ils retirent cette longueur d'onde du « continuum » large des rayons solaires, générant des raies sombres d'absorption. Chaque raie correspond à une transition spécifique dans un atome particulier, ce qui permet leur utilisation pour identifier la composition atomique des étoiles et d'autres objets cosmiques.

Raies d'émission

En plus des raies d'absorption sombres, les électrons génèrent aussi des raies d'émission claires en *émettant* des photons à mesure qu'ils transitent d'un état excité à un état moins excité. Les longueurs d'onde des raies d'émission équivalent à la différence d'énergie impliquée dans une transition. Ces raies sont produites par les gaz excités, par exemple dans les éclairages au néon ou les nébuleuses entourant les jeunes étoiles.

La série de transitions électroniques de l'hydrogène, l'élément le plus simple et le plus répandu de l'Univers, montre des longueurs d'onde spécifiques de la lumière. La série de Lyman (série de raies spectrales de l'atome d'hydrogène), découverte par Theodore Lyman en 1906, correspond aux transitions d'un état excité ($n > 1$) vers un état fondamental ($n = 1$). La transition de la couche L à la couche K, la raie Lyman alpha, correspond au rayonnement ultraviolet d'une longueur d'onde de 121 nanomètres. La transition de la couche M à la couche K est la raie Lyman bêta, et ainsi de suite. La série de Balmer, qui inclut tant les raies du domaine des ondes visibles que les raies du domaine ultraviolet décrit les transitions d'un état excité ($n > 2$) vers un état fondamental ($n = 2$).

La nébuleuse d'Orion est une nébuleuse d'émission – un nuage de gaz riche en hydrogène excité par la radiation des jeunes étoiles.

Conservation de l'énergie et de la quantité de mouvement

Le premier principe de la thermodynamique (voir page 22) est le principe de conservation de l'énergie totale d'un système ; l'énergie ne peut être ni créée ni détruite, seulement changer de forme. Par exemple, quand un cube de glace est chauffé et sublime, l'apport d'énergie thermique est transformé en énergie cinétique (mouvement) dans les molécules d'eau.

L'énergie n'est pas la seule caractéristique de l'Univers qui est conservée ; la quantité de mouvement l'est aussi. Pensez aux boules de billard. Quand un joueur tape la boule blanche de sa queue de billard, il lui imprime une certaine quantité de mouvement. Lorsque la boule blanche tape dans une boule rouge stationnaire, à la quantité de mouvement nulle, une partie de sa quantité de mouvement est transmise à cette dernière lors d'une collision élastique. Au cours de son rebond, la boule blanche garde le reste de sa quantité de mouvement. La quantité de mouvement totale de la boue blanche et de la boule rouge après la collision est la même que leur quantité de mouvement totale avant la collision. Les principes sous-tendant ces lois de conservation s'appliquent également à la physique des particules.

Collisions élastiques et inélastiques

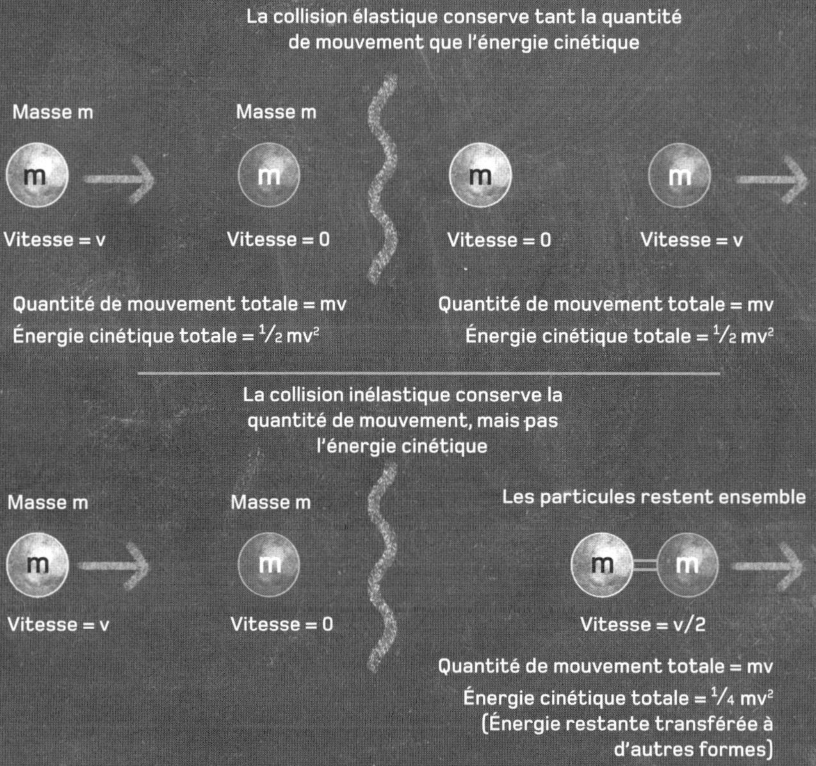

Transitions interdites

Bien que la nature telle que décrite par la physique quantique soit incertaine et désordonnée, elle s'avère à l'occasion attachée à certaines choses – notamment la conservation de caractéristiques telles que l'énergie, la quantité de mouvement (voir page 82) et les états quantiques.
L'électron ne connaît toutefois pas les règles. Quand il absorbe un photon, il tentera naturellement d'effectuer un saut quantique vers un niveau d'énergie plus élevé, même si ce saut le conduit à un niveau quantique déjà occupé ou à un niveau qui ne conserve pas les nombres quantiques. Quand un électron effectue l'une de ces « transitions interdites », il est rapidement obligé de revenir à son état d'origine. D'une certaine façon, c'est pourtant trop tard : l'électron a déjà absorbé un photon, si bien qu'une raie d'absorption sombre apparaît. Lorsqu'il revient à son état d'origine, l'électron doit aussi se débarrasser d'un photon véhiculant l'excès d'énergie, créant de ce fait une raie d'émission. Les raies d'absorption et les raies d'émission sont donc susceptibles d'apparaître même quand les lois de la physique disent que certaines transitions ne doivent pas prendre place.

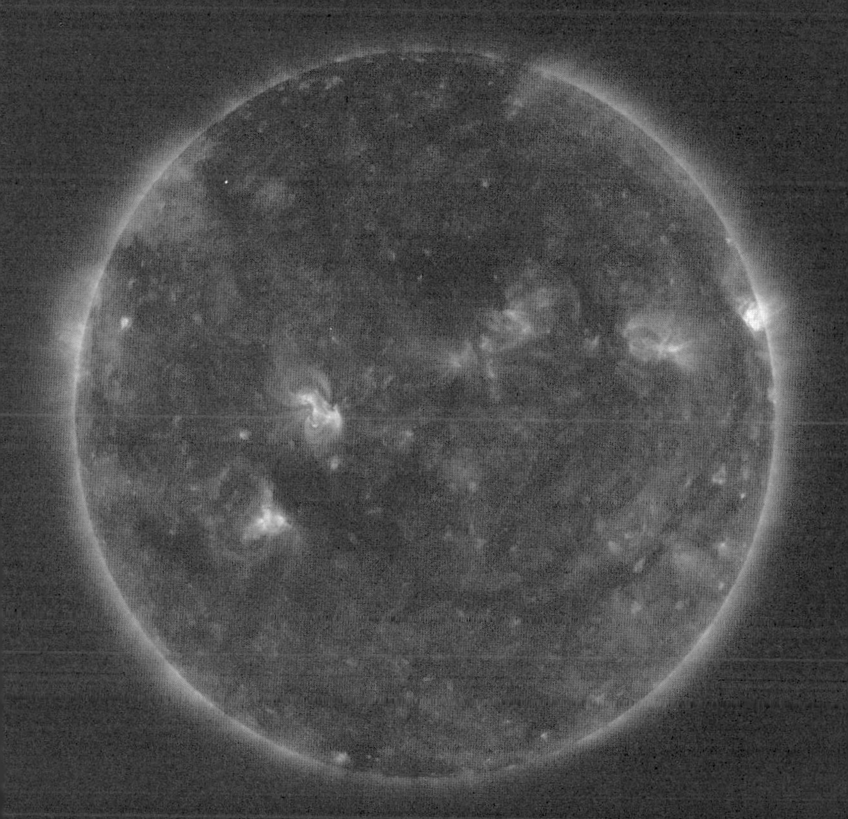

Cette image satellite du Soleil ne montre que la lumière émise par une transition interdite d'atomes de fer.

L'effet Zeeman

Le concept de spin apparaît fréquemment en physique quantique (voir les nombres quantiques et les règles de Hund, pages 62 et 74). En tant que masses ponctuelles aux dimensions physiques négligeables, les électrons n'effectuent pas *réellement* de mouvement de rotation, tout en exhibant des propriétés quantiques qui se comportent comme s'ils effectuaient cette rotation. Ce spin est traditionnellement désigné par l'appellation anglo-saxonne *up* ou *down* (en termes de nombres quantiques, soit spin $\frac{1}{2}$, soit spin $-\frac{1}{2}$).
Comme les électrons ont une charge électrique négative, leur passage à travers un champ électrique génère un champ magnétique dont la polarité est déterminée par leur spin. Un champ électrique déviera donc les électrons à spin *up* dans une direction et ceux à spin *down* dans une direction différente.
Sous l'influence d'un champ électrique, la différence entre les deux spins, infime mais mesurable, aboutit à une séparation des niveaux d'énergie. Cet effet a été noté en premier par le physicien hollandais Pieter Zeeman, dont il porte le nom.

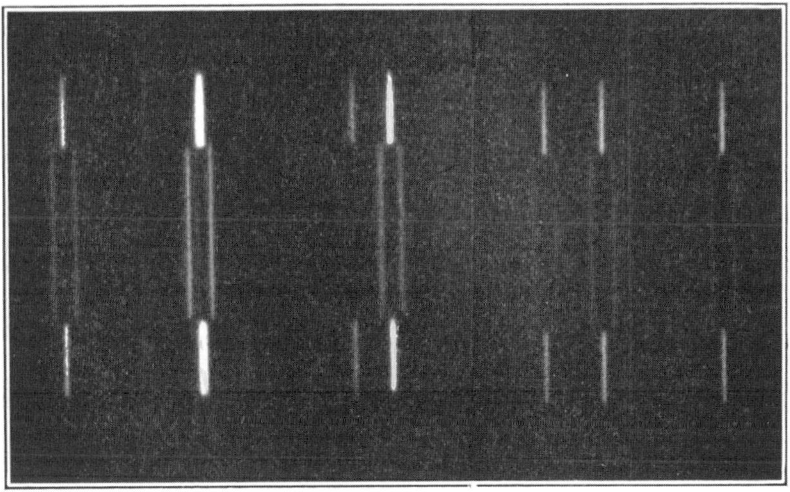

Un faisceau d'électrons traversant un champ électrique produira deux taches, au lieu d'une seule.

Le « zoo des particules »

Les protons, les neutrons et les électrons présents dans chaque atome ne sont que le sommet de l'iceberg quand on en vient à l'arbre généalogique d'une particule. Le XXe siècle a vu une explosion de découvertes à mesure que les accélérateurs de particules ont accru leur puissance et que la physique théorique a progressé. Les recherches se poursuivent au XXIe siècle, d'où la remarquable découverte du boson de Higgs en 2012.
La meilleure image de la physique des particules est décrite par le modèle standard. Comme pour un super-feuilleton, l'arbre généalogique du modèle standard est en fait l'histoire de trois familles – les fermions, les quarks et les bosons – et de leurs relations mutuelles. Les relations entre ces particules sont établies *via* les forces fondamentales : l'interaction forte, l'interaction faible et les interactions électromagnétiques (la quatrième force fondamentale, la gravitation, est insignifiante à l'échelle des particules). À ces niveaux subatomiques, la physique quantique est reine, modelant et influençant les particules pour qu'elles fassent ce qu'elle exige.

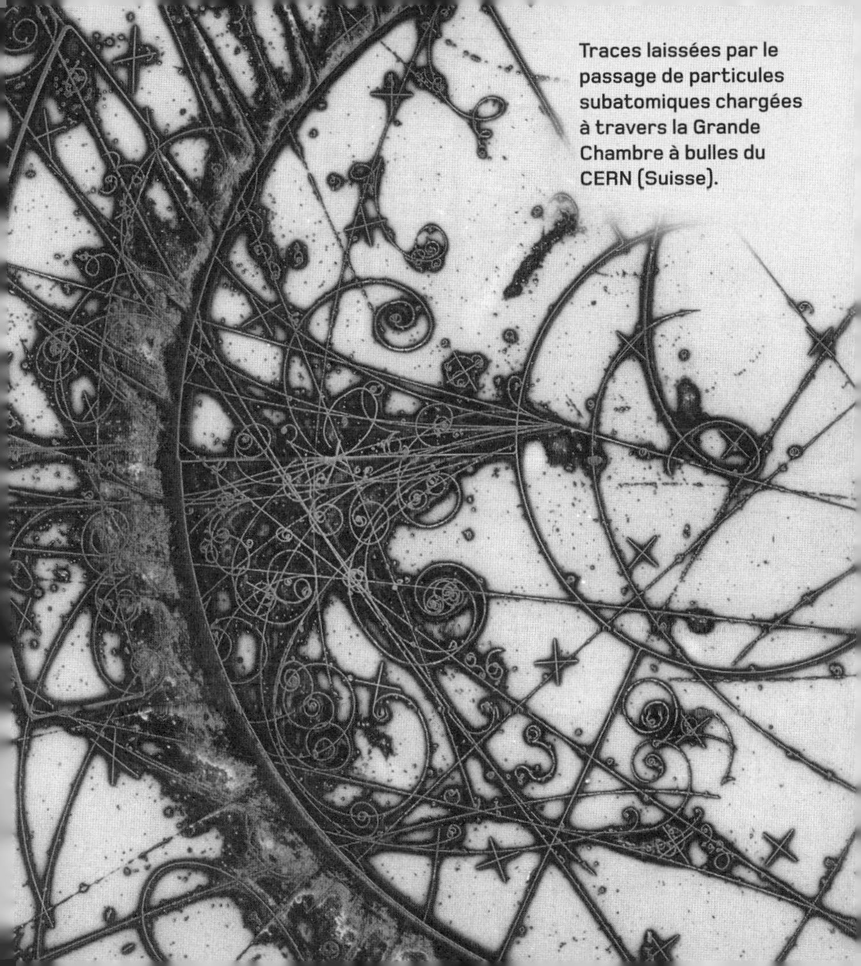

Traces laissées par le passage de particules subatomiques chargées à travers la Grande Chambre à bulles du CERN (Suisse).

Le modèle standard

Dans les années 1970, après des décennies de recherches et de découvertes, les physiciens se sont accordés sur ce modèle standard de la physique des particules. Le modèle représente les particules indivisibles ou élémentaires à leur niveau le plus fondamental – le *ground zero* de la structure de la matière (par exemple, les quarks, qui se lient pour former d'autres particules, comme les protons et les neutrons).

Toutefois, le modèle standard est davantage qu'une manière de cataloguer les particules : il décrit leurs interactions de façons qui, en fin de compte, leur permettent de créer le monde que nous voyons autour de nous. Au fil des pages suivantes, vous en apprendrez davantage à ce sujet.

Pourtant, il reste toujours des questions sans réponse, énigmes que le modèle standard ne peut pas encore expliquer, comme l'origine des forces fondamentales, la capacité des neutrinos à changer de type, la nature de la mystérieuse matière noire.

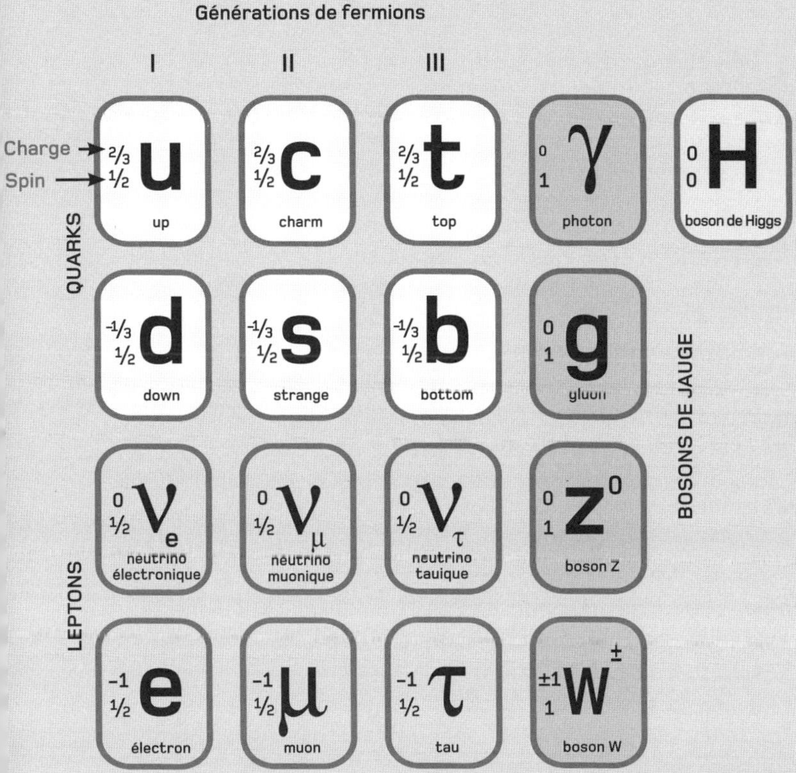
Générations de fermions
I
II
III
Charge
Spin
QUARKS
LEPTONS
BOSONS DE JAUGE
2/3 1/2 u up
2/3 1/2 c charm
2/3 1/2 t top
0 1 γ photon
0 0 H boson de Higgs
-1/3 1/2 d down
-1/3 1/2 s strange
-1/3 1/2 b bottom
0 1 g gluon
0 1/2 ν_e neutrino électronique
0 1/2 ν_μ neutrino muonique
0 1/2 ν_τ neutrino tauique
0 1 Z^0 boson Z
-1 1/2 e électron
-1 1/2 μ muon
-1 1/2 τ tau
±1 1 $W^\pm$ boson W

Quarks

Les protons et les neutrons présents dans chaque noyau atomique sont à leur tour constitués de particules infimes, les quarks. Murray Gell-Mann, le physicien le plus associé à leur découverte, les a nommés ainsi d'après un passage du roman *Finnegans Wake* de James Joyce.

Chaque quark, infime, renferme environ un tiers de la masse d'un proton ou d'un neutron. Les quarks sont aussi uniques dans le modèle standard, car leurs charges sont des fractions de la charge d'un électron plutôt que des multiples de nombres entiers. Ils présentent six saveurs, dont les noms anglais restent les plus utilisés : *up (haut)*, *down (bas)*, *strange (étrange)*, *charm (charmé)*, *top (dessus)* et *bottom* ou *beauty (dessous* ou *beauté)*. Les trois dernières formes sont extrêmement instables et ne semblent pas jouer de rôle dans la structure de matière.

Les quarks se regroupent par deux ou trois grâce à une force fondamentale, l'interaction nucléaire forte (les groupes de trois forment les protons et les neutrons). Cette interaction est si puissante qu'aucun quark isolé n'a jamais été observé.

Les trois générations de quarks

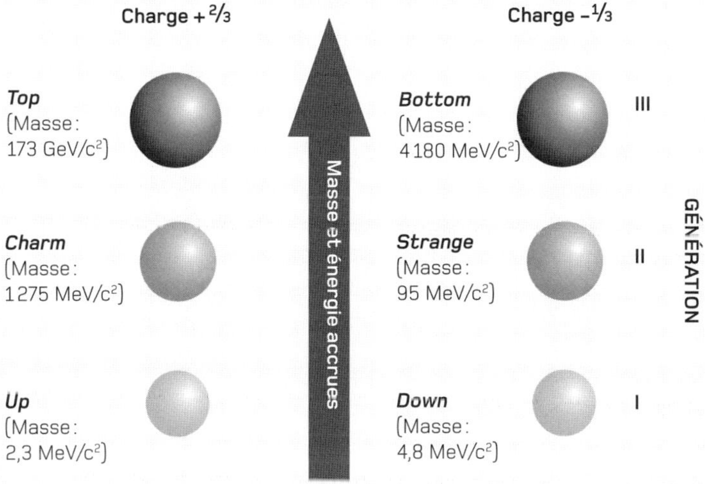

Hadrons

Le nom générique « hadron » désigne les particules sensibles à l'interaction nucléaire forte. La combinaison des quarks produit des hadrons. À leur tour, ceux-ci sont divisés en deux familles, les baryons, constitués de trois quarks de valence (les protons et les neutrons du noyau atomique), et les mésons à la vie brève, constitués d'une paire quark-antiquark. Le domaine de la physique qui étudie leur formation est la chromodynamique quantique (voir page 260). « Chromo- » se réfère à la charge de couleur (nombre quantique spécifique aux quarks).

Le principe d'exclusion de Pauli dit que les particules aux nombres quantiques identiques ne peuvent pas partager le même espace. L'addition d'une propriété comme la charge de couleur permet cependant aux quarks qui, autrement, auraient les mêmes nombres quantiques, de contourner ce problème. On connaît trois « couleurs », appelées traditionnellement rouge, vert et bleu (les antiquarks sont anti-rouge, anti-vert et anti-bleu). L'assemblage de trois quarks de couleurs différentes aboutit à un baryon formé d'un quark rouge, d'un bleu et d'un vert. Le gluon, qui porte une couleur et une anti-couleur, véhicule l'interaction forte entre quarks.

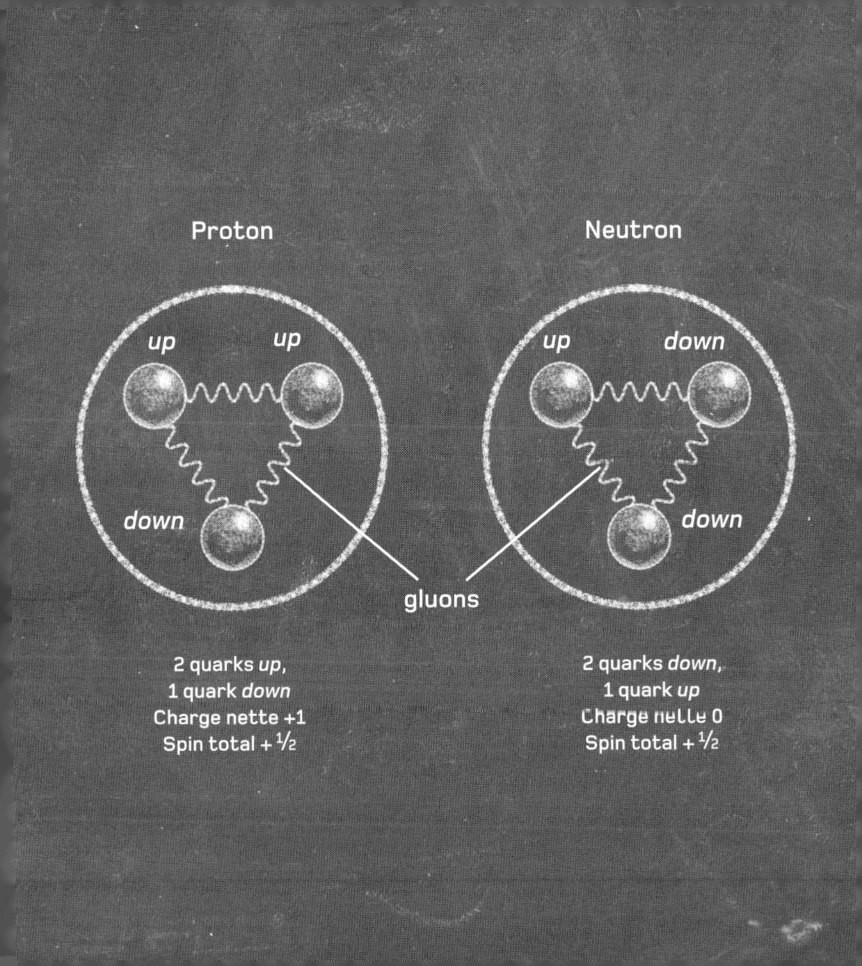
Proton
Neutron
up
up
down
up
down
down
gluons
2 quarks *up*,
1 quark *down*
Charge nette +1
Spin total + 1/2
2 quarks *down*,
1 quark *up*
Charge nette 0
Spin total + 1/2

Leptons

Le terme « lepton » est le nom générique des particules sensibles à l'interaction faible, mais pas à l'interaction forte. Les leptons sont différents des hadrons, entre autres parce qu'ils sont indivisibles et donc considérés comme « élémentaires ». En plus de l'électron, capital pour la physique quantique, deux autres saveurs extrêmement instables, le tau et le muon, appartiennent à cette famille, sans jouer réellement de rôle dans le cadre de la physique des particules.
Un autre lepton, le neutrino, est la particule la plus bizarre connue. Les neutrinos remplissent l'Univers : des billions circulent à travers votre corps en ce moment même. Pourtant, ils ont à peine une masse et sont capables d'osciller entre trois « saveurs », nommées d'après leurs leptons associés : neutrinos électronique, muonique et tauique. Comme ils interagissent très faiblement avec les autres particules et sont dépourvus de charge électrique, les neutrinos ne peuvent être détectés qu'indirectement, grâce à des expériences menées dans des laboratoires souterrains pour les protéger des interférences. La famille des leptons englobe aussi les antiparticules associées à ses membres.

Les trois générations de leptons

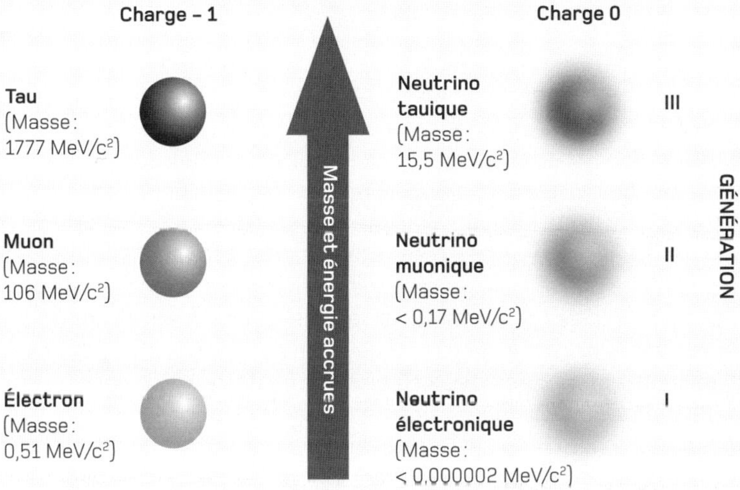

Matière noire

Malgré les pas de géant faits par la physique au XXe siècle, le fait est que l'ensemble des types de matière « ordinaire » ne représente que 4,9 % de la masse et de l'énergie de l'Univers. La majorité du reste est représentée par l'hypothétique « énergie noire », alors qu'environ 26,8 % sont composés de matière tout aussi hypothétique, désignée par l'appellation « matière noire ». Le terme « noire » se réfère au fait qu'elle n'émet ni n'absorbe aucun type de rayonnement électromagnétique et est détectable uniquement de par ses effets gravitationnels qui affectent les mouvements des étoiles aux limites des galaxies et les mouvements des galaxies aux limites des amas galactiques. On suppose que la matière noire est formée de particules subatomiques d'une sorte ou d'une autre, qui pourraient être « chaudes » ou « froides » (en fonction de leur énergie). À un moment, les neutrinos ont été considérés comme les meilleurs candidats quant à la composition de la matière noire chaude. Actuellement, on pense que la matière noire est surtout constituée de particules froides lourdes (WIMP), à interaction faible.

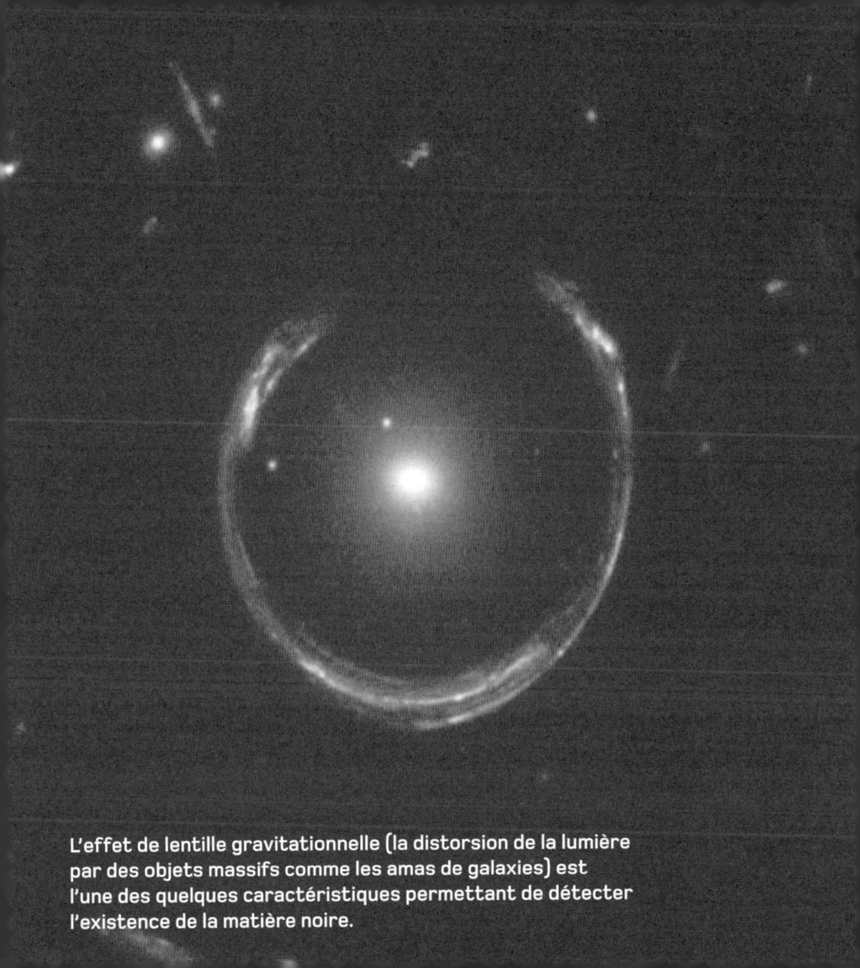

L’effet de lentille gravitationnelle (la distorsion de la lumière par des objets massifs comme les amas de galaxies) est l’une des quelques caractéristiques permettant de détecter l’existence de la matière noire.

Charge électrique

La charge électrique d'une particule est, fondamentalement, une indication de sa sensibilité aux champs électrique et magnétique et de sa capacité à participer aux interactions électromagnétiques. Comme l'énergie et la quantité de mouvement, la charge est conservée, autrement dit la charge totale d'un système est la même avant et après une interaction entre particules. En fait, la charge joue un rôle clé dans de telles interactions, puisqu'elle est sensible à la force électromagnétique. La charge est aussi quantifiée : elle se présente en « paquets » discrets qui sont d'habitude des multiples entiers de la charge de l'électron ou, dans le cas des quarks, des fractions de la charge de l'électron. La charge d'une particule ne présente jamais une valeur aléatoire, mais s'accroît par sauts quantiques, ce qui permet de la prédire grâce au modèle standard. Les particules comme les électrons ont une charge négative, alors que d'autres, comme les protons et les positrons (« anti-électrons »), ont une charge positive. Les neutrinos et les neutrons sont électriquement neutres, soit en raison d'une absence inhérente de charge, soit parce que les charges de leurs particules constituantes s'annulent réciproquement.

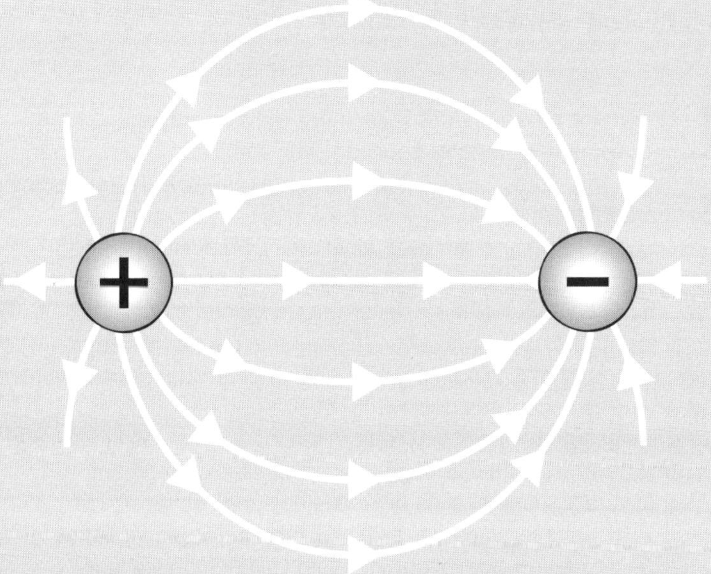

Chaque particule chargée est entourée par son propre champ électrique, conventionnellement représenté comme émergent des charges positives et allant vers les charges négatives. Comme pour les pôles magnétiques, les charges semblables se repoussent, alors que celles opposées s'attirent.

Moment cinétique de la particule

Le moment cinétique est le moment de la quantité de mouvement d'un objet tournant sur son axe ou en rotation autour de quelque chose, différente de la quantité de mouvement de son déplacement en ligne droite à travers l'espace. Les particules ont un vrai moment cinétique L (propriété qui est tant quantifiée que conservée durant leurs interactions – voir page 82). Les équations qui décrivent ce moment décrivent également une autre caractéristique de la particule, le spin. Chose importante, le spin est un nombre quantique, l'un des paramètres essentiels décrivant l'état d'une particule.

Le spin est une propriété étrange ; il ne concerne pas la rotation proprement dite, mais confère aux particules un moment magnétique, comme si elles effectuaient une rotation (voir page 106). Calculer L implique de multiplier un « opérateur position » r et un « opérateur impulsion » p (les opérateurs sont des outils utilisés pour traiter avec les vecteurs – voir page 196). Pour calculer le moment cinétique *total* d'une particule (représenté par J), on doit aussi additionner le spin total S, si bien que le moment cinétique total devient : $J = rp + S$.

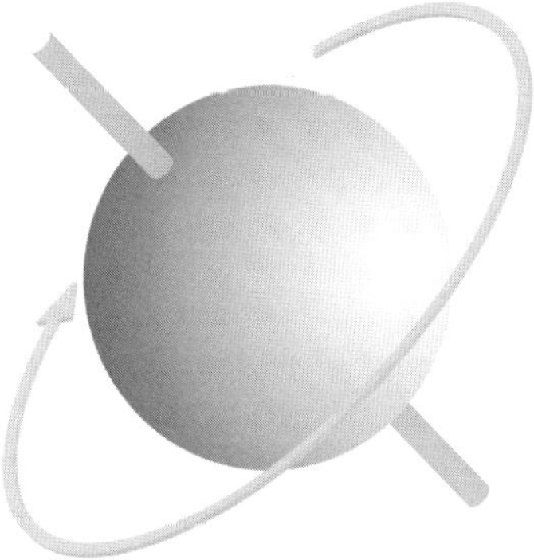

Spin -½

Spin +½

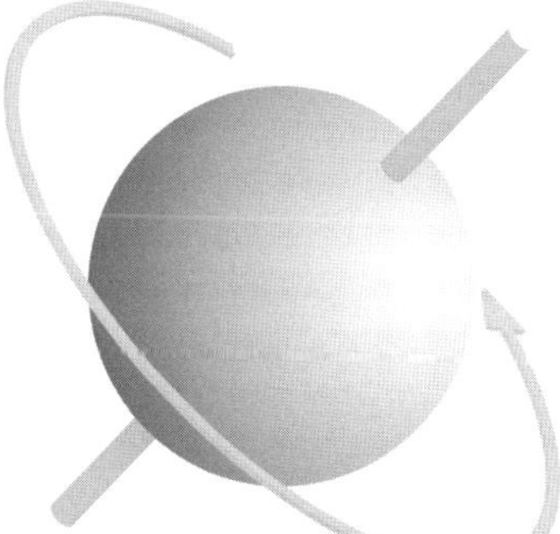

Bien que le spin ne soit pas une rotation réelle, comme, par exemple, celle d'une toupie, il est toujours utile de penser aux particules comme effectuant une rotation en une direction ou une autre, à des vitesses quantifiées particulières.

Chiralité et parité

La symétrie rotationnelle joue un rôle important dans la physique des particules. Les systèmes qui restent identiques après une rotation de 360 degrés de leur fonction d'onde sont dits pairs, ceux qui changent, sont dits chiraux. Imaginez un électron au spin $1/2$. Si sa fonction d'onde subit une rotation de 360 degrés, le résultat n'est pas identique à l'original et le spin devient $-1/2$. Ces changements le font se comporter différemment, tant en termes de propriétés quantiques que d'interactions avec d'autres particules. On pourrait prendre pour analogie une image inversée : si un objet n'est pas identique à son image inversée, il est chiral. La plupart des lettres de l'alphabet, par exemple, sont chirales, mais quelques-unes, comme « A » et « H » montrent une parité. La chiralité peut être soit gauche, soit droite (selon la direction de rotation de la fonction d'onde), ce qui a quelques conséquences importantes. Par exemple, seuls des fermions droits (c.-à-d. les électrons) ou les antifermions droits (c.-à-d. les positrons) sont capables d'interagir avec la force faible responsable de la désintégration radioactive.

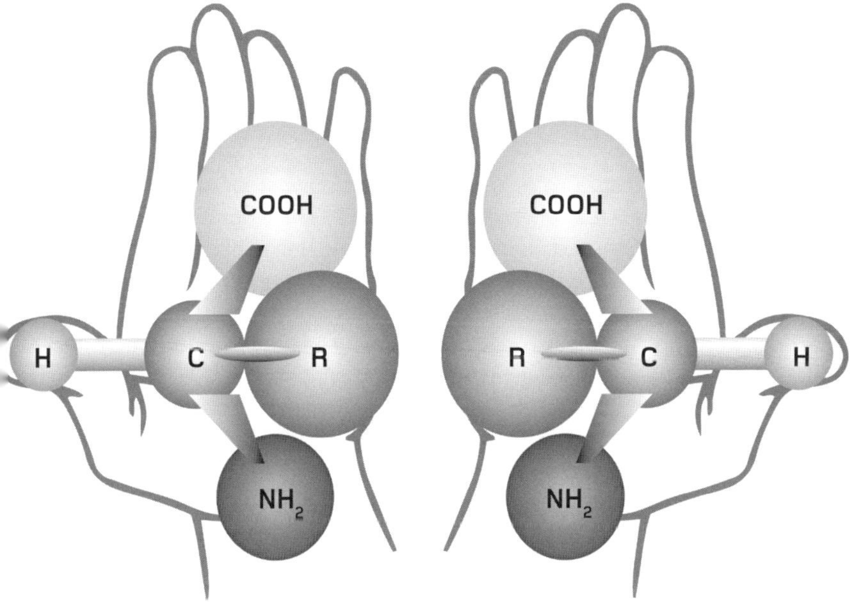

Tout comme les acides aminés montrés ici sont chiraux, avec des formes gauche et droite distinctes, les particules subatomiques peuvent être chirales. Dans les deux cas, cela a une influence considérable sur leur comportement.

Moments magnétiques

Les lois de Faraday (voir page 18) disent qu'un champ électrique en rotation induit un champ magnétique. Certaines particules – comme les électrons – ont une charge électrique, car elles sont en essence d'infimes paquets de courant électrique (l'électricité étant un flux d'électrons). Les électrons ont également un spin inhérent, si bien que leurs champs électriques en rotation génèrent à leur tour un infime champ magnétique, que les physiciens désignent par le terme « moment magnétique dipolaire ». Le moment magnétique d'un aimant donné est calculé en multipliant la force des pôles par la distance qui les sépare, autrement dit il dépend de ses dimensions. Le calcul du moment magnétique d'un électron est un peu plus compliqué, mais le moment magnétique est toujours « antiparallèle » au moment cinétique de spin.

Le terme « dipôle » signifie qu'un champ a des pôles nord et sud. La présence dans l'Univers de monopôles magnétiques n'a pas encore été démontrée, même si certaines théories avancées, comme les supercodes (voir page 274) envisagent leur existence.

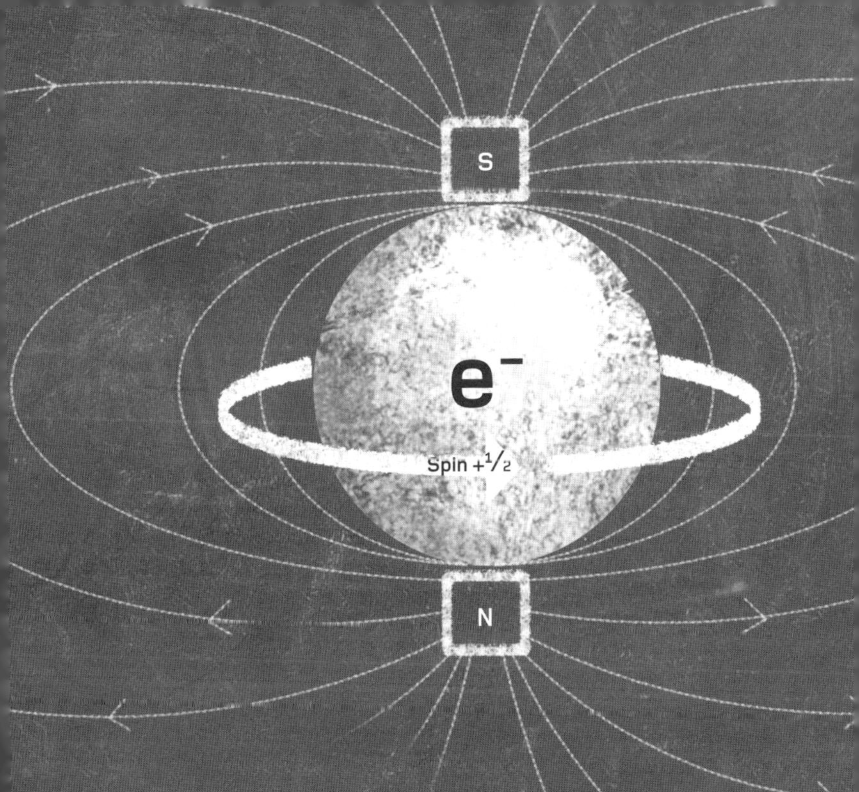

Le spin d'un électron génère un champ électrique en rotation qui, à son tour, engendre un champ magnétique dipolaire, similaire à celui créé par un aimant.

Interactions spin-orbite

Lorsqu'un électron est en orbite autour d'un noyau atomique, le moment magnétique créé par son spin (voir page 102) interagit avec le champ magnétique induit par son mouvement autour du noyau. Cette interaction spin-orbite induit des caractéristiques inattendues, susceptibles d'être détectées dans les raies spectrales d'un atome. Par rapport au champ magnétique induit, le spin de l'électron peut présenter deux orientations différentes, soit parallèle à la direction du mouvement, soit antiparallèle. Le spin parallèle a une énergie légèrement plus basse qu'on pourrait s'y attendre, alors que l'énergie du spin antiparallèle est un peu plus élevée. De ce fait, les niveaux d'énergie atomiques se séparent en deux, phénomène que les physiciens désignent par le terme « structure fine ».

Un effet opposé, où le noyau a lui-même un spin, donc un moment magnétique qui interagit avec le champ magnétique induit par l'électron, aboutit au phénomène de la structure hyperfine – modifications infinitésimales des raies spectrales, qui révèlent des données concernant les niveaux d'énergie dans l'atome.

Les caractéristiques de la structure fine ont provoqué l'apparition des raies plus claires sur ce spectre du deutérium.

Fermions

Les physiciens classent les particules subatomiques de bien de manières différentes. Tout comme les particules peuvent être associées à diverses « familles », par exemple les baryons, les leptons et les mésons, des familles peuvent être regroupées en fonction de caractéristiques communes, telles que le spin. On arrive aussi aux fermions, particules au spin qui n'est pas un nombre entier (autrement dit, spins $^{1}/_{2}$, $^{3}/_{2}$, $-^{1}/_{2}$ ou $-^{3}/_{2}$). Les fermions incluent les quarks, donc les baryons (voir page 94), car les trois quarks liés dans ces particules aboutissent à un spin soit $^{1}/_{2}$, soit $^{3}/_{2}$. Les leptons, qui ont un spin $^{1}/_{2}$, sont aussi des fermions, tout comme les particules composées constituées par un nombre impair de quarks, à l'exemple de certains noyaux atomiques.

Les fermions ont été nommés d'après le physicien italien Enrico Fermi. Leur comportement est décrit par un modèle mathématique, la distribution (ou la statistique) de Fermi-Dirac. Leur propriété la plus importante est leur obéissance absolue au principe d'exclusion de Pauli, ce qui a des conséquences notables sur le plan de la structure atomique (voir page 76).

LEPTONS (Spin ½)			
Symbole	Saveur	Masse (MeV/c^2)	Charge
ν_e	Neutrino électronique	< 0,000002	0
e	Électron	0,51	-1
ν_μ	Neutrino muonique	< 0,17	0
μ	Muon	106	-1
ν_τ	Neutrino tauique	15,5	0
τ	Tau	1777	-1

QUARKS (Spin ½)			
Symbole	Saveur	Masse (MeV/c^2)	Charge
u	Quark up	2,3	+²/₃
d	Quark down	4,8	-¹/₃
c	Quark charm	1 275	+²/₃
s	Quark strange	95	-¹/₃
t	Quark top	173 000	+²/₃
b	Quark bottom	4 180	-¹/₃

Bosons

Nommés d'après le physicien indien Satyendra Nath Bose, et décrits par un modèle appelé « distribution de Bose-Einstein », les bosons sont des particules dont le spin est un nombre entier (0, 1, 2, et ainsi de suite.). Pour des raisons qui ne sont pas parfaitement comprises, les bosons contournent le principe d'exclusion de Pauli, de sorte que plusieurs peuvent coexister dans le même état quantique. Chose importante, cela leur permet de s'infiltrer dans l'espace en tant que bosons de jauge – particules qui sont des vecteurs des quatre forces fondamentales de la nature sous-tendant la matière et régissant les interactions des particules (électromagnétisme, interaction forte, interaction faible et gravitation).

Seuls les bosons élémentaires – les photons (vecteurs de la force électromagnétique), les gluons (interaction forte), les bosons W et Z (interaction faible) et l'hypothétique graviton (gravitation) – sont des vecteurs de ces forces. Parmi les autres bosons on compte les mésons (voir page 94), dont les deux quarks ont un spin combiné 0 ou 1, et les noyaux atomiques comme le hélium-4 (qui renferme deux protons et deux neutrons, arrivant à 12 quarks en tout, donc à un spin total 6).

INTERACTION ÉLECTROFAIBLE				
Symbole	Nom	Masse (GeV/c^2)	Charge	Spin
γ	Photon	0	0	1
W^+	Boson W^+	80,39	+1	1
W^-	Boson W^-	80,39	-1	1
Z^0	Boson Z^0	91,188	0	1

INTERACTION FORTE				
Symbole	Nom	Masse (GeV/c^2)	Charge	Spin
g	Gluon	0	0	1

CHAMP DE HIGGS				
Symbole	Nom	Masse (GeV/c^2)	Charge	Spin
H	Boson de Higgs	126	0	0

Condensat de Bose-Einstein

Comme ils n'obéissent pas au principe d'exclusion de Pauli, d'innombrables bosons aux mêmes nombres quantiques peuvent exister sur le même niveau d'énergie. Dans les années 1920, Albert Einstein et Satyendra Nath Bose ont compris que ce fait était susceptible d'avoir quelques conséquences étranges. La distribution de Bose-Einstein décrit tous les états quantiques dans lesquels peut exister un gaz formé de bosons. En se demandant ce qui arriverait si ces bosons étaient refroidis à quelques degrés au-dessus du zéro absolu, Einstein a avancé l'hypothèse que tous passeraient sur le niveau d'énergie le plus bas possible, engendrant une nouvelle forme de matière, un condensat de Bose-Einstein.

Des condensats produits en laboratoire dans les années 1990 ont montré des propriétés quantifiées à une échelle visible. Par exemple, quand le hélium-4 (un gaz bosonique) est refroidi à 2 °K au-dessus du zéro absolu, il commence à se comporter comme un superfluide – liquide ne présentant pas de résistance au mouvement. Les condensats ont diverses propriétés singulières – ils ralentissent, ou même stoppent, le passage de la lumière ou, lorsqu'ils sont remués, forment des tourbillons qui tournoient à perpétuité.

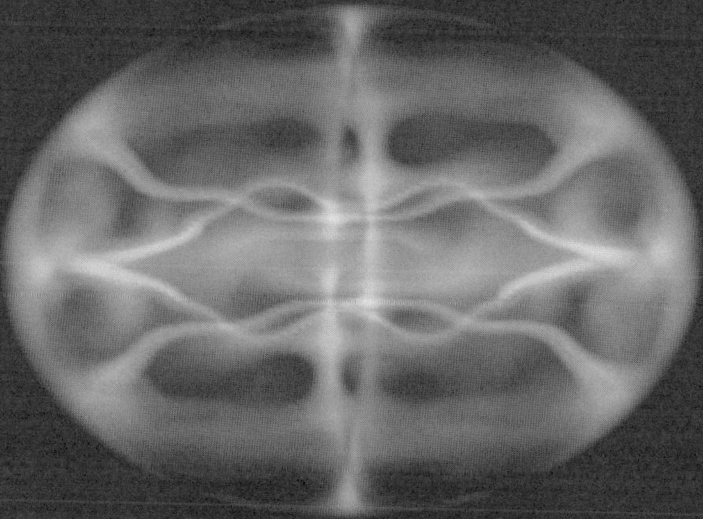

Cette image créée par ordinateur montre les rides traversant un condensat de Bose-Einstein à des températures proches du zéro absolu

Le Grand collisionneur de hadrons (LCH)

Afin de détecter de nouvelles particules subatomiques, les physiciens ont bâti d'immenses machines qui font entrer en collision les particules à des vitesses extrêmement élevées, créant des énergies de plus en plus hautes qui donnent naissance à des particules inexistantes dans la nature, à la vie très brève. Le plus grand de ces détecteurs est le Grand collisionneur de hadrons (LHC) du CERN, près de Genève, sur la frontière franco-suisse. Le tunnel souterrain circulaire du LHC, d'une circonférence de 27 kilomètres, est jalonné d'aimants supraconducteurs qui accélèrent et focalisent les faisceaux de hadrons allant des protons isolés aux noyaux atomiques plus lourds et aux ions à charge électrique. Deux faisceaux sont accélérés en même temps en sens inverse, chacun comportant jusqu'à 120 milliards de protons. Leurs vitesses approchent la vitesse de la lumière avant des collisions à des énergies de l'ordre de 13 TeV. Chaque année, plusieurs centaines de billions de collisions prennent place, enregistrées par les sept détecteurs des expériences distinctes, installés dans d'énormes chambres autour de l'anneau.

Expériences importantes au Grand collisionneur de hadrons

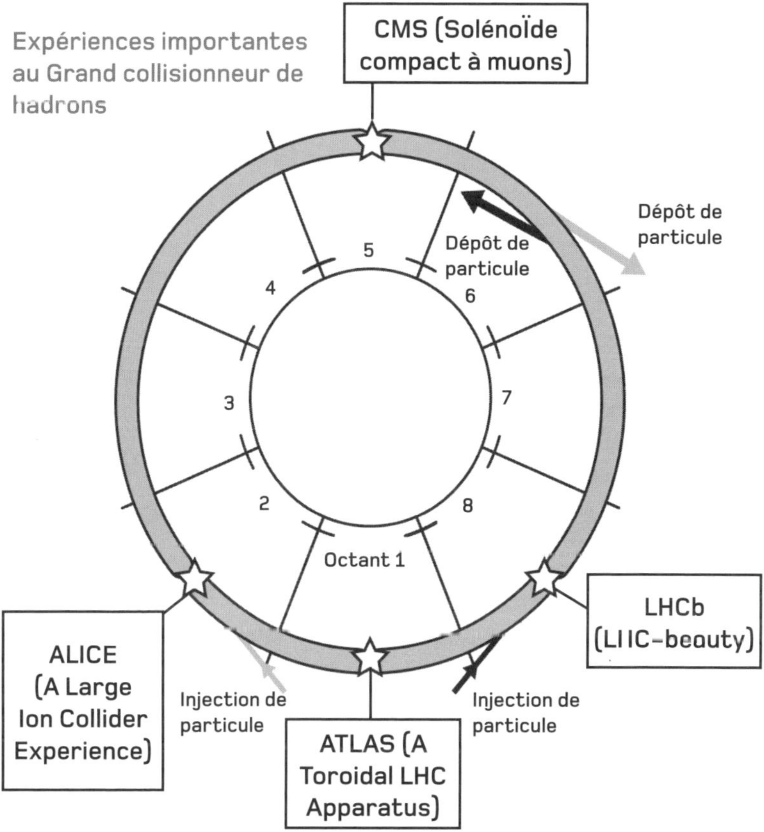

Découvertes au LHC

Le Grand collisionneur de hadrons permet de tester toutes sortes de théories exotiques de la physique des particules, depuis des concepts tels que la supersymétrie (voir page 274) aux extensions du modèle standard. Son rôle le plus médiatisé a toutefois été la quête du célèbre boson de Higgs, particule prédite par le modèle standard (voir page 90). La collecte de données a débuté en 2009, lors du démarrage du LCH, suivie par la délimitation progressive du domaine d'énergies auquel la particule était susceptible d'être trouvée. Le 4 juillet 2012, les scientifiques ont annoncé que le boson de Higgs avait été identifié dans un domaine de masse de l'ordre de 125 à 127 GeV, tel que suggéré par la théorie.

Parmi les découvertes du LHC on trouve l'identification de plusieurs nouvelles particules et la création d'un nouvel état superdense de la matière, le plasma de quarks et de gluons, qui existe à des températures atteignant $5{,}5 \times 10^{12}$ °C (480 MeV). Les travaux visant à accroître la puissance de l'accélérateur déboucheront assurément sur d'autres découvertes.

Tunnel principal du LHC.

Le boson de Higgs

Imaginez que vous venez de tomber dans une grande cuve de mélasse et que vous vous y enfoncez lentement. Imaginez ensuite qu'un roulement à billes – minuscule, mais ayant la même masse que vous – est jeté dans la mélasse. Il s'y enfonce bien plus rapidement, touchant le fond avant vous, car la superficie de sa section, qui génère la résistance dans la mélasse, est plus réduite.

Selon le physicien britannique Peter Higgs, c'est là une bonne analogie pour le processus qui confère aux particules leur masse. Celles-ci doivent aussi avancer, si l'on peut dire, dans un milieu, dans ce cas un milieu invisible, le champ de Higgs. Selon la théorie développée par Higgs en 1964, le champ de Higgs est porté à travers l'espace-temps par un vecteur, un boson (voir page 112), pareillement aux forces fondamentales.

Le boson de Higgs a été mis en évidence en 2012 au Grand collisionneur de hadrons, mais les scientifiques doivent encore déchiffrer bon nombre de ses mystères, en particulier pourquoi certaines particules sont plus massives que d'autres, question capitale s'il en est.

Modèle classique de désintégration alpha

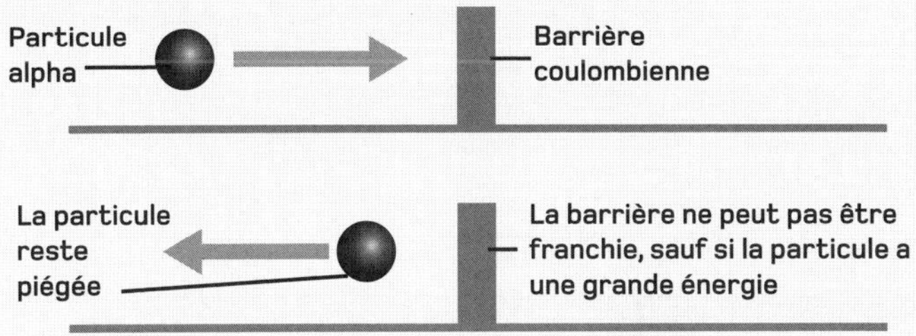

Modèle quantique

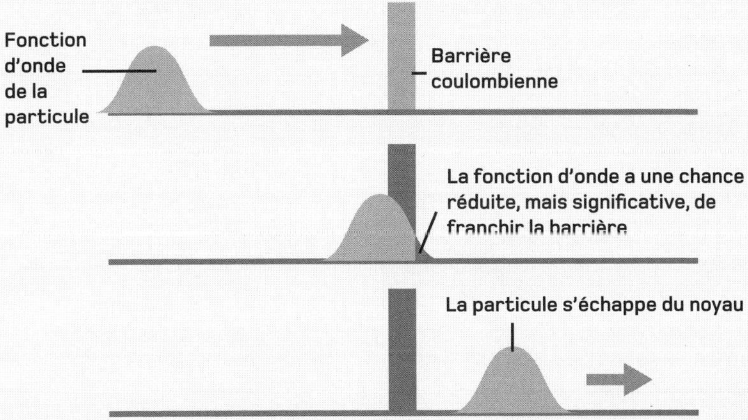

Principe d'incertitude d'Heisenberg

Le flou de la physique quantique ne concerne pas uniquement la fonction d'onde, mais aussi les propriétés mesurables d'une particule. Lorsqu'il a été confronté à ce problème, Werner Heisenberg a compris qu'il est impossible d'avoir en même temps une certitude quant à la quantité de mouvement et à la position d'une particule à un moment donné : plus on connaît précisément la valeur de l'une, moins on connaît précisément l'autre. Heisenberg a appelé sa découverte « principe d'incertitude », terme auquel on préfère parfois celui d'« indétermination ». Ce nom n'a rien à voir avec des erreurs de la méthode ou du mécanisme expérimental, mais évoque le comportement de la fonction d'onde d'une particule. Plus on définit précisément la position d'une particule, plus sa fonction d'onde (qui détermine cette position) se resserre. Toutefois, cela rend moins précise la longueur d'onde de cette fonction d'onde (qui détermine la quantité de mouvement d'une particule). Inversement, plus la longueur d'onde est connue précisément, plus la fonction d'onde est largement distribuée, conférant à la particule une plus grande probabilité d'exister à d'innombrables endroits différents.

Écart type de la position

Écart type de la quantité de mouvement

Constante de Planck réduite $\hbar = h/2\pi$

$$\Delta x \cdot \Delta p \geq \hbar/2$$

Variation de l'énergie

Variation du temps

$$\Delta E \cdot \Delta t \geq \hbar/2$$

Le principe d'incertitude affirme que deux propriétés quantiques complémentaires de la même particule (position et quantité de mouvement ou énergie et temps) ne peuvent pas être déterminées simultanément avec précision.

L'incertitude à l'œuvre

Le principe d'incertitude d'Heisenberg a quelques applications pratiques fascinantes. L'imagerie à résonance magnétique (IRM), par exemple, repose sur la relation entre la fréquence radio d'un photon et sa quantité de mouvement. Le principe d'incertitude dit qu'on ne peut pas connaître en même temps la fréquence d'un photon et sa position, si bien que pour un paquet de photons excités par une onde courte dont les positions sont connues, les fréquences seront indéterminées et présenteront un large éventail – ce qui est parfait pour sonder les différentes parties du corps humain.
Le principe d'incertitude a diverses conséquences fondamentales. Il dicte la taille des orbitales électroniques, donc la taille même des atomes. Il explique aussi pourquoi les électrons et les protons à charge opposée d'un atome ne sont pas attirés les uns vers les autres : le rapprochement du noyau définirait si précisément la position d'un électron que l'incertitude de sa quantité de mouvement serait énorme. L'effet tunnel est aussi une manifestation du principe d'incertitude. Les particules virtuelles (voir page 136) existent seulement en raison de l'incertitude quant à l'énergie précise de l'espace.

Incertitude et fonction d'onde

Plus la longueur d'onde de de Broglie d'un objet (liée à sa quantité de mouvement) est déterminée précisément, moins sa position peut être définie avec certitude.

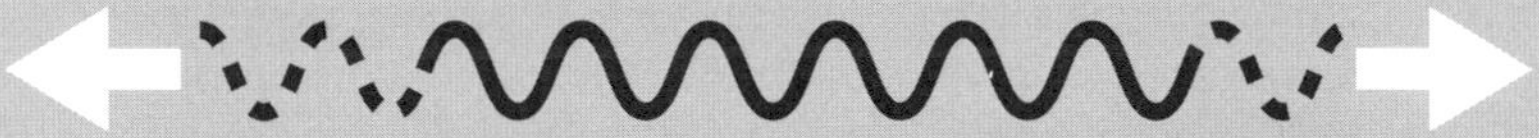

Limiter la position de l'objet aboutit à une plus grande incertitude quant à sa longueur d'onde et à sa quantité de mouvement – problème qui empire à mesure que sa position est définie plus précisément.

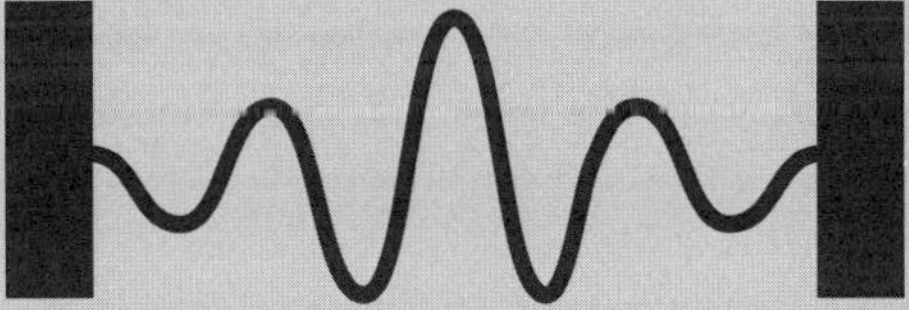

Décohérence quantique

Si on veut mesurer une seule propriété d'un système quantique – l'énergie d'un électron ou la position d'un proton –, on peut le faire avec grande précision, mais quand on réalise ces mesures, la fonction d'onde s'effondre. Toutefois, ce terme est inapproprié : lorsqu'une mesure est réalisée, une particule ne perd pas ses propriétés ondulatoires. Une manière plus correcte de décrire ce qui arrive est de dire que l'information quantique s'échappe du système. Cet effet, la décohérence, a été mis en évidence en 1970 par Heinz-Dieter Zeh.

Zeh a suggéré qu'au moment où la fonction d'onde d'un appareil de mesure entre en contact avec la fonction d'onde d'une particule, elle crée une interférence qui cause le déphasage de la fonction d'onde de la particule, permettant une mesure précise. D'une certaine façon, c'est l'opposé de la superposition : les ondes sont brouillées par l'interférence destructive plutôt que fortifiées par la superposition constructive. Comme les objets plus grands sont en contact constant avec les fonctions d'onde de leur environnement, ils se déphasent bien plus rapidement, ce qui explique pourquoi l'imprécision quantique n'est pas apparente à l'échelle ordinaire.

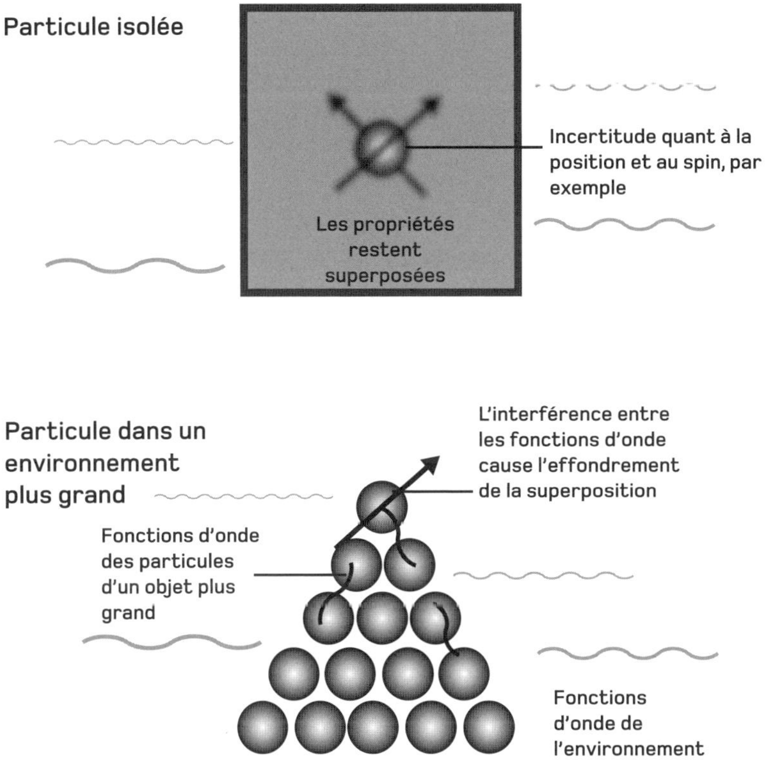
Particule isolée
Les propriétés restent superposées
Incertitude quant à la position et au spin, par exemple
Particule dans un environnement plus grand
L'interférence entre les fonctions d'onde cause l'effondrement de la superposition
Fonctions d'onde des particules d'un objet plus grand
Fonctions d'onde de l'environnement

Le chat de Schrödinger

Rien ne dévoile aussi bien la bizarrerie de la physique quantique que le chat de Schrödinger. Erwin Schrödinger a conçu en 1935 cette célèbre expérience de pensée afin de démontrer ce qu'il voyait comme l'absurdité de l'interprétation de Copenhague (voir page 54). Illustrée ci-contre, l'expérience envisage une manière de placer un système macroscopique (un chat qui pourrait être vivant ou mort) en un état de superposition quantique. L'observateur à l'extérieur de la boîte n'a aucun moyen de savoir si, et quand, une substance radioactive s'est désintégrée. Donc, dit Schrödinger, d'après l'interprétation de Copenhague, tant que la boîte n'est pas ouverte, le chat est en même temps vivant et mort.

Une telle situation est intuitivement absurde, mais Schrödinger ne s'attaquait en fait qu'à une lecture extrême de l'interprétation de Copenhague, où un observateur *conscient* est la raison de l'effondrement de la fonction d'onde. Niels Bohr, quant à lui, plaidait pour une définition plus large de l'observation, en termes d'interaction avec les systèmes macroscopiques incluant le compteur Geiger et le chat lui-même, interaction qui déclencherait donc l'effondrement longtemps avant que la boîte soit ouverte.

Imaginez enfermer un chat dans une boîte dont vous ne pouvez pas voir l'intérieur. Une petite quantité d'une substance radioactive, placée dans la boîte avec le chat, présente une probabilité connue de se désintégrer dans un laps de temps donné, probabilité régie par les principes quantiques. Si la désintégration se produit, un compteur Geiger détecte la radiation et déclenche la libération d'un poison qui tue le chat.

Tester le chat de Schrödinger

On n'a fait de mal à aucun chat durant l'écriture de ce livre. En fait, procéder à l'expérience de pensée de Schrödinger dans le monde réel n'aurait aucune raison pratique, car l'important est que ce qui se passe dans la boîte scellée reste indéterminé jusqu'à ce qu'un résultat soit observé. Cependant, les scientifiques ont testé le principe sous-tendant cette expérience d'autres façons et ont montré que, malgré le scepticisme de Schrödinger, l'interprétation de Copenhague reflète effectivement ce qui se passe.

L'astuce est de placer un système quantique en un état de superposition des fonctions d'onde. Lors de l'expérience du chat, ces fonctions d'onde appartiennent aux différentes conclusions : le chat est vivant ou mort. En réalité, nul n'a réussi à superposer de systèmes quantiques si grands. Cependant, lors de diverses expériences, des photons, des atomes de béryllium et même un diapason en vibration composé de dix billions d'atomes ont été superposés en états oscillants qui les font agir comme s'ils étaient à deux endroits à la fois. Ces expériences ont prouvé ce que nous nous efforçons d'admettre : qu'aux échelles les plus infinitésimales, l'Univers est réellement probabiliste.

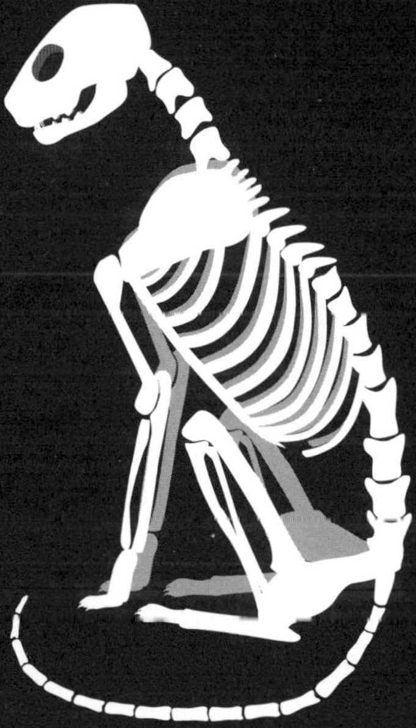

La théorie et l'observation étayent toutes les deux l'idée que les fonctions d'onde restent réellement superposées aux échelles quantiques jusqu'à ce qu'elles soient observées.

Le défi est donc d'expliquer pourquoi la fonction d'onde se réduit alors d'elle-même, et pourquoi l'incertitude ne s'applique pas réellement aux chats et à d'autres grands objets.

Complémentarité

Pour Niels Bohr, architecte de l'interprétation de Copenhague, les aspects d'onde et de corpuscule étaient les deux côtés d'une même pièce de monnaie, se complétant l'un l'autre. Si une mesure observe un électron agissant comme une onde, c'est parce que l'expérience est conçue pour détecter une onde (pareillement si elle est censée détecter un corpuscule). En raison de l'acte de mesure, la fonction d'onde de l'électron « s'effondre », devenant la solution de l'onde. Il ne faut cependant pas oublier qu'on ne peut pas connaître toutes les propriétés d'une particule sans tenir compte tant de sa nature d'onde que de sa nature de corpuscule. Pourtant, le principe d'incertitude d'Heisenberg met cela hors de portée. La nature complémentaire des particules est autant une bénédiction qu'une malédiction : elle leur permet de faire des choses extraordinaires, tout comme elle permet la formation et le fonctionnement des composantes de l'Univers. Toutefois, elle engendre aussi un sentiment de frustration à l'idée que le monde quantique, particule après particule, est entièrement aléatoire et non déterministe. Pour les physiciens du début du XXe siècle, qui préféraient que l'Univers fonctionne comme sur des roulettes, c'était difficile à accepter.

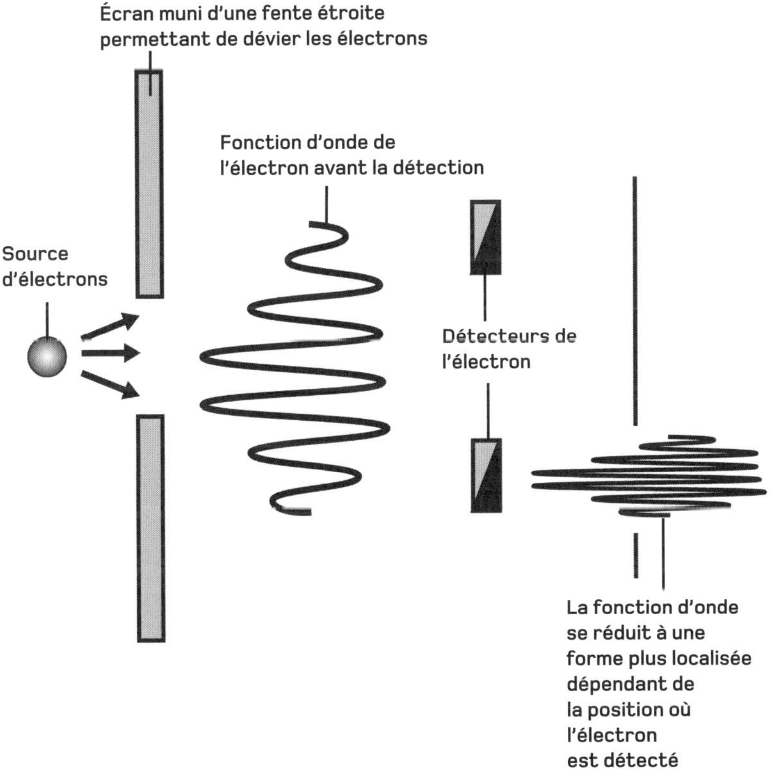
Écran muni d'une fente étroite
permettant de dévier les électrons
Fonction d'onde de
l'électron avant la détection
Source
d'électrons
Détecteurs de
l'électron
La fonction d'onde
se réduit à une
forme plus localisée
dépendant de
la position où
l'électron
est détecté

Mathématiques quantiques

Comme l'ensemble de la physique, l'étude du monde quantique est un sujet par inhérence mathématique. Une théorie scientifique ne peut pas reposer uniquement sur les faits observés. Elle doit aussi avoir une base mathématique qui explique les observations et fait des prédictions. Toutefois, comme la physique quantique est radicalement différente de la physique classique, elle requiert son propre genre de mathématiques et d'équations. Des concepts qui semblent paradoxaux d'un point de vue conceptuel deviennent plus sensés quand ils sont regardés avec une meilleure compréhension des mathématiques impliquées.
Cependant, les mathématiques de la mécanique quantique sont difficiles – pour les comprendre, certains des meilleurs esprits scientifiques des années 1920 et 1930 ont dû concevoir les systèmes nécessaires. Ce livre ne tente pas de tout expliquer, mais même un simple coup d'œil à certaines des techniques utilisées et à la terminologie aidera à quantifier le comportement quantique et à avoir une idée plus précise de ce qui se passe réellement.

« Ferme-là et calcule ! »

N. David Mermin

Qu'est-ce qu'une matrice ?

Outil mathématique utilisé lors d'une diversité d'applications, dont la physique quantique, une matrice est un ensemble ordonné de nombres disposés en rangées et en colonnes. Les exemples ci-contre sont carrés, mais le nombre de rangées et de colonnes n'a pas à être identique. Chaque nombre de la matrice est un « élément ». Une matrice offre l'avantage de calculer successivement les fonctions mathématiques pour chaque élément. Par exemple, les matrices de mêmes dimensions peuvent être additionnées ou soustraites en additionnant ou en soustrayant les éléments correspondants de chaque matrice (voir ci-contre, en haut).
La multiplication est un peu différente. Elle exige que le nombre de colonnes de la première matrice soit le même que le nombre de rangées de la seconde. Chaque rangée de la première matrice est multipliée par chaque colonne de la seconde matrice et les produits de ces multiplications sont additionnés (voir ci-contre, en bas).

Addition de matrices :

$$\begin{bmatrix} 1 & 0 & 2 \\ 2 & 1 & 3 \\ 3 & 2 & 1 \end{bmatrix} + \begin{bmatrix} 2 & 1 & 3 \\ 2 & 3 & 1 \\ 1 & 3 & 2 \end{bmatrix} = \begin{bmatrix} 3 & 1 & 5 \\ 4 & 4 & 4 \\ 4 & 5 & 3 \end{bmatrix}$$

Multiplication de matrices :

$$\begin{bmatrix} 1 & 2 \\ 3 & 4 \end{bmatrix} \text{x} \begin{bmatrix} 5 & 6 \\ 7 & 8 \end{bmatrix} = \begin{bmatrix} (1\text{x}5)+(2\text{x}7) & (1\text{x}6)+(2\text{x}8) \\ (3\text{x}5)+(4\text{x}7) & (3\text{x}6)+(4\text{x}8) \end{bmatrix}$$

$$= \begin{bmatrix} 19 & 22 \\ 43 & 50 \end{bmatrix}$$

Mécanique des matrices

Dans les années 1920, les physiciens quantiques ont tenté de formuler une description mathématique de la dualité onde-corpuscule qu'ils observaient. Une solution a été proposée par Max Born, qui a développé une idée de Werner Heisenberg prônant que les orbites électroniques étaient mieux décrites par des ondes harmoniques. Heisenberg avait calculé les sauts quantiques des électrons grâce à des équations compliquées, impliquant beaucoup de multiplications. Pour Born, ces séquences de multiplications étaient mieux décrites par des matrices. La multiplication de chacun de leurs éléments a aidé à calculer les raies spectrales des électrons dont on connaissait les énergies. L'approche « mécanique des matrices » de Born n'a pas été bien acceptée, car la majorité des physiciens de l'époque tenaient les matrices pour une curiosité des mathématiques pures. Cette approche leur semblait une manière étrangement abstraite de décrire les orbites électroniques. De ce fait, l'équation d'onde de Schrödinger (voir page 156) est restée le moyen le plus utilisé pour décrire le comportement quantique des particules.

Friedrich Hund, Werner Heisenberg et Max Born, les trois fondateurs de l'approche « mécanique des matrices » de la physique quantique, réunis en 1966 lors d'une conférence à Göttingen (Allemagne).

Mécanique ondulatoire

L'équation d'onde de Schrödinger a une approche différente de la mécanique des matrices, traduisant les propriétés ondulatoires d'une particule en une équation qui décrit leur distribution. En essence, l'équation décrit la manière dont l'état quantique d'un système, défini par sa fonction d'onde, change au fil du temps. L'équation de Schrödinger, non relativiste, est un postulat de la mécanique ondulatoire. Dans ce sens, elle est un équivalent quantique de la seconde loi du mouvement de Newton : la force qui s'exerce sur un corps est égale à sa masse multipliée par l'accélération ($f = ma$).

Plusieurs variantes de l'équation d'onde de Schrödinger existent, dont la plus connue est l'équation dépendante du temps, montrée ci-contre. Ici, i est la racine carrée de -1 (nombre complexe qui a pour partie réelle 0 et pour partie imaginaire 1, capital pour la solution de certaines équations), $\hbar$ est la constante de Dirac ou la constante de Planck réduite, $h/2\pi$, Ψ est la fonction d'onde (voir page 144) et $\hat{H}$ est l'opérateur hamiltonien correspondant à l'énergie totale d'un système quantique (voir page 198).

Équation de Schrödinger dépendante du temps pour le vecteur de position *r* à un moment *t*

Opérateur hamiltonien

Constante de Planck réduite (h/2π)

$$\hat{H}\Psi(\mathbf{r}, t) = i\hbar \frac{\partial}{\partial t}\Psi(\mathbf{r}, t)$$

Fonction d'onde (dépendante de la position et du temps)

Dérivée partielle de la fonction d'onde (vitesse de variation par rapport au temps)

Espace de Hilbert

Un vecteur est une grandeur mathématique, comme la vitesse ou l'accélération, qui a tant une magnitude ou une puissance qu'une direction. On peut le tracer sur un graphique aux axes *x* et *y*, dans ce que les mathématiciens appellent un espace euclidien. Mais qu'arrive-t-il si on veut mesurer les vecteurs dans un nombre infini (ou arbitraire) de dimensions, au nombre infini (ou arbitraire) de coordonnés, pas uniquement *x* et *y* ? Une telle structure est appelée « espace de Hilbert », d'après le physicien David Hilbert. On peut mesurer les distances et les angles que comprend un tel espace, de même qu'on peut les mesurer dans un espace euclidien.

L'espace de Hilbert est important pour la mécanique quantique, où les vecteurs de la mécanique classique sont remplacés par des particules dont les fonctions d'onde peuvent avoir un nombre infini de solutions, car il permet de visualiser tant les fonctions d'onde que les solutions de l'équation d'onde. Qui plus est, la théorie des cordes, une potentielle « théorie du tout » (voir page 252), semble aussi décrire l'Univers comme un espace de Hilbert ayant jusqu'à une douzaine de dimensions.

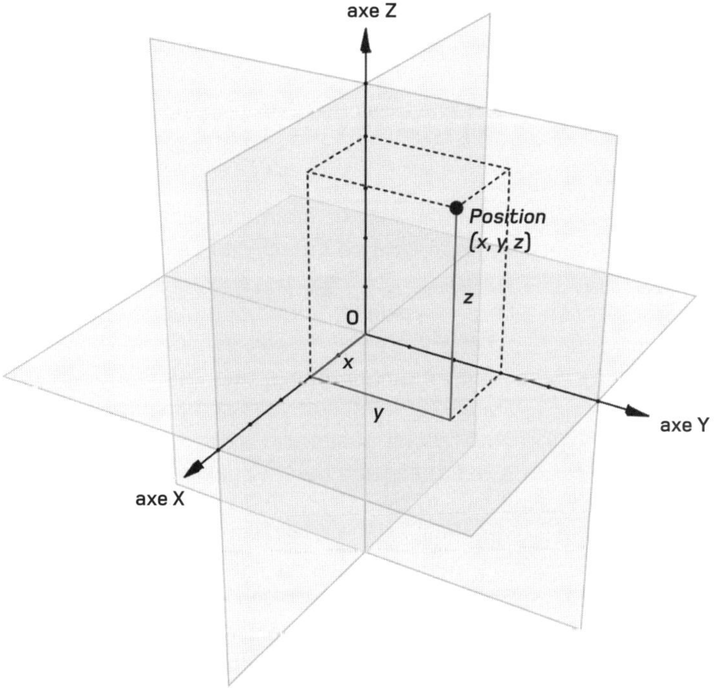

Un exemple simple d'espace de Hilbert est l'espace tridimensionnel, où les positions peuvent être définies en termes de coordonnés le long de trois axes perpendiculaires.

Théorie de la transformation

Même si elles débouchent sur les mêmes conséquences physiques, la mécanique des matrices et l'équation d'onde de Schrödinger (voir pages 188 et 156) représentent des variantes très différentes de la mécanique quantique. D'où l'importance de la théorie de la transformation de Paul Dirac (ci-contre), qui a montré que la mécanique des matrices et l'équation de Schrödinger sont équivalentes et les a unifiées en une seule expression mathématique.

Tant la mécanique des matrices que l'équation de Schrödinger sont des descriptions de l'évolution des états quantiques. Dirac a unifié les deux modèles en les décrivant comme des « transformations » dans l'espace de Hilbert. Quand un état quantique change au fil du temps, le vecteur qui décrit sa fonction d'onde se déplace effectivement entre différents points de l'espace de Hilbert – mouvement que Dirac désigne comme la transformation. La mécanique des matrices et l'équation de Schrödinger sont simplement deux façons différentes de décrire une telle transformation.

H2
sym
antisym

Opérateurs quantiques

Pour la physique newtonienne classique, les propriétés comme l'énergie, la vitesse, la quantité de mouvement et la position sont définies par des nombres réels : une voiture se déplaçant à la vitesse de 40 km/h avec une énergie cinétique de 35 000 joules peut être localisée à des coordonnés spécifiques à chaque instant de son parcours.

À l'échelle des atomes et des particules, il est impossible de conférer des valeurs précises à de telles propriétés en raison de la nature ondulatoire des particules et du principe d'incertitude d'Heisenberg. En mécanique quantique, ces propriétés sont définies comme « opérateurs », à la base de son langage mathématique. Les opérateurs décrivent des fonctions qui transforment une série d'états quantiques en une autre série. Par exemple, l'opérateur hamiltonien (voir page 198) est l'opérateur qui décrit tous les résultats possibles lorsque l'énergie totale d'un système quantique est mesurée. Pareillement, l'opérateur de position décrit la somme des résultats possibles quand on tente de mesurer la position d'une particule.

Phénomène observable		Symbole de l'opérateur
Nom	Symbole	
Position	r	$\hat{r}$
Quantité de mouvement	p	$\hat{p}$
Énergie cinétique	T	$\hat{T}$
Énergie potentielle	$V(\mathrm{r})$	$\hat{V}(\mathrm{r})$
Énergie totale	E	$\hat{H}$
Moment cinétique (dans les directions x, y, z)	$l_{x, y, z}$	$\hat{l}_{x, y, z}$

Opérateur hamiltonien

L'un des plus importants opérateurs de la mécanique quantique est l'opérateur hamiltonien qui décrit tous les résultats possibles lorsqu'on mesure l'énergie totale d'un système quantique. Pour une particule isolée, c'est en essence la somme des opérateurs décrivant son énergie cinétique (dérivée du mouvement et de la masse) et son énergie potentielle (dérivée de sa position dans un champ de force). Néanmoins, le hamiltonien peut aussi être utilisé pour décrire les niveaux d'énergie présents dans un système, comme ceux des électrons tournant autour d'un noyau atomique.

Nommé d'après William Hamilton, physicien irlandais du XIXe siècle, cet opérateur varie selon le nombre de particules présentes dans le système mesuré. Il joue un rôle majeur dans l'équation de Schrödinger dépendante du temps (voir page 190), où il induit l'évolution de la fonction d'onde au fil du temps. Les valeurs propres découlant des possibles solutions de l'équation (voir page 204) correspondent aux niveaux d'énergie associés à ces solutions-là.

Ĥ

Genèse de l'intégrale de chemin

Comme on l'a vu, la capacité d'une particule de montrer un comportement ondulatoire sous-tend la diffraction des électrons lors de l'expérience de la double fente (voir page 40): une onde peut traverser les deux fentes, alors qu'en physique classique la trajectoire d'une particule ne peut passer que par une fente. La fonction d'onde de la particule est donc une distribution de probabilités, décrivant l'ensemble des différentes trajectoires possibles que peut prendre la particule.
Toutefois, étant donné l'incertitude quant au chemin qu'une particule au comportement d'onde emprunte pour aller de A à B, comment peut-on déterminer la trajectoire la plus probable ? Le nombre de chemins possibles est pratiquement infini, sans oublier ceux qui traversent l'Univers et reviennent. En faisant appel à des idées développées initialement par Paul Dirac, Richard Feynman, l'un des grands esprits du XXe siècle, a conçu une technique permettant de calculer la trajectoire la plus probable d'une particule. L'intégrale de chemin de Feynman prend la somme des probabilités de la fonction d'onde pour *chaque* chemin possible et combine mathématiquement celles-ci pour trouver la trajectoire la plus probable.

Une particule peut prendre bien des chemins différents pour aller d'un point A à un point B dans un laps de temps donné. L'approche de l'intégrale de chemin implique de tous les combiner pour trouver le chemin la plus susceptible d'être pris.

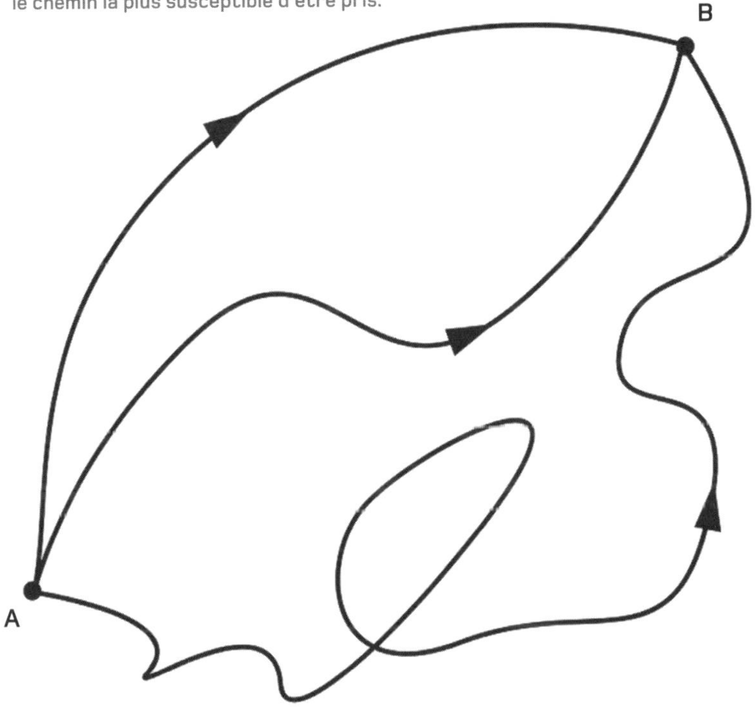

Diagrammes de Feynman

Pourquoi s'embêter avec des équations compliquées quand il suffit d'une image ? Cela peut sembler désinvolte, mais c'est là l'approche graphique choisie par Richard Feynman pour représenter les interactions quantiques. Un diagramme de Feynman représente les particules par des lignes droites convergeant en un point d'intersection appelé « vertex » ou sommet d'interaction. L'interaction implique l'échange d'un boson de jauge – photon, gluon, boson W^+ ou W^-, selon le domaine quantique qui domine ce processus. Les bosons de jauge sont représentés par des lignes ondulées. Après l'interaction, les particules qui en résultent poursuivent leur chemin (ci-contre, en haut).

Parfois, un diagramme de Feynman peut montrer l'interaction entre un photon et une seule particule, par exemple un électron. Dans ce cas, la ligne droite de l'électron et la ligne ondulée du photon se rencontrent au vertex. La particule absorbe le photon et atteint momentanément un état excité, représenté par une seule ligne horizontale, avant d'émettre de nouveau le photon (ci-contre, en bas).

Interaction simple entre fermions

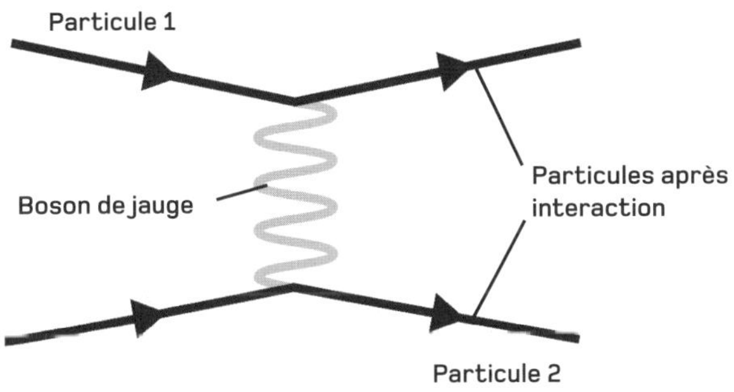

Excitation de l'électron

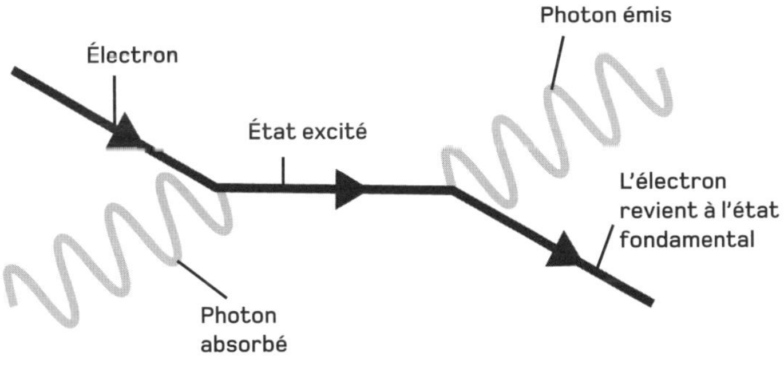

Fonctions propres

D'habitude, quand un opérateur agit sur une fonction d'onde, il change sa forme, donc la probabilité des diverses solutions. Mais ce n'est pas toujours le cas ; parfois, l'opérateur crée de multiples variantes de la fonction d'onde. Dans ce cas, chacune des fonctions d'onde résultantes est appelée « fonction propre ».

Un exemple habituel est l'opérateur hamiltonien décrivant l'énergie totale d'un système quantique. Lorsqu'il est appliqué à une fonction d'onde, il aboutit typiquement à des solutions significatives de l'équation de Schrödinger uniquement pour certaines valeurs discrètes de l'énergie. Chacun de ces états d'énergie possibles est une valeur propre, et la fonction d'onde qui lui est associée est sa fonction propre. Dans le cas général de tout opérateur Q qui produit des résultats discrets, quantifiés, les multiples résultats qu'il induit deviennent des valeurs propres. Chacune peut être associée à un indice i – un nouveau nombre quantique qui aide à définir le système.

Opérateur — Fonction d'onde — Valeur propre — Fonction propre

$$Q_{op}\,\Psi_i = q_i\,\Psi_i$$

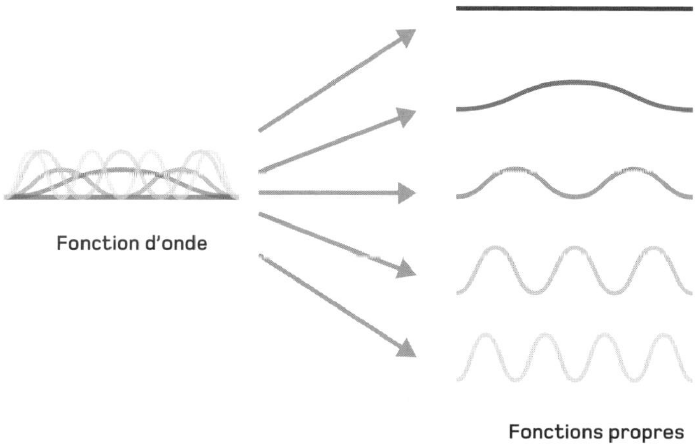

Le principe de correspondance

La physique quantique s'occupe de l'infiniment petit et, comme on l'a vu, le comportement quantique est très différent du comportement macroscopique régi par la physique classique. Cependant, à une certaine échelle de grandeur, comportement quantique et comportement classique se recoupent. À ce point, les calculs réalisés en utilisant les mathématiques quantiques doivent correspondre aux résultats des mathématiques classiques.
De là découle le principe de correspondance développé par Niels Bohr : quand les systèmes quantiques (ou plutôt leurs nombres quantiques) deviennent suffisamment élevés, les mathématiques classiques doivent pouvoir s'appliquer. Ce principe a permis de déterminer quels modèles de la physique quantique ont une base dans la réalité. En fait, ce concept sert l'ensemble de la science, dictant que toute nouvelle théorie doit aussi être capable d'expliquer les résultats de la théorie précédente qu'elle remplace. Par exemple, afin de succéder à la loi de la gravitation de Newton, la théorie de la relativité générale d'Einstein a dû expliquer celle-ci en termes inédits, tout en concordant avec ses prédictions.

En état fondamental, un oscillateur harmonique quantique (voir page 158) diffère nettement des modèles classiques, alors qu'en un état plus élevé d'oscillation il commence à leur ressembler davantage.

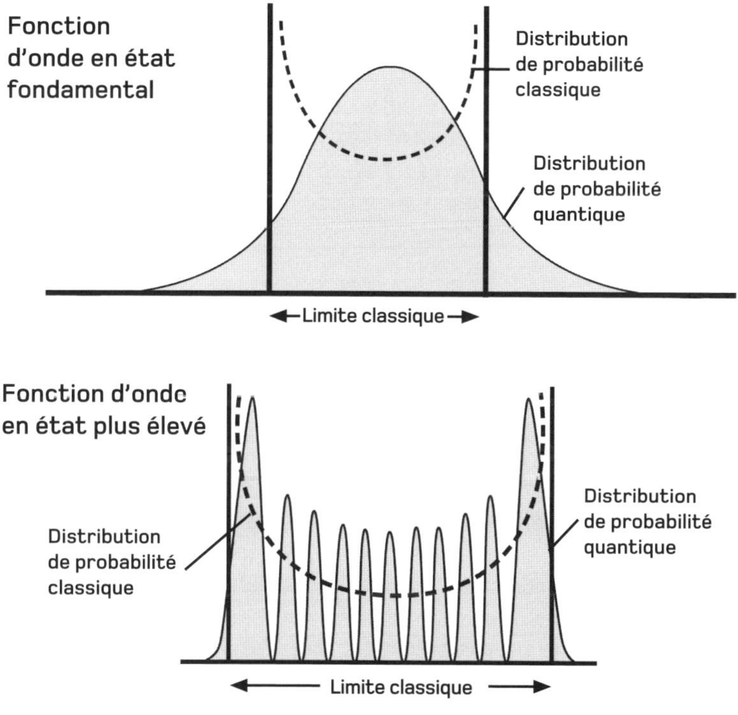

Limites du monde quantique

On dit souvent que la mécanique quantique est la physique de l'infinitésimal, et on sait que le comportement quantique n'est pas visible à l'échelle du quotidien; la position et la quantité de mouvement des gens, des voitures, des immeubles, semblent très précises. Donc, à quel moment le principe de correspondance entre en jeu? Quel est le plus grand fragment de matière capable de montrer des propriétés quantiques?

L'un des tests les plus populaires des propriétés quantiques est l'expérience de la double fente, qui met à l'épreuve la dualité onde-corpuscule. En théorie, on pourrait simplement lancer des fragments de plus en plus gros de matière sur les fentes et voir quand les franges d'interférences disparaissent. À ce jour, les molécules les plus grosses qui ont suscité un comportement ondulatoire sont les fullerènes de carbone d'un diamètre d'environ 1 nanomètre. On ne sait pas encore jusqu'à quelle taille on peut aller avant que le comportement quantique disparaisse, mais des tests avec des virus susceptibles d'atteindre quelques centaines de nanomètres de long ont été envisagés. Ce serait vraiment remarquable s'ils montraient une dualité onde-corpuscule.

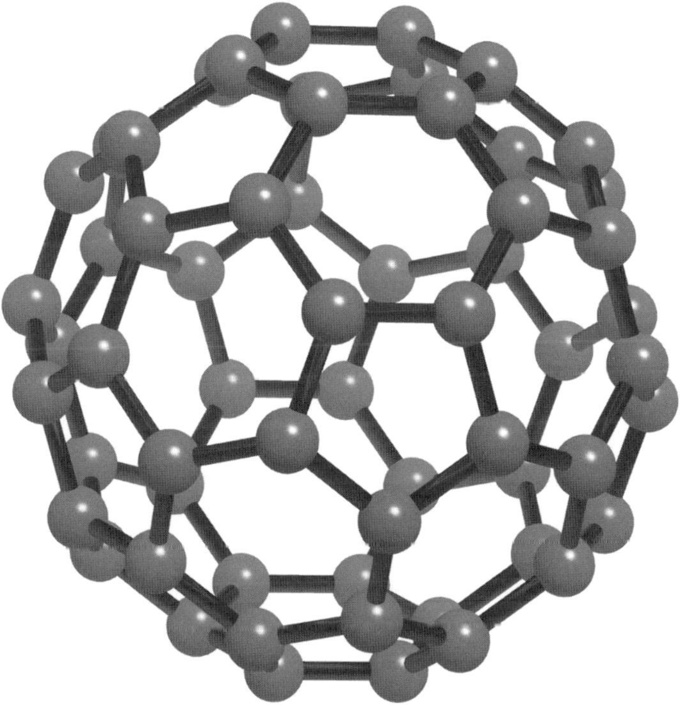

Les fullerènes, molécules de carbone évoquant un ballon de foot, ont plusieurs propriétés remarquables. À ce jour, les fullerènes sont les plus grands objets à présenter une dualité onde-corpuscule.

Théorie des perturbations

Les physiciens peuvent calculer avec une grande précision les solutions des opérateurs hamiltoniens correspondant, par exemple, à un oscillateur harmonique quantique ou aux niveaux d'énergie d'un atome d'hydrogène, mais ce sont là des scénarios idéaux. Avec l'équation plus complexe de Schrödinger, les opérateurs hamiltoniens deviennent rapidement plus difficiles à résoudre précisément.

Pour contourner ce problème, les physiciens utilisent la théorie des perturbations. L'idée est de commencer par un système quantique simple, comme un atome d'hydrogène, puis d'ajouter un opérateur hamiltonien qui le « perturbe », le modifiant par incréments. Le résultat est un système dont on connaît déjà la solution, avec de petites corrections ou modifications additionnelles des propriétés quantiques, comme les niveaux d'énergie. C'est la méthode utilisée pour calculer les variations des niveaux d'énergie causées par des phénomènes comme l'effet Stark (voir ci-contre). Les systèmes simples agissent comme une référence, permettant aux physiciens de se servir de solutions connues pour explorer les solutions des systèmes plus complexes.

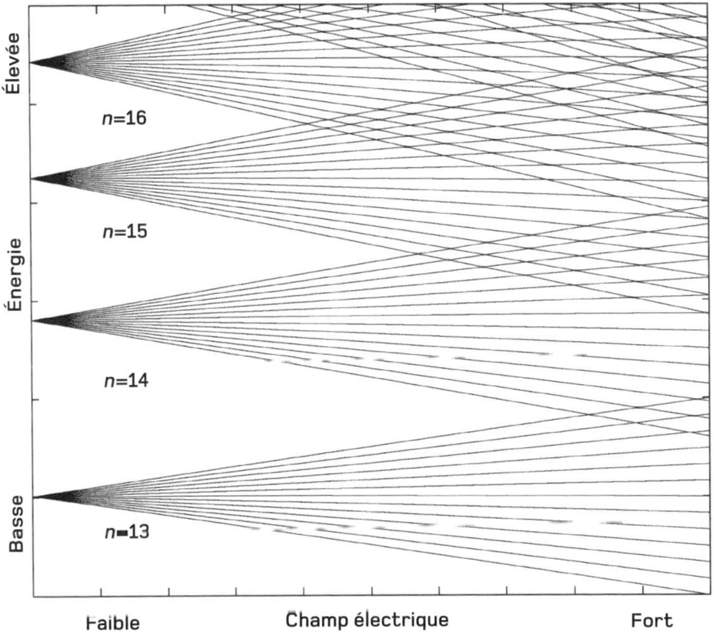

L'application d'un champ électrique divise les raies spectrales de l'hydrogène (indiquées par le nombre quantique principal *n*) en de nombreux sous-niveaux, qui se chevauchent parfois. Le phénomène, appelé « effet Stark », est modélisé grâce à la théorie des perturbations.

L'Univers

Le plus grand mystère de la science est l'origine de l'Univers. Comment est-il né ? Comment a-t-il évolué depuis l'aube des temps ? Y avait-il quoi que ce soit avant lui et y aurait-il quelque chose après lui ? Y a-t-il d'autres univers, et qu'est-ce que cela signifie pour la vie sur Terre ?

Au fil des âges, les mythes, les superstitions et les religions ont tenté de répondre à ces questions, mais ce n'est qu'assez récemment que la science a pu apporter une contribution significative à la discussion. Les télescopes sondent encore plus loin l'Univers, alors que les microscopes regardent de plus près le monde subatomique gouverné par la physique quantique. Ce faisant, la science a commencé à fournir des réponses, impliquant souvent des effets au niveau quantique, qui ont néanmoins une considérable influence sur les échelles les plus grandes de l'Univers. Effectivement, il se peut que la nature fantasque des fronts d'onde et des fluctuations quantiques ait décidé de la forme que prendrait l'Univers avant même que la première fraction de seconde de son existence se soit écoulée.

Le Big Bang

La théorie du Big Bang repose sur le fait que l'espace même est en expansion (voir page 228). Si l'Univers devient plus grand, il a donc dû être plus petit par le passé. En extrapolant à rebours, les scientifiques pensent que tout ce qui existe dans l'Univers actuel a eu pour origine un seul point de l'espace il y a quelque 13,81 milliards d'années.

Toutefois, contrairement à la notion populaire, la théorie du Big Bang n'explique pas ce qui a *causé* la naissance de l'Univers, seulement ce qui s'est passé immédiatement après celle-ci. Le Big Bang même est enveloppé de mystère : pendant les premiers 10^{-36} de seconde, les conditions étaient si intenses (toute l'énergie de l'Univers comprimée dans un volume de la taille d'une pomme, à une température dépassant 10^{32} °C) que notre compréhension de la physique perd absolument tout sens. Cette fraction de seconde a été gouvernée par des lois inconnues de la gravitation quantique qui associent physique quantique et relativité d'Einstein (voir page 48). Même le Big Bang a pu être le résultat d'une fluctuation quantique aléatoire qui a permis à la masse-énergie de l'Univers de venir à l'existence d'une manière similaire à celle des particules virtuelles (voir page 136).

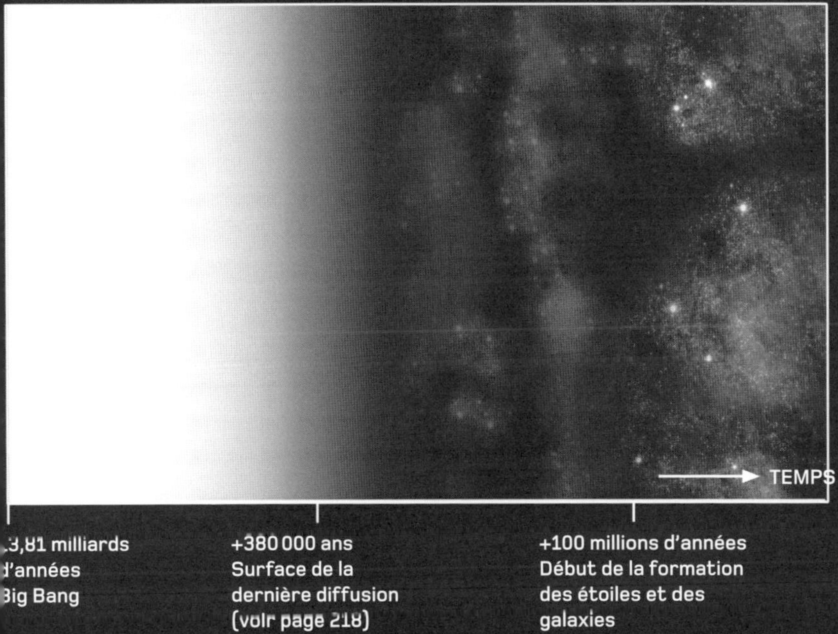

La théorie du Big Bang explique le commencement de l'Univers en tant que boule de matière en un état chaud et dense, gouverné par les lois de la physique quantique. De ce fait, la théorie quantique joue un rôle capital quant à l'explication de nombreux aspects de l'Univers actuel.

Fluctuations quantiques

Au cours des premières infimes fractions de seconde du Big Bang, il n'y avait pas d'atomes, de protons, de quarks, de particules de matière, seulement de l'énergie pure. Régie par la gravitation quantique, cette énergie a été soumise à d'innombrables fluctuations quantiques. Les particules virtuelles sont venues à l'existence et ont disparu partout, provoquant d'énormes variations de la densité de l'énergie à travers l'infime Univers primordial. Ces fluctuations ont eu une influence si durable qu'elles ont dicté la distribution à grande échelle de la matière, sous la forme des amas et des superamas de galaxies de l'Univers actuel. La célèbre équation $E = mc^2$ d'Einstein dit que masse et énergie sont deux aspects de la même chose. À mesure que l'Univers s'est accru et s'est refroidi, une bonne partie de l'énergie brute originale s'est transformée en matière. Les régions où la densité de l'énergie a été la plus grande ont présenté naturellement une plus grande densité de matière. Sans ces fluctuations quantiques initiales, l'énergie et la matière seraient réparties de façon bien plus homogène à travers l'espace, avec des particules si clairsemées qu'aucune étoile, planète ou galaxie ne se serait formée.

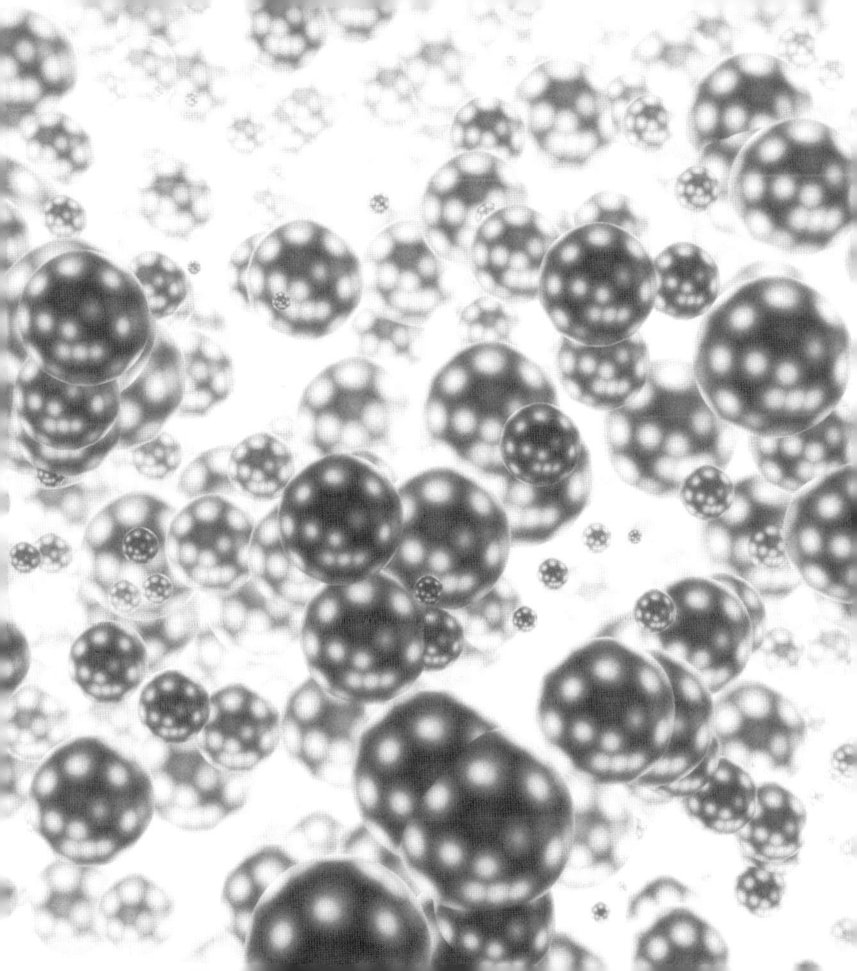

Fond diffus cosmologique

Durant 380 000 ans après le Big Bang, l'Univers a été un océan de plasma, état de la matière où des noyaux atomiques et des électrons libres forment une sorte de « soupe » à charge électrique. Les photons de lumière tentant de traverser l'Univers disséminent continuellement les électrons, se diffusant comme l'éclat d'un phare dans le brouillard. Toutefois, à mesure de son expansion, l'Univers s'est refroidi et sa température a diminué suffisamment pour que les électrons soient capturés sur une orbite autour des noyaux atomiques. À mesure de leur absorption, des atomes complets se sont formés pour la première fois (surtout de l'hydrogène, ainsi qu'une petite proportion d'hélium et de lithium) et des photons ont pu enfin se déplacer sans entrave à travers l'espace.

Actuellement, des photons de cet événement, « la surface de la dernière diffusion », sont détectés dans le fond diffus cosmologique – ondes radio de longueur d'onde courte présentes dans toutes les parties du ciel. Les infimes variations de température de ce rayonnement sont une archive des fluctuations quantiques subies par l'Univers aux premiers instants de son existence.

Cette carte détaillée du fond diffus cosmologique réalisée par le satellite WMAP de la NASA montre les variations de température et de densité apparues immédiatement après le Big Bang en raison des variations quantiques de l'Univers primordial.

L'origine des galaxies

Les variations de température du fond diffus cosmologique, dues aux fluctuations quantiques intervenues immédiatement après le Big Bang, ont formé les noyaux des galaxies. Ces fluctuations ont induit des différences de densité de l'énergie entre diverses parties de l'Univers primordial. À mesure du refroidissement de l'Univers, l'énergie brute s'est condensée en matière, distribuée irrégulièrement dans l'espace.

Les zones plus denses avaient probablement une gravitation plus forte. Au fil du temps, elles ont commencé à tirer vers elles de la matière, générant une sorte de toile d'araignée cosmique, aux longs filaments de matière s'étirant sur des millions d'années-lumière autour de vides bien plus colossaux. Les filaments de cette toile cosmique traduisent le modèle actuel de distribution des amas de galaxie, chacune englobant des centaines de milliers de galaxies. Les arrangements de plusieurs amas forment des chaînes ou de murs de galaxies, qui sont les plus grandes structures de l'Univers connu. Tout ce qui existe dans l'Univers, y compris ces structures, résulte des fluctuations quantiques initiales solidifiées à mesure de son expansion.

Simulation sur ordinateur montrant la formation des galaxies et des amas de galaxie autour de nœuds de matière noire aux commencements de l'Univers. La distribution de la matière noire est directement attribuée aux fluctuations quantiques lors des premiers moments suivant le Big Bang.

Le problème de l'horizon

La plus grande distance que peuvent sonder nos télescopes est l'horizon cosmique. La lumière de tout ce qui se trouve au-delà d'une certaine distance n'a simplement pas eu le temps de nous atteindre depuis le Big Bang. Selon les astronomes, la distance jusqu'à l'horizon cosmique est de 46,5 milliards d'années-lumière, autrement dit la Terre se trouve au centre d'un volume sphérique d'un diamètre de 93 milliards d'années-lumière, la limite de notre Univers observable. Malgré l'âge de 13,81 milliards d'années de l'Univers, nous pouvons voir si loin en raison de l'expansion cosmique : la lumière a quitté les galaxies visibles les plus distantes il y a 13 milliards d'années, mais depuis ce moment-là se sont éloignées encore plus de nous.
Cela soulève un point important : la lumière a probablement eu le temps de nous atteindre, mais ni elle ni aucun autre genre d'information n'a pu atteindre l'horizon opposé. Pourtant, l'Univers a l'air remarquablement similaire dans toutes les directions, davantage que ce qui peut être expliqué si celles-ci n'avaient pas eu de contact depuis l'instant même du Big Bang. Résoudre ce problème de l'horizon a requis une nouvelle théorie qui allait transformer notre compréhension de la première seconde de l'histoire cosmique.

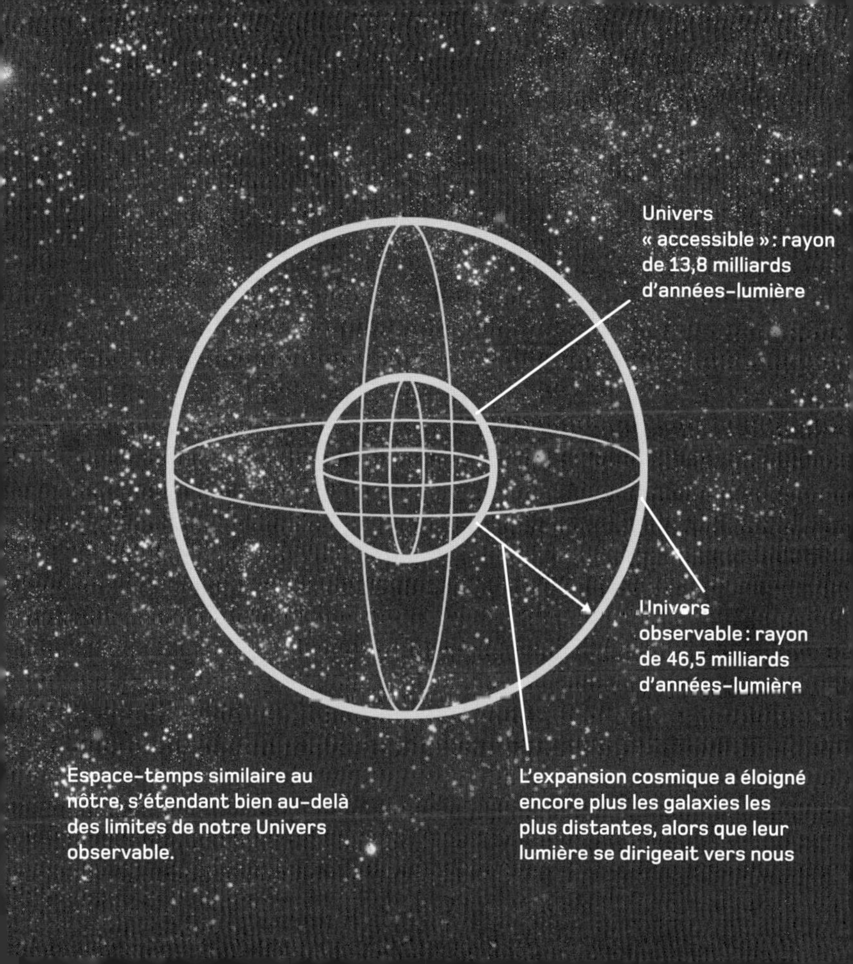
Univers « accessible » : rayon de 13,8 milliards d'années-lumière
Univers observable : rayon de 46,5 milliards d'années-lumière
Espace-temps similaire au nôtre, s'étendant bien au-delà des limites de notre Univers observable.
L'expansion cosmique a éloigné encore plus les galaxies les plus distantes, alors que leur lumière se dirigeait vers nous

Inflation

En 1980, le cosmologiste Alan Guth a proposé une solution ingénieuse au problème de l'horizon. Il a prôné que si les côtés opposés de l'Univers visible donnaient l'impression d'avoir été à l'occasion en contact (autrement dit, assez proches pour que des événements d'un côté de l'espace affectent l'autre), c'était peut-être parce qu'ils avaient réellement été en contact. Se pourrait-il que d'une certaine façon les grains de notre Univers observable soient effectivement restés ensemble pendant un peu plus longtemps qu'on le pensait par le passé ?
La théorie de Guth, l'inflation, proposait qu'aux toutes premières fractions de seconds de création, « notre » Univers est resté assez petit pour un simple contact. Puis, à peine 10^{-33} seconde après le Big Bang, une gerbe explosive d'énergie d'accélération, l'inflation, a grossi spectaculairement la taille de l'Univers, écartant tellement des régions précédemment en contact que la lumière n'a plus jamais pu aller d'un côté à l'autre. L'inflation n'a duré qu'un instant, mais a eu un rôle essentiel en amplifiant les fluctuations quantiques de l'Univers naissant (voir page 216).

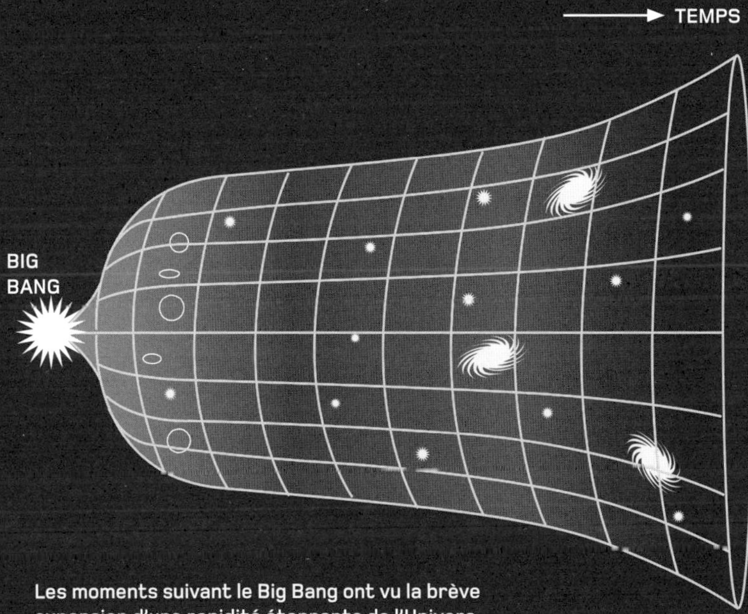

Les moments suivant le Big Bang ont vu la brève expansion d'une rapidité étonnante de l'Univers, avant qu'elle ralentisse jusqu'à son rythme actuel, plus posé. L'inflation est censée avoir grossi cet Univers primitif d'un facteur d'au moins 10^{26}.

Inflation éternelle

La théorie de l'inflation suscite encore des questions sans réponse. Nul ne comprend vraiment pourquoi elle est apparue ou, en fait, ce qui a provoqué son arrêt. Effectivement, plusieurs cosmologistes ont émis l'hypothèse que l'inflation ne s'est jamais arrêtée dans certaines parties de l'Univers.

Une idée prône que, durant l'inflation, l'Univers était rempli d'un faux vide, un état énergétique plus élevé qui, au moins dans notre partie de l'Univers, est revenu à un état fondamental. L'énergie de ce faux vide a dirigé l'expansion accrue. Alan Guth a suggéré qu'elle pourrait décliner uniquement dans certaines parties de l'Univers, créant des « bulles » aux taux d'expansion différents. Chaque bulle formerait son propre univers isolé, l'un de ceux d'un multivers plus considérable. Dans la même veine, Andreï Linde a développé un modèle d'inflation chaotique qui propose un multivers éternel né d'une mousse quantique dans laquelle les fluctuations peuvent déclencher un nouveau Big Bang et de nouvelles périodes d'inflation dans des régions différentes. Les caprices des fluctuations quantiques peuvent donc signifier que notre Univers n'est qu'un parmi un nombre infini d'univers.

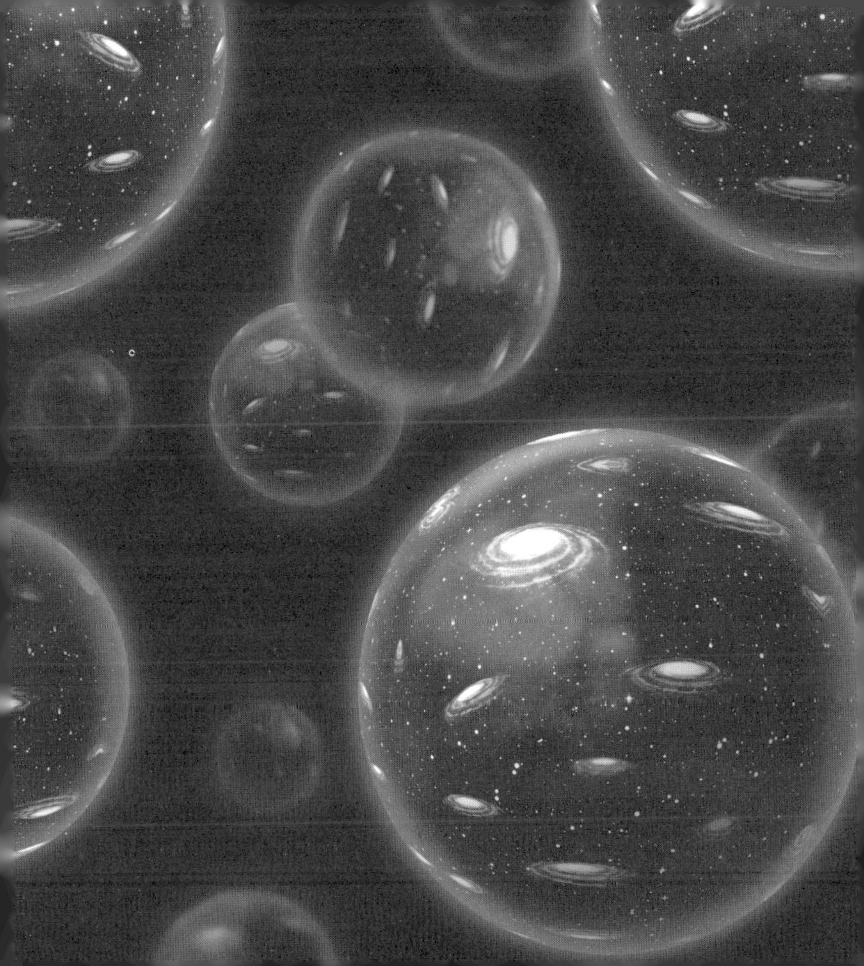

L'Univers en expansion

À la suite du Big Bang et de l'inflation, l'Univers est actuellement toujours en expansion. Cette découverte a été faite par l'astronome américain Edwin Hubble. Avant 1925, nul ne savait qu'il y avait des galaxies au-delà de la Voie lactée ; la plupart des scientifiques supposaient que les mystérieuses nébuleuses spirales faisaient partie de notre propre système stellaire. Toutefois, en se servant de ce qui était à l'époque le plus grand télescope du monde, Hubble a distingué des étoiles individuelles dans ces nébuleuses spirales. Grâce à une ingénieuse méthode de calcul de leur luminosité intrinsèque, il a conclu qu'elles se trouvaient à des millions d'années-lumière et que les nébuleuses spirales devaient être des galaxies indépendantes. Qui plus est, la lumière de ces galaxies lointaines présentait des longueurs d'onde plus longues, de par l'expansion de l'espace et l'effet Döppler (voir ci-contre). En plus de s'éloigner de la Terre, les galaxies le plus distantes s'en éloignent plus rapidement, effet appelé loi de Hubble. Actuellement, l'Univers est en expansion à une vitesse de 22,4 km/seconde pour cent millions d'années-lumière d'espace.

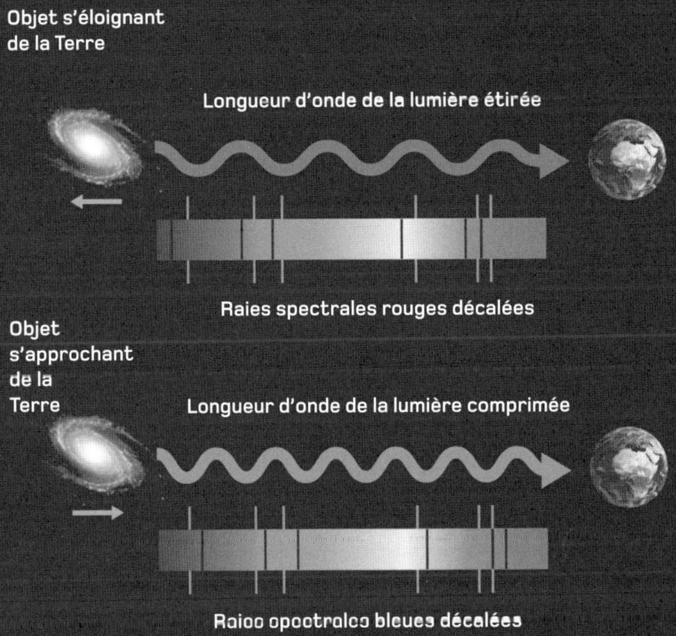

L'effet Döppler modifie la couleur de la lumière des objets en train de s'éloigner ou de s'approcher. Il est mieux détecté quand les raies spectrales sont décalées. Aux échelles les plus grandes, l'expansion cosmique est aussi responsable de l'étirement de la longueur d'onde de la lumière des galaxies distantes et de son décalage vers le rouge.

L'Univers en accélération

Du fait de l'accueil largement favorable de la théorie du Big Bang, la plupart des cosmologistes ont supposé que, même après l'addition de l'inflation, l'expansion de l'Univers avait dû ralentir progressivement à mesure que son énergie devenait moins dense. La surprise a donc été grande quand, en 1988, deux groupes d'astronomes ont découvert que l'Univers ne ralentissait pas du tout, mais qu'au contraire, il accélérait. Ces astronomes sondaient l'Univers distant en quête de l'éclat des supernovae (voir page 234), qui révèle la distance exacte et, par conséquent, le taux précis de l'expansion cosmique. Les mesures précédentes de l'expansion reposaient sur des objets de l'Univers relativement local. Ces mesures plus distantes ont mis en évidence la vitesse de l'expansion de l'Univers au fil des milliards d'années écoulées depuis que la lumière avait quitté ces galaxies lointaines.

Le taux d'accélération de l'expansion montre que l'Univers reçoit une poussée d'énergie de quelque part. Les astronomes ont nommé ce mystérieux facteur d'accélération « énergie noire ».

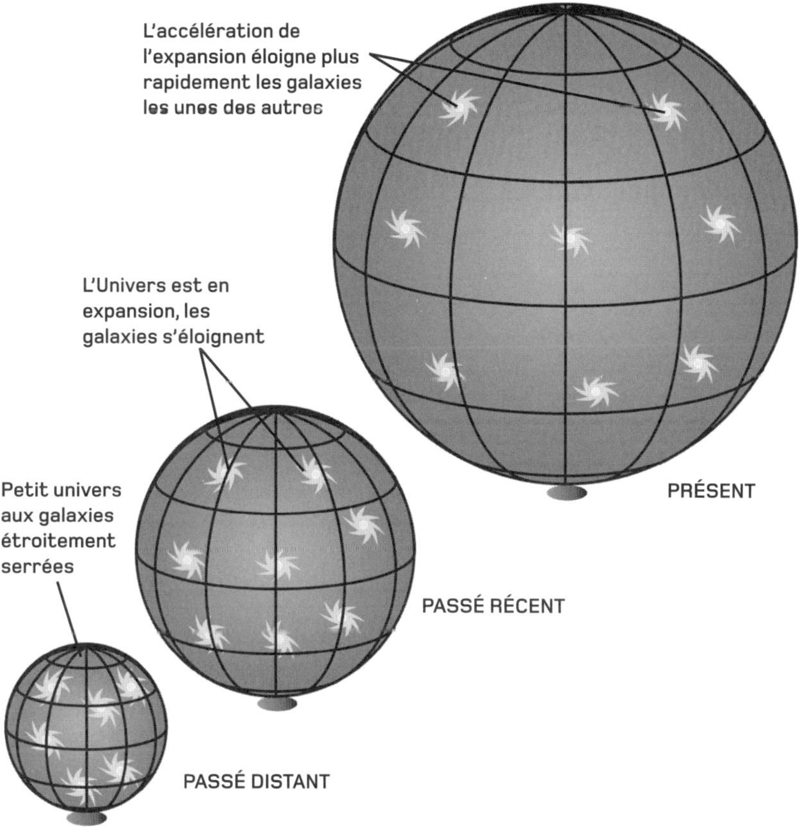
L'accélération de
l'expansion éloigne plus
rapidement les galaxies
les unes des autres
L'Univers est en
expansion, les
galaxies s'éloignent
Petit univers
aux galaxies
étroitement
serrées
PRÉSENT
PASSÉ RÉCENT
PASSÉ DISTANT

Énergie noire

Qu'est-ce précisément la force induisant l'accélération de l'expansion cosmique ? La réponse se trouve presque assurément dans la nature fondamentale de l'espace au niveau quantique. L'une des principales candidates à l'identité de cette énergie noire est une constante cosmologique qui décrit la densité d'énergie inhérente à chaque point de l'espace. À mesure de l'expansion de l'Univers, il y a naturellement plus de points dans l'espace, donc exponentiellement plus d'énergie pour induire cette expansion. Cependant, les calculs signalent que la forme la plus vraisemblable de la constante cosmologique, l'énergie du vide (voir page 140), est environ 10^{-54} fois trop infime pour expliquer les effets de l'énergie noire. L'autre possibilité marquante est que l'énergie noire soit une chose appelée « quintessence » qui, si elle existe, serait un champ quantique qui s'étend dans l'Univers et qui peut présenter une force variable en fonction des différentes régions spatio-temporelles. La quintessence peut être attractive ou, dans le cas de l'expansion accélérée, répulsive. Toutefois, à ce jour il n'y a pas de preuve indépendante de son existence.

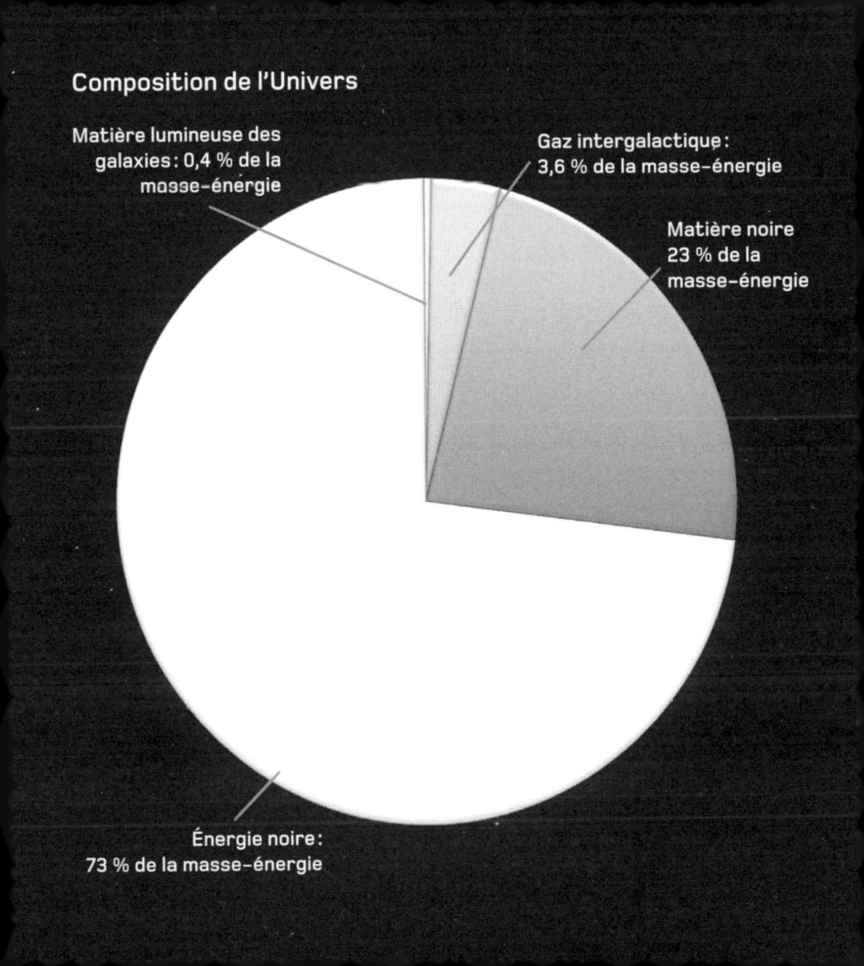
Composition de l'Univers
Matière lumineuse des galaxies : 0,4 % de la masse-énergie
Gaz intergalactique : 3,6 % de la masse-énergie
Matière noire 23 % de la masse-énergie
Énergie noire : 73 % de la masse-énergie

La mort des étoiles

Les astronomes utilisent les explosions des supernovae pour mesurer la vitesse de l'expansion de l'Univers, car certains types d'étoiles explosent avec des degrés prévisibles de luminosité. En mesurant leur éclat, les astronomes peuvent calculer à quelle distance elles se trouvent et comparer cela à la vitesse de leur déplacement à travers l'espace. Mais les supernovae sont davantage que des jalons de distance. Ces éclats violents de destruction engendrent des environnements extrêmes, où les effets quantiques règnent en maître.

Une supernova peut apparaître de deux manières. La première est l'explosion d'une étoile massive qui a épuisé son combustible (ce qui provoque l'effondrement de son noyau et une onde de choc qui fait éclater ses couches externes). La seconde est l'effondrement violent d'une naine blanche (les restes d'une étoile épuisée de la magnitude du Soleil) à un état plus dense. Les deux types peuvent créer une étoile de neutrons, où les atomes se séparent en leurs composantes subatomiques, les forces de l'électromagnétisme sont vaincues et seules les lois de la physique quantique empêchent un effondrement complet.

Deux événements créant une supernova

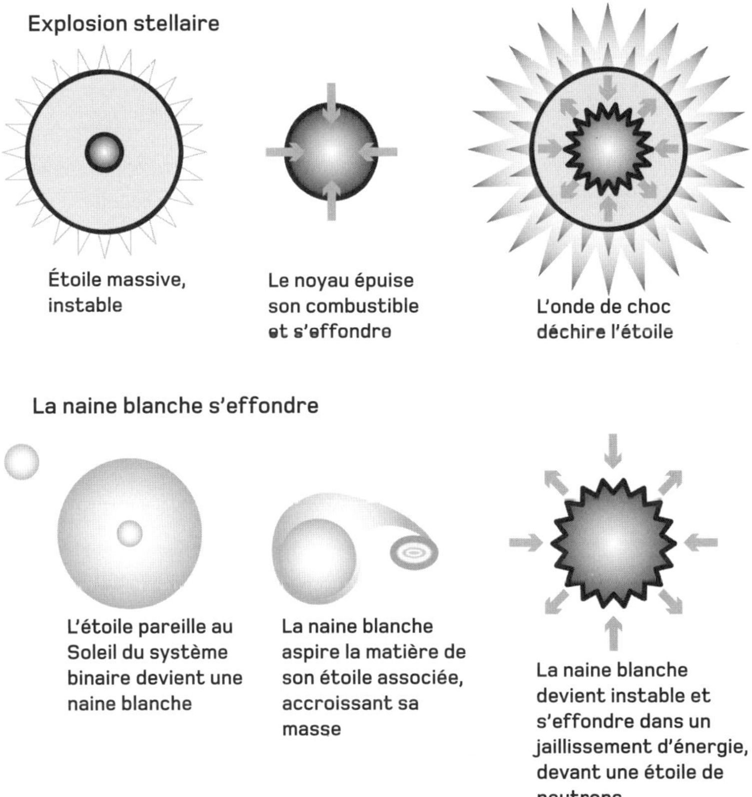

Étoiles de neutrons

Les étoiles génèrent de l'énergie grâce aux réactions de fusion nucléaire prenant place dans leur noyau, régies par les lois de la physique quantique. Elles commencent leur vie avec une réserve d'hydrogène et d'hélium ; les températures de leur noyau dépouillent ces éléments de leurs électrons, créant un plasma à charge électrique formé de noyaux atomiques et d'électrons libres. En fusionnant, les noyaux créent sans interruption des éléments plus lourds. Dans les étoiles ayant une masse huit fois (ou plus) celle du Soleil, ces réactions finissent par remplir le noyau de l'étoile de fer, élément dont la fusion absorbe plus d'énergie qu'elle n'en dégage. La fusion stoppe brusquement et, sans énergie pour le soutenir, le noyau s'effondre sous sa propre gravitation. Normalement, l'effondrement du noyau épuisé d'une étoile est stoppé par le principe d'exclusion de Pauli, selon lequel une pression de dégénérescence se crée entre les électrons et les empêche d'être comprimés au-delà d'une certaine limite. Toutefois, l'effondrement d'un noyau stellaire massif transgresse ces règles. À mesure que son diamètre se réduit à quelques kilomètres, les conditions extrêmes défont les noyaux atomiques en protons et neutrons et unissent les électrons et les protons, créant plus de neutrons. Le résultat de ce processus est l'étoile de neutrons.

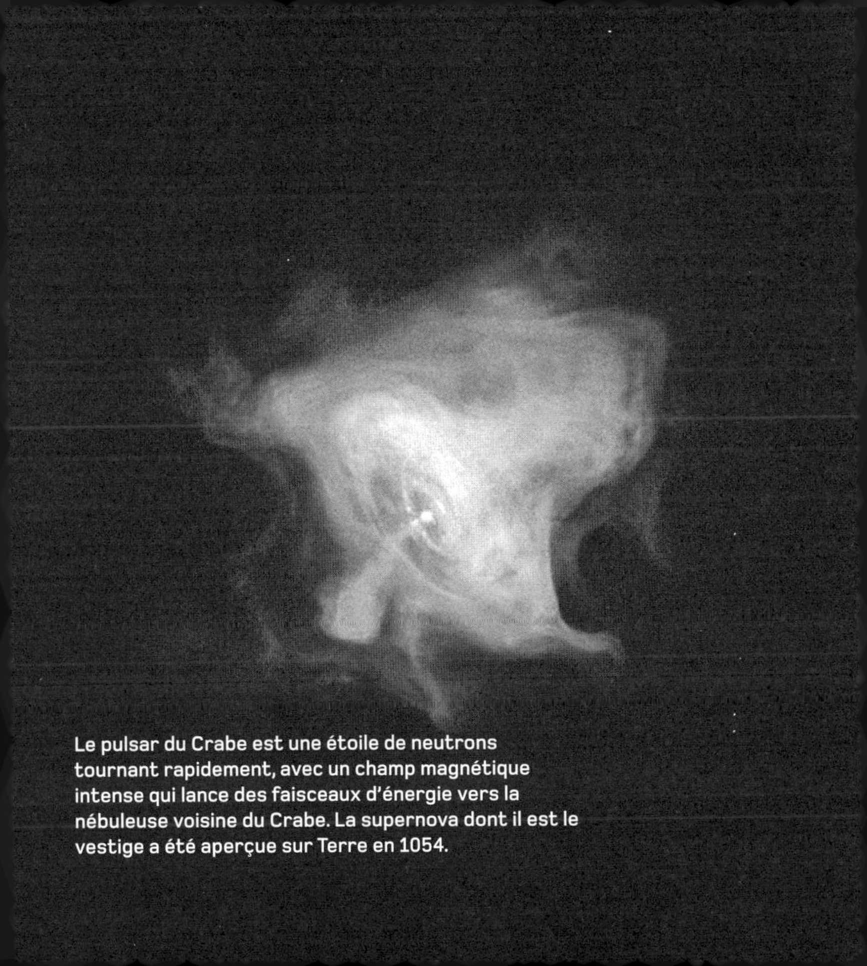

Le pulsar du Crabe est une étoile de neutrons tournant rapidement, avec un champ magnétique intense qui lance des faisceaux d’énergie vers la nébuleuse voisine du Crabe. La supernova dont il est le vestige a été aperçue sur Terre en 1054.

Étoiles de quarks

Les étoiles de neutrons sont maintenues contre la gravitation par la pression de dégénérescence neutronique. Cette propriété quantique est régie par le principe d'exclusion de Pauli qui, à l'échelle neutronique, prône que deux particules aux états quantiques identiques ne peuvent pas occuper le même espace. Dans une étoile de neutrons, tous les états quantiques les plus bas sont saturés. Cela crée une pression répulsive, la dégénérescence, qui empêche les neutrons de se rapprocher les uns des autres et stoppe l'effondrement de l'étoile.

Toutefois, si la force de la supernova ou même la force gravitationnelle propre de l'étoile de neutrons est assez grande, elle peut vaincre la pression de dégénérescence neutronique. L'effondrement en cours vainc même l'interaction forte et défait les neutrons en quarks déconfinés, la plupart des quarks stranges. De telles étoiles de quarks ou étoiles étranges sont encore hypothétiques, bien que certaines candidates aient été identifiées. La confirmation de l'existence des étoiles de quarks fournirait un laboratoire révolutionnaire pour tester des modèles de particule, ainsi que des modèles de la physique quantique.

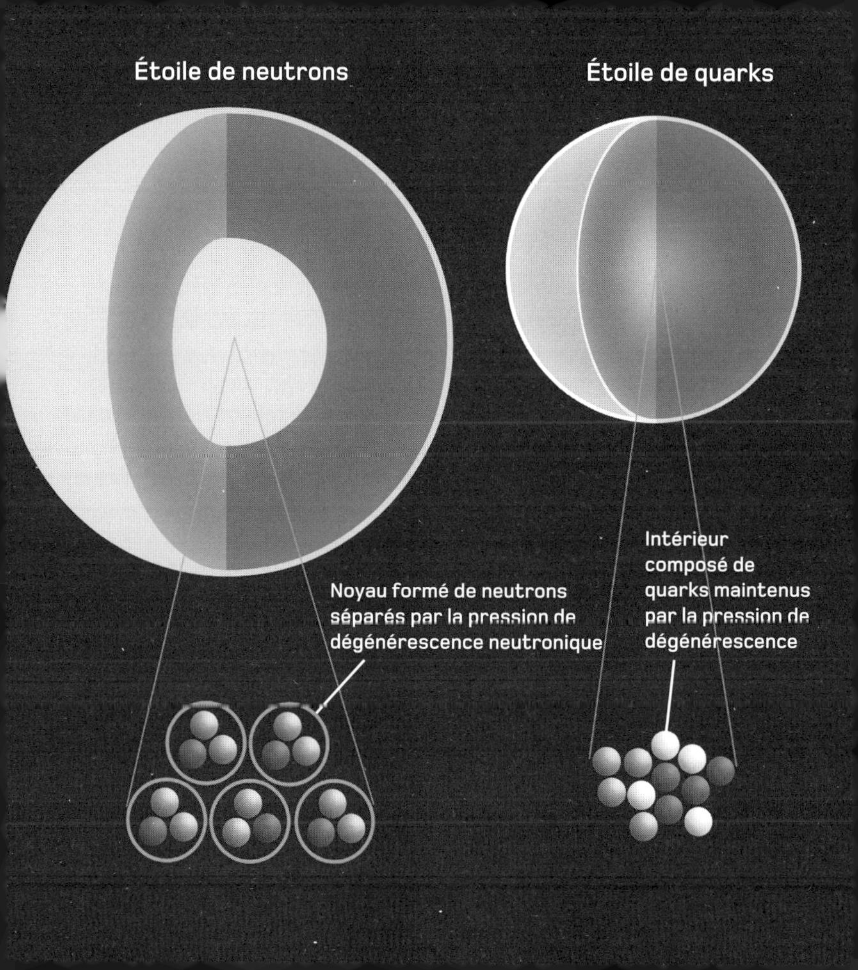
Étoile de neutrons
Étoile de quarks
Noyau formé de neutrons séparés par la pression de dégénérescence neutronique
Intérieur composé de quarks maintenus par la pression de dégénérescence

Trous noirs

Parfois, le noyau d'une étoile est si massif que, lorsqu'elle devient supernova, la gravitation arrive à vaincre la pression de dégénérescence neutronique et même la pression de dégénérescence des quarks (créée hypothétiquement par les interactions fortes entre quarks). Le noyau de l'étoile, beaucoup plus massif que le Soleil, s'effondre, devenant un point unique de densité pratiquement infinie – un trou noir. Le centre d'un trou noir est une singularité : la physique qui le régit est au-delà de notre compréhension actuelle, mais peut être décrite par la gravitation quantique (voir page 262). Selon la théorie de la relativité générale d'Einstein, un trou noir courbe l'espace-temps autour de lui. Sa gravitation est si forte que même la lumière qui se rapproche trop ne peut plus s'en échapper – la singularité est donc entourée d'une barrière invisible, l'horizon des événements.

Les trous noirs ne sont pas des objets théoriques. Des trous noirs de masse stellaire provenant des supernovae ont été découverts dans des systèmes de binaires X. De monstrueux trous noirs supermassifs, d'une masse dépassant des millions ou des milliards de fois celle du Soleil, ont été identifiés au centre de plusieurs galaxies.

Géométrie d'un trou noir

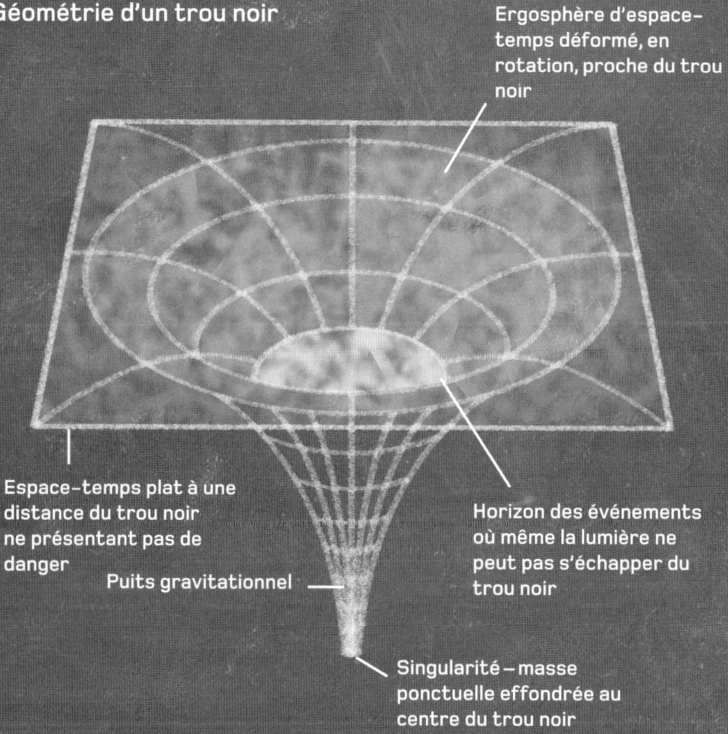

Rayonnement de Hawking

Bien que même la lumière ne puisse pas échapper à l'horizon des événements d'un trou noir, une opinion contraire existe. En 1974, Stephen Hawking a formulé l'hypothèse que les particules virtuelles, se formant sur le bord intérieur de l'horizon des événements grâce au principe d'incertitude d'Heisenberg pourraient s'y échapper. Selon Hawking, quand une paire particule-antiparticule est créée, l'une tombe dans le trou noir et donne l'illusion d'avoir une énergie négative, alors que l'autre trouve son chemin vers la liberté. Pour conserver son énergie, elle en emprunte un peu au trou noir et devient une particule réelle. Ce phénomène, pas encore observé à ce jour, est le rayonnement de Hawking. Comme chaque particule évadée véhicule avec elle un peu de la masse/énergie du trou noir, cela signifie que le trou noir se dissipe progressivement, ce qui est une sorte de paradoxe. L'information quantique des objets tombés dans le trou noir disparaît-elle simplement de l'Univers ou est-elle conservée, et possiblement même libérée, dans le rayonnement de Hawking ? Hawking n'a pas de certitude à ce sujet, mais plusieurs autres physiciens pensent que l'information est conservée.

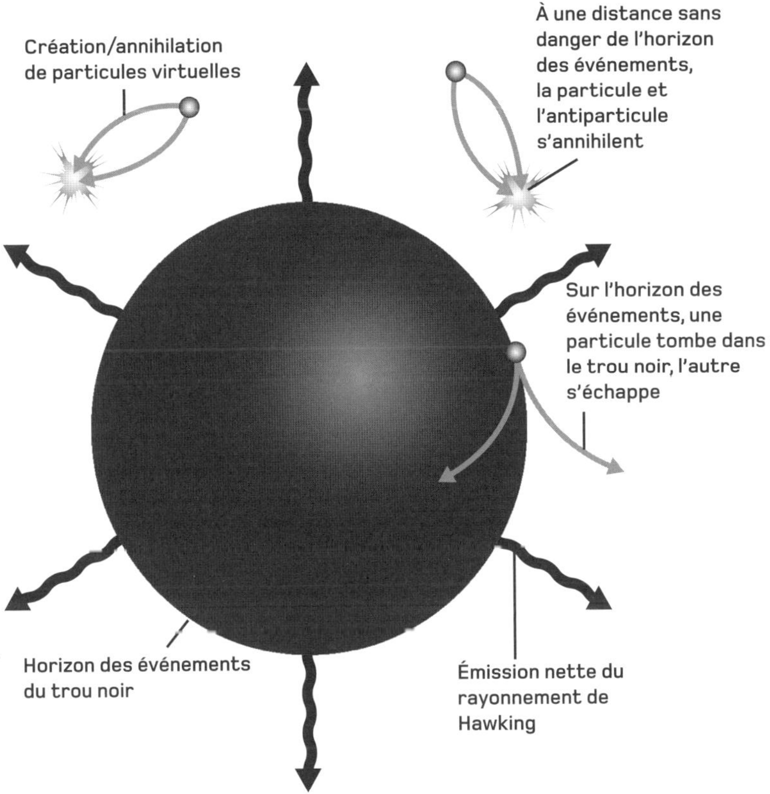
Création/annihilation
de particules virtuelles
À une distance sans
danger de l'horizon
des événements,
la particule et
l'antiparticule
s'annihilent
Sur l'horizon des
événements, une
particule tombe dans
le trou noir, l'autre
s'échappe
Horizon des événements
du trou noir
Émission nette du
rayonnement de
Hawking

Désintégration du proton

À ce jour, les observations ont montré que les protons sont éternels. Pourtant, même si nul n'a vu la désintégration d'un proton, cela signifie-t-il qu'elle ne se produit jamais ? Les théories tentant de combiner les forces fondamentales de l'univers quantique pour arriver à une théorie de grande unification (voir page 253) prédisent que les protons se désintègrent, leur demi-vie étant de l'ordre de 10^{34} à 10^{36} années. L'expérience de Super-Kamiokande (Japon) n'a rien trouvé quant à la désintégration du proton, restreignant sa demi-vie à une valeur supérieure à 10^{35} années. Quoi qu'il en soit, c'est un laps de temps extrêmement long, qui signifie que la désintégration du proton, si elle se produit, est très rare.

Cela a des conséquences quant au sort de l'Univers. La matière commencera à se désintégrer à mesure que les protons se désintègrent en un pion neutre et un positron, ou en un pion neutre et un muon, qui à son tour se désintègre spontanément en photons de rayons gamma. Si ces théories sont correctes (et si l'Univers dure aussi longtemps), dans plus de 10^{36} années toute la matière sera devenue radiation.

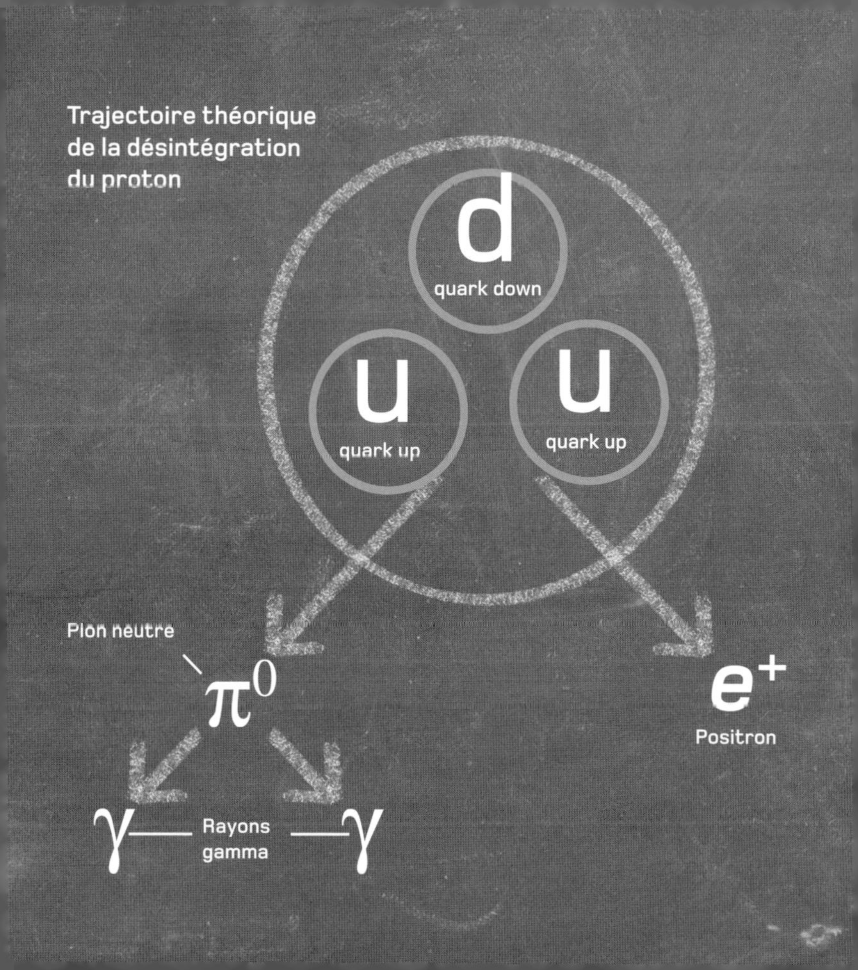

Trajectoire théorique
de la désintégration
du proton
d
quark down
u
quark up
u
quark up
Plion neutre
π^0
e^+
Positron
γ
Rayons
gamma
γ

Désintégration du vide

Durant l'inflation, une infime fraction de seconde après le Big Bang, l'Univers est censé s'être trouvé dans une phase symétrique instable, le faux vide ; autrement dit, les champs quantiques sous-tendant l'Univers avaient une très grande densité d'énergie. L'état fondamental de l'Univers est désigné par le terme « vrai vide », phase symétrique stable.
La théorie de l'inflation éternelle suggère que certaines poches d'espace sont toujours dans une phase de faux vide – il y a des preuves indirectes que notre Univers pourrait être une telle poche. Les faux vides sont « métastables » : ils peuvent survivre pendant longtemps, mais finiront par se désintégrer, se transformant en un vrai vide grâce à l'effet tunnel. Dans ce cas, un faux vide créerait une bulle de vrai vide émanant du point auquel l'effet tunnel a pris place, s'étendant à la vitesse de la lumière et annihilant tout sur son passage, jusqu'à ce que l'entier Univers soit un vrai vide. Heureusement, même si notre Univers est dans une phase de faux vide, peu probable qu'il se désintègre les quelques prochains milliards d'années.

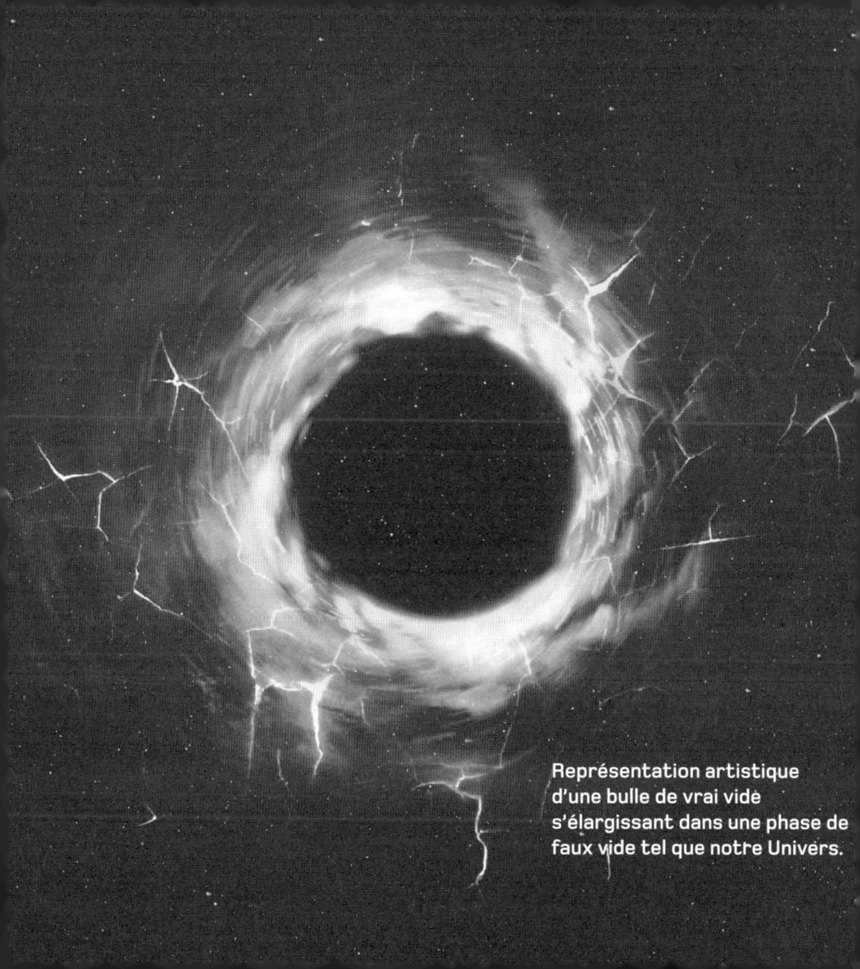

Représentation artistique d'une bulle de vrai vide s'élargissant dans une phase de faux vide tel que notre Univers.

Destins possibles de l'Univers

Avant que les processus de désintégration du vide ou de désintégration du proton puissent détruire l'Univers, l'énergie noire et la gravitation auront probablement le dernier mot. Si rien ne s'y oppose, l'expansion cosmique induite par l'énergie noire (voir page 232) pourrait continuer à s'accélérer jusqu'à ce que l'espace même soit déchiré dans un Big Rip. Toutefois, si les scientifiques arrivent à démontrer que l'énergie noire n'est pas restée constante par le passé, cela indiquera qu'un jour le taux d'accélération diminuera, nous épargnant ce sort.
La force gravitationnelle combat l'énergie noire lors d'une lutte cosmique décisive acharnée. L'énergie noire n'a peut-être pas à diminuer de beaucoup pour que la masse de l'Univers l'emporte. La gravitation ralentira peut-être l'expansion jusqu'à la stopper, créant un univers statique où les gaz sont si clairsemés qu'aucune nouvelle étoile n'arrive à se former (scénario du Big Chill). Ou elle pourrait même inverser l'expansion, assemblant de nouveau le tout lors d'un Big Crunch régi par des lois inconnues de gravitation quantique (voir page 262), et peut-être même déclenchant à ses suites un nouveau Big Bang.

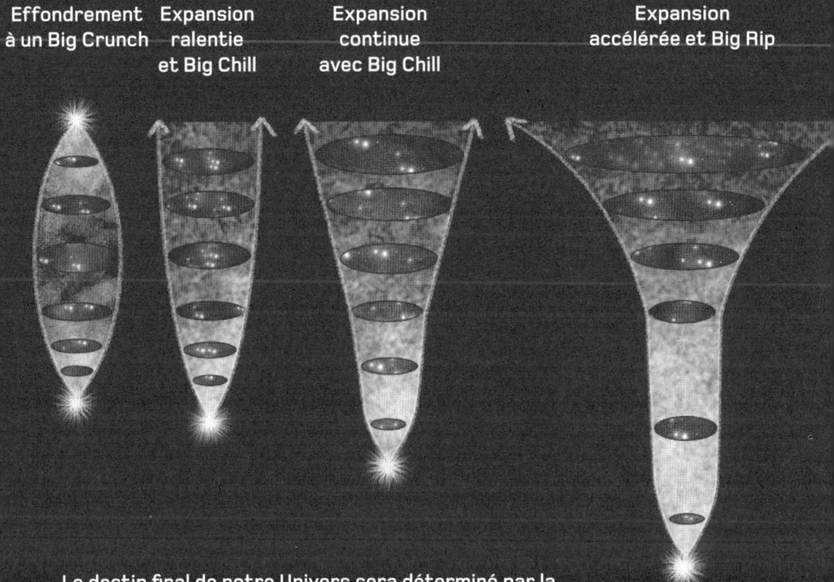

Le destin final de notre Univers sera déterminé par la joute entre gravitation et énergie noire. Les preuves récentes montrant que l'énergie noire est devenue plus forte au fil de ces quelques derniers milliards d'années suggèrent qu'un Big Chill, ou peut-être même un Big Rip, est le résultat le plus susceptible d'advenir.

Avant le Big Bang ?

Nombre de modèles cosmologiques reposant sur la mécanique quantique suggèrent que le Big Bang a pu ne pas être le commencement de tout. L'inflation éternelle, par exemple, décrit la manière dont une multitude de Big Bangs pourraient continuer à se produire dans diverses parties de l'Univers à la suite de fluctuations quantiques dans le faux vide (voir page 246).

Autre chose a bien pu exister avant le Big Bang si l'Univers est cyclique. Mais ce serait le cas uniquement si l'énergie noire diminue et s'il y a assez de matière pour que la gravitation ramène l'Univers vers un Big Crunch. Durant un tel événement, toute la matière et l'énergie de l'Univers serait condensée en une singularité d'une température et d'une densité incroyablement élevées, où la force de gravitation quantique régnera en maître une fois de plus et redémarrera peut-être la chaîne d'événements. Toutefois, à ce jour, les mesures de la densité de masse de l'Univers semblent suggérer que celle-ci ne dépasse pas la densité critique requise, si bien que nous risquons d'être voués à la fatalité d'un Univers en expansion.

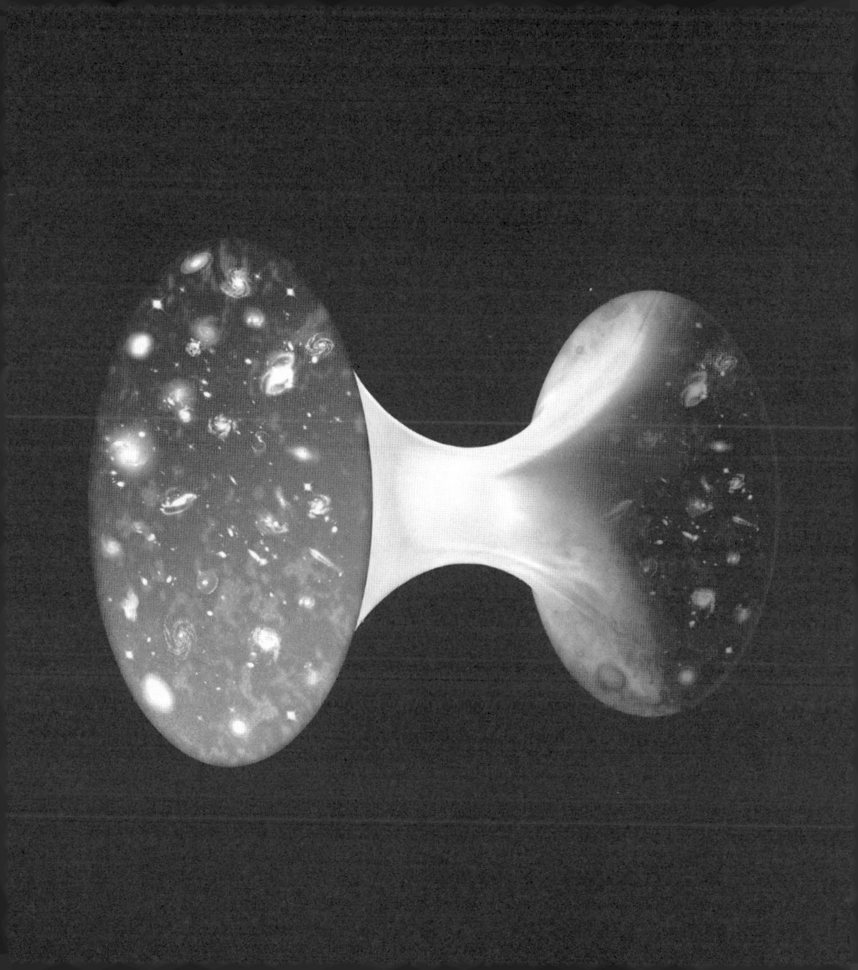

La théorie du tout

La mécanique quantique unifie trois des quatre forces fondamentales de la nature : les interactions forte et faible à l'œuvre dans l'atome et la force électromagnétique. La gravitation est exclue ; les théoriciens qui étudient son mécanisme à l'échelle quantique voient la gravitation comme la clé d'une grande « théorie du tout ». Une telle théorie expliquerait non seulement d'où viennent les forces fondamentales, mais aussi la structure de l'Univers et peut-être même ses origines.

Il n'est pas facile d'unifier la théorie générale de relativité d'Einstein et la mécanique quantique. La gravitation opère sur les plus grandes des échelles, où plus il y a de masse, plus il y a de gravitation. Par contre, la mécanique quantique décrit la physique de l'infiniment petit – des choses comme les particules et les photons de lumière. La mécanique quantique et la gravitation se joignent uniquement dans des environnements extrêmes – durant le Big Bang ou à l'intérieur d'un trou noir, par exemple. Si les physiciens trouvaient un moyen de les unifier, la nouvelle physique s'avérerait révolutionnaire.

Unification des théories de la physique

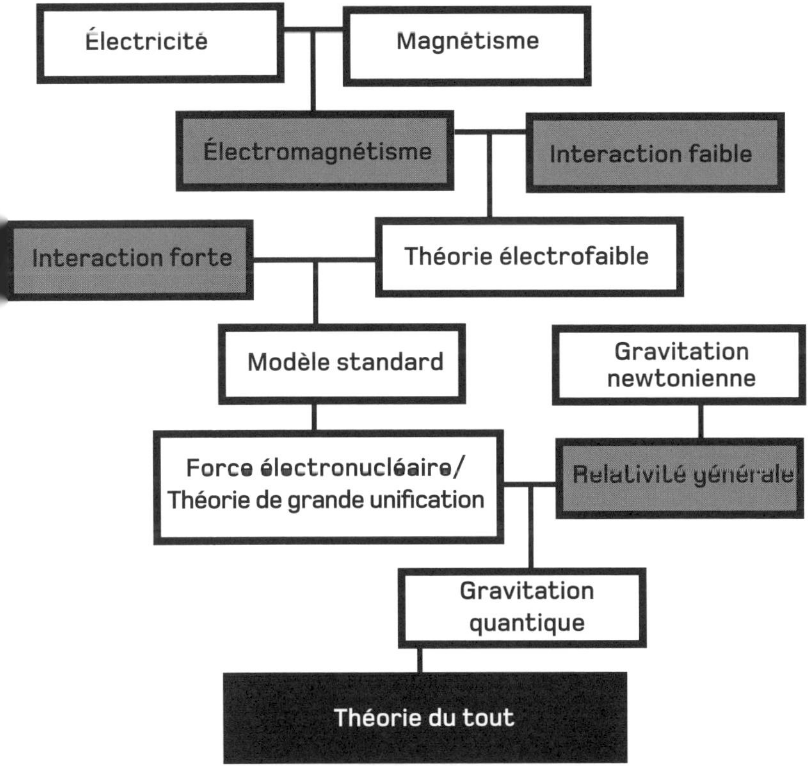

Théorie quantique des champs

La théorie quantique des champs est la base sur laquelle repose la compréhension moderne de la physique quantique. Dans ce contexte, un « champ » est une manière de définir la façon dont opère une quantité donnée en chaque point possible de l'espace-temps. Par exemple, le champ électromagnétique définit la force électromagnétique en tout point de l'espace et du temps. Un champ quantique est simplement la quantification d'un champ classique tel que l'électromagnétisme.
Cette théorie décrit la capacité des champs à transmettre leur influence grâce à des particules vecteurs, les bosons de jauge. Les particules ont simplement été ajoutées plus tard aux champs, afin de rendre réelle leur quantification. Une théorie des champs est aussi utile lorsqu'on a affaire à un nombre indéterminé de particules virtuelles découlant du principe d'incertitude d'Heisenberg lorsqu'une particule a une énergie relativiste, car l'équation d'onde de Schrödinger ne fonctionne que pour une particule à la fois. Notons aussi que puisque la gravitation est elle aussi un champ, toute théorie qui lui associe la mécanique quantique deviendra à son tour une théorie des champs.

Symétrie

La nature est riche en symétries et la mécanique quantique n'est pas en reste. Quand les physiciens se réfèrent à la symétrie, ils parlent des propriétés qui ne changent pas lorsqu'elles subissent une transformation. Un exemple ordinaire de symétrie est une image inversée. Tenez un texte devant un miroir et la réflexion change certaines lettres, les inversant – elles ne sont donc pas symétriques –, alors que d'autres ont exactement le même aspect – elles sont symétriques.

Pour la théorie quantique des champs, la symétrie de jauge est un genre particulier de symétrie qui explique pourquoi les particules d'un type spécifique, qu'il s'agisse de protons, d'électrons ou de quarks, sont identiques (ou symétriques) à toute autre particule de leur type. La symétrie de jauge joue aussi un rôle quant à l'unification des forces fondamentales de la nature : à des énergies de plus en plus élevées, ces forces deviennent symétriques et opèrent de façon identique. D'abord, la force électromagnétique et l'interaction faible, puis l'interaction forte, et finalement la gravitation, commencent à se comporter de la même manière.

Types répandus de symétrie

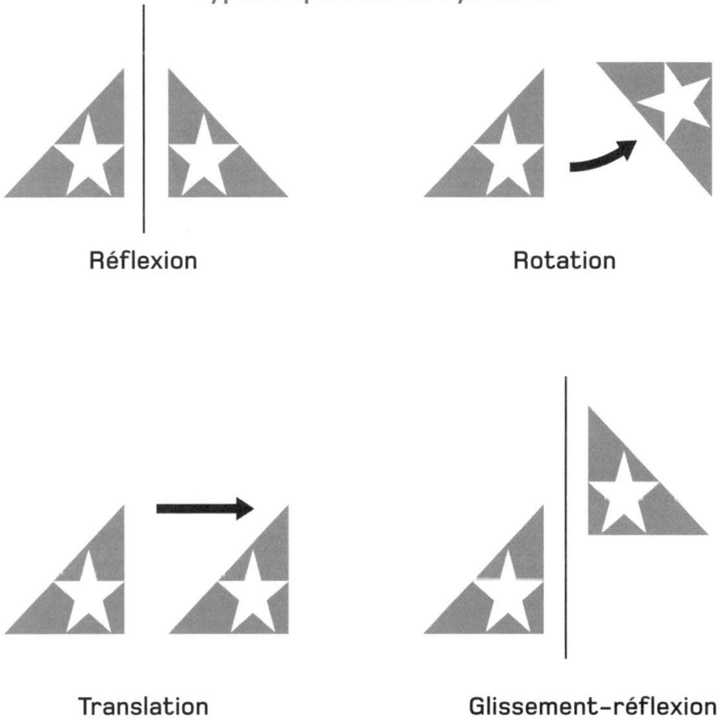

Électrodynamique quantique

L'électrodynamique quantique est la théorie des champs décrivant l'interaction de la force électromagnétique avec la matière. Une situation répandue implique la collision de deux électrons qui sont repoussés et diffusés par leurs charges similaires. La force existant entre eux est un champ électromagnétique quantifié, dont les vecteurs sont des photons. Pour expliquer visuellement cette théorie, le physicien américain Richard Feynman a développé les diagrammes portant son nom (voir page 202), en essence une représentation graphique de l'équation régissant l'interaction. Sur un diagramme, les deux côtés de l'interaction doivent s'équilibrer en termes de masse/énergie, charge, quantité de mouvement et toute autre propriété conservée.

Le milieu du diagramme, où prend place l'interaction, doit incorporer toutes les possibilités, comme les pics multiples d'une fonction d'onde. Toutefois, les diagrammes de Feynman offrent un moyen de déterminer quel processus est le plus probable. Les points où les photons sont émis ou absorbés sont des vertex ou sommets d'interaction. Plus il y a de vertex, moins ce processus particulier est susceptible de se produire.

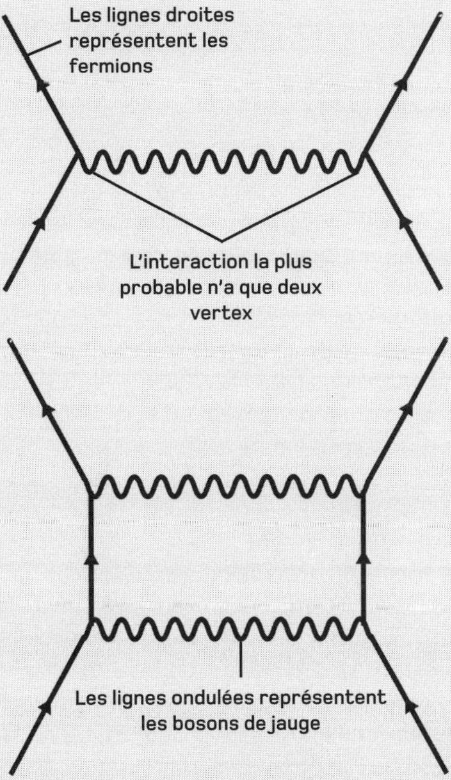

Diagrammes de Feynman pour la variante la plus simple (haut) et une variante plus complexe d'interaction entre deux électrons (bas). L'interaction la plus simple est aussi la plus susceptible de se produire.

Chromodynamique quantique

La chromodynamique quantique explique l'interaction forte qui garde ensemble les protons et les neutrons. En essence, c'est la théorie quantique des quarks, qui existent en trios dans les protons et les neutrons. Cela pose apparemment problème, car deux membres de chaque trio sont des quarks soit up, soit down, à spin et à charge identiques. Ce fait transgresse le principe d'exclusion de Pauli (voir page 76), car deux particules aux mêmes nombres quantiques ne peuvent pas occuper la même position au même moment.

Le physicien Murray Gell-Mann a postulé l'existence d'un autre nombre quantique inconnu, qui différencie les deux quarks up ou les deux quarks down. Il a appelé cette propriété « couleur », d'où le terme « chromodynamique ». De la chromodynamique quantique découlent deux propriétés importantes, la liberté asymptotique, qui décrit l'étrange effet de l'interaction forte augmentant avec la distance au lieu de devenir plus faible, et le confinement, qui empêche les particules présentant une propriété « couleur » d'avoir une existence individuelle.

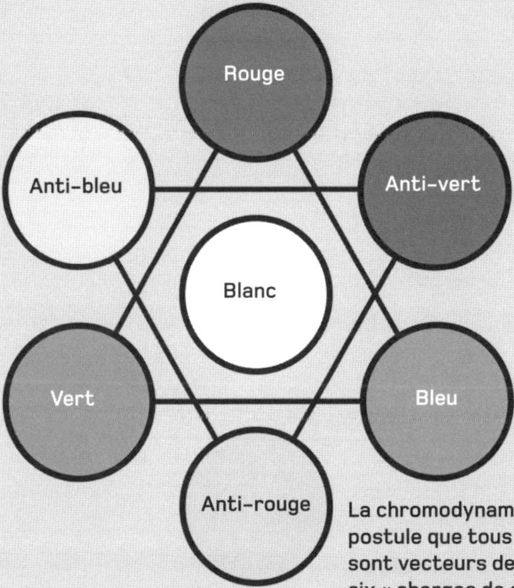

La chromodynamique quantique postule que tous les quarks sont vecteurs de l'une des six « charges de couleur », et qu'ils s'associent en trios ou en paires quark-antiquark qui, de l'extérieur, sont neutres ou « blanches ».

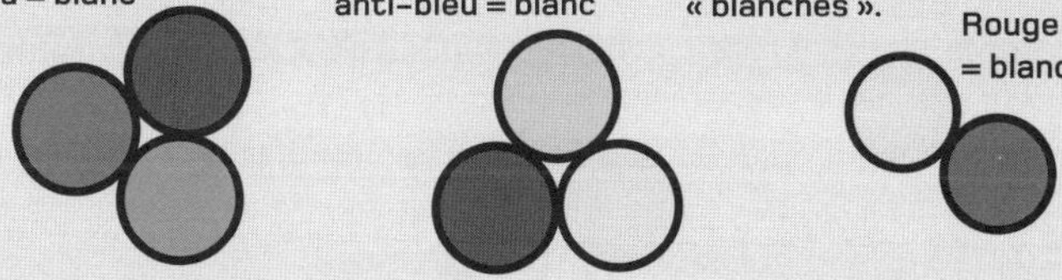

Gravitation quantique

La force gravitationnelle est la seule force qui n'est pas encore conciliée avec la mécanique quantique. La théorie générale de la relativité d'Einstein ne la décrit pas comme une force, mais comme une déformation de l'espace-temps due à la masse des objets. Pourtant, une théorie la décrivant comme un champ quantifié est nécessaire pour expliquer son fonctionnement à des échelles très infimes, dans des régions denses de l'espace, comme les trous noirs, ou durant le Big Bang. Cependant, comme le principe d'incertitude d'Heisenberg empêche de définir précisément la position et la quantité de mouvement des particules, on ne peut pas connaître la force gravitationnelle exacte s'exerçant sur elles. Par ailleurs, la courbure de l'espace-temps due à la relativité nous prive d'un système à coordonnées fixes : comment peut-on déterminer la probabilité de l'existence d'une particule en un point donné si l'espace même change constamment ? Si la force gravitationnelle peut être quantifiée, elle doit alors disposer de son propre boson vecteur, mais cette particule hypothétique, le graviton, n'a pas encore été détectée, peut-être parce que son énergie est bien au-delà de ce qui est réalisable au Grand collisionneur de hadrons.

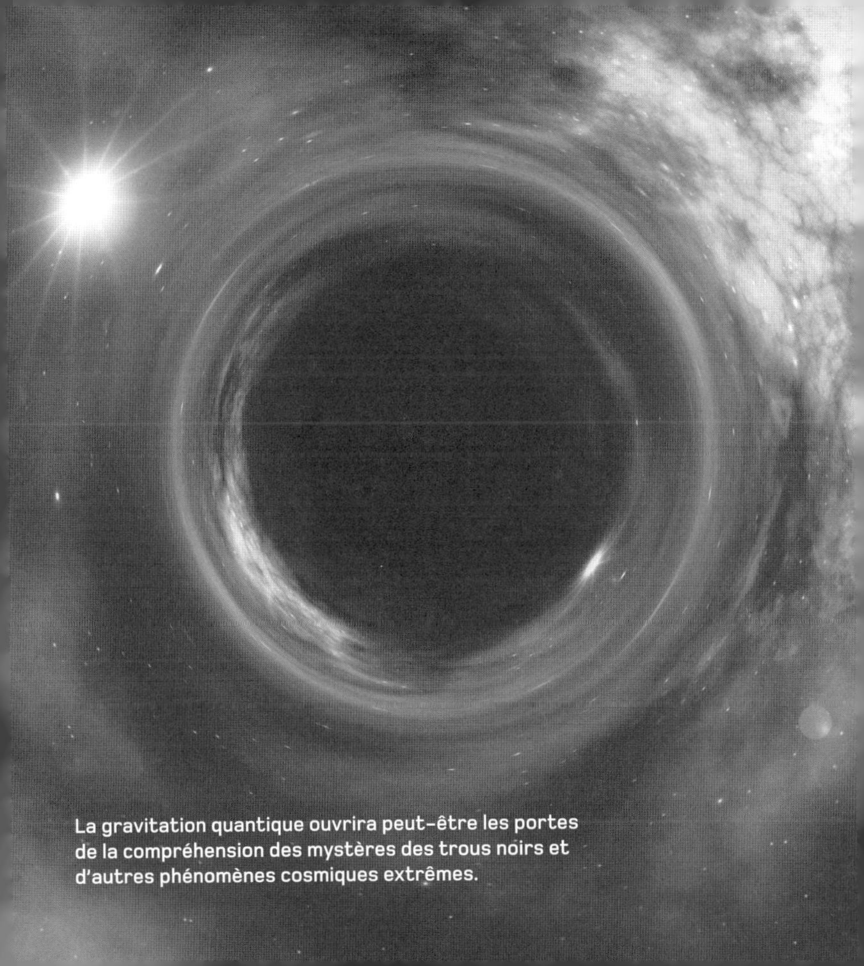

La gravitation quantique ouvrira peut-être les portes de la compréhension des mystères des trous noirs et d'autres phénomènes cosmiques extrêmes.

Théorie électrofaible

À des températures supérieures à 1000 billions de degrés, la force électromagnétique qui régit la lumière et l'interaction faible qui contrôle la radioactivité des éléments deviennent unifiées et symétriques. Cette force électrofaible, découverte par Steven Weinberg, Abdus Salam et Sheldon Glashow dans les années 1960, est apparue dans la nature peu après le Big Bang. À des distances de 10^{-18} mètres (un milliard de milliardième de mètre), l'interaction faible et la force électromagnétique ont encore à peu près la même puissance. À des distances plus grandes, toutefois, l'interaction faible diminue rapidement. Cela arrive parce que ses vecteurs, les bosons W et Z, sont parmi les particules les plus massives connues, de sorte que leurs particules virtuelles ne vont pas loin. Le photon, vecteur de la force électromagnétique, est dépourvu de masse et a donc un rayon d'action théoriquement infini. Les physiciens suspectent que la différence radicale de masse entre ces vecteurs de force est due à une quelconque forme d'interaction avec le champ de Higgs (voir page 120), lorsque la symétrie a été brisée et les deux forces se sont séparées.

Une interaction électrofaible enregistrée par le détecteur CMS au Grand collisionneur de hadrons.

Gravitation quantique à boucles

Une solution possible au problème de la gravitation quantique est la quantification de l'espace même. Les physiciens Lee Smolin et Theodore Jacobson ont proposé en 1986 une idée qui envisageait l'espace comme étant formé par d'innombrables « boucles » quantiques entrecroisées, chacune pas plus grande que la plus petite taille théoriquement mesurable (la « longueur de Planck », 1,6 x 10^{-35} mètres). Si de telles boucles existent, cela signifie qu'à des échelles quantiques l'espace est granulaire. Les réseaux de boucles entrecroisées sont appelés « réseaux de spin », alors que l'expression « mousse de spin » décrit le nuage de probabilités de réseau de spin au fil du temps, dû aux champs gravitationnels variables.
La théorie de la gravitation quantique à boucles écarte le besoin de s'inquiéter d'un emplacement précis. Les boucles peuvent être déplacées par la courbure de l'espace sans changer leur réaction à l'action de la gravitation. Toutefois, cette théorie est encore en cours de développement. Par ailleurs, elle ne fait pas de prédictions quant au graviton, particule essentielle pour une théorie quantique de la gravitation.

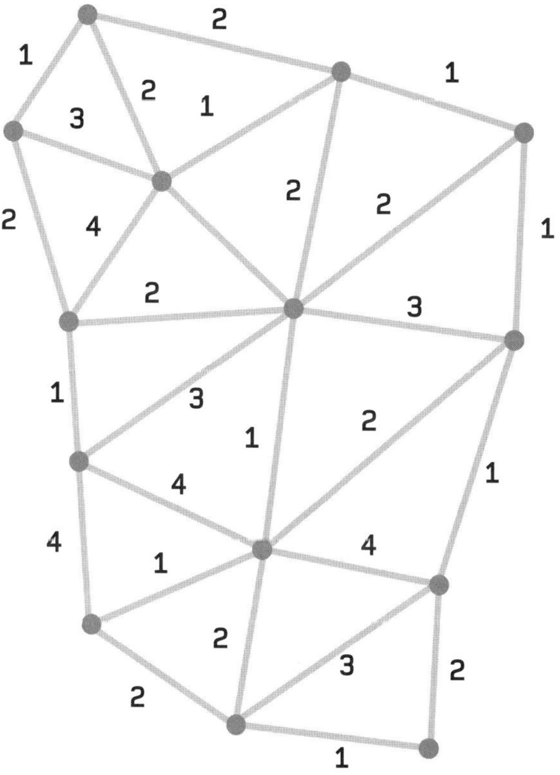

Les réseaux de spin sont un type de diagramme utilisé pour modéliser les interactions entre particules et champs. Lee Smolin et d'autres physiciens s'en sont servis lors du développement de la théorie de la gravitation quantique à boucles.

Théorie des cordes

Une rivale plus populaire de la théorie de la gravitation quantique à boucles, la théorie des cordes, postule que toute la matière est constituée d'infimes cordes vibrantes d'une taille ne dépassant la longueur de Planck. Ces cordes vibrent à différentes fréquences, générant, pour utiliser une analogie musicale, une diversité de notes. Chaque note manifeste les nombres quantiques d'une particule distincte, engendrant toutes les particules du modèle standard. La théorie décrit les interactions entre particules en termes de cordes se séparant et se rejoignant. Qui plus est, cela dépend de l'existence du graviton, sans lequel les mathématiques ne fonctionneront pas. Ajoutons le fait que les mathématiques de la théorie des cordes ne donnent pas naissance à des infinis mathématiques gênants, et cela devient une théorie du tout extrêmement intéressante. Toutefois, bien que nombre de découvertes semblent la corroborer, la théorie des cordes est impossible à vérifier. Même si ses mathématiques décrivent exactement la réalité, jusque-là on n'a pas trouvé de moyen de confirmer expérimentalement si les particules sont réellement des cordes vibrantes.

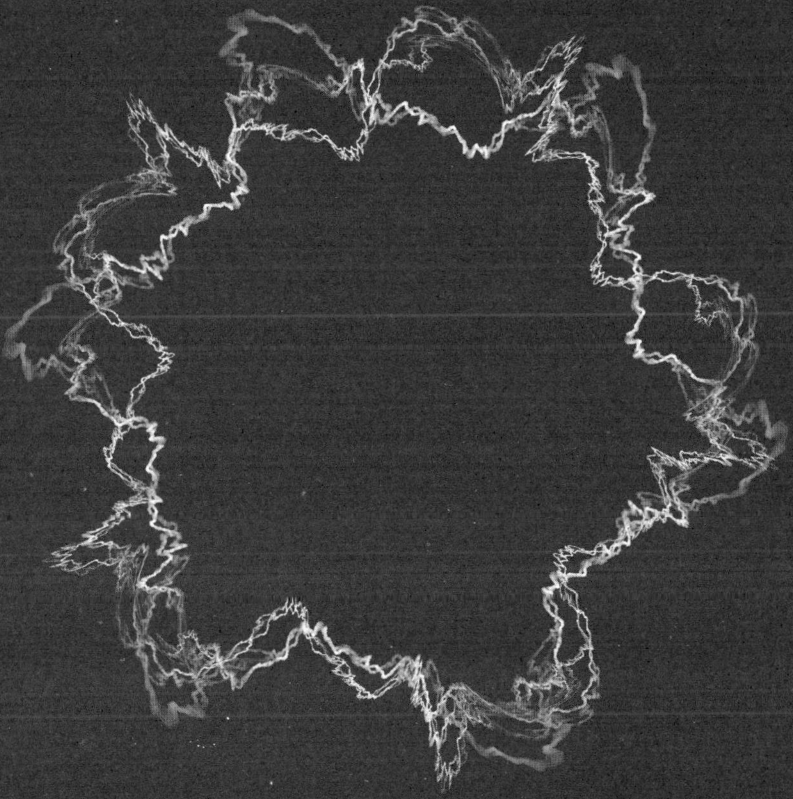

L'ère de Planck

Pourquoi les physiciens pensent-ils que les quatre forces fondamentales de la nature peuvent réellement être réunies en une théorie quantique unifiée ? La principale raison est l'idée que dans un passé lointain c'était justement le cas. Ce moment, appelé « ère de Planck », est survenu au premier instant suivant le Big Bang et avant l'inflation, alors que l'Univers n'était âgé que de 10^{-43} seconde.

À cet instant-là, l'univers était comprimé en un volume minuscule, tout en renfermant le même volume d'énergie qu'actuellement, ce qui a élevé incroyablement les températures, les portant à 10^{34} °C. Dans ces circonstances, l'électromagnétisme et les interactions forte et faible, réunis selon la théorie de grande unification, ont fusionné avec la gravitation quantique pour agir comme une superforce unique aux propriétés uniformes. La division de cette superforce a donné naissance à toutes les lois de la nature de l'Univers actuel.

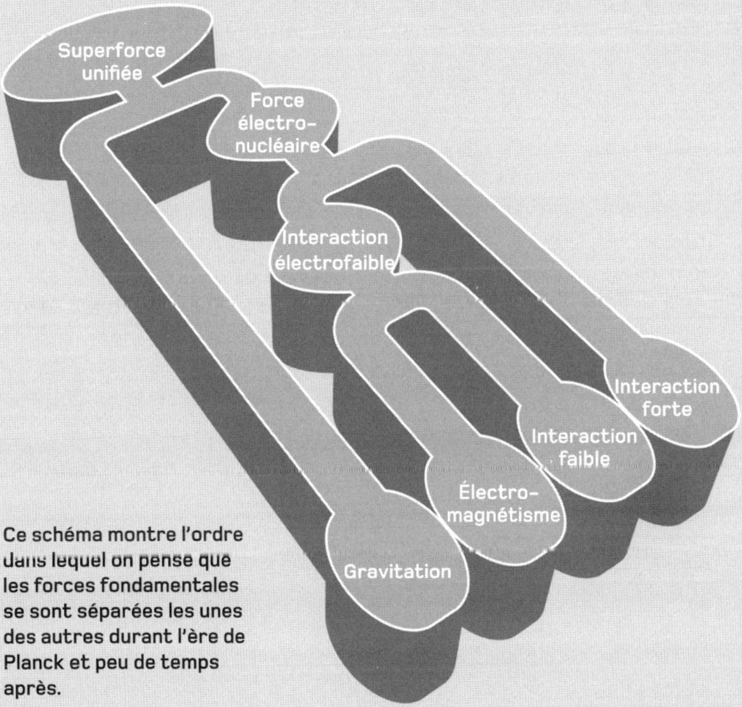

Ce schéma montre l'ordre dans lequel on pense que les forces fondamentales se sont séparées les unes des autres durant l'ère de Planck et peu de temps après.

Symétrie brisée

À la fin de l'ère de Planck, 10^{-43} seconde après le Big Bang, les quatre éléments de la superforce primordiale ont commencé à se séparer, un à la fois, à mesure de l'abaissement des températures. Chaque séparation a marqué une « transition de phase » des lois de la physique, analogue à la transition qui prend place quand la vapeur se condense en eau, puis gèle, devenant de la glace. Ces transitions familières impliquent un arrêt de la diminution de la température à mesure que la reconfiguration de liaisons dégage de l'énergie ; quelque chose de similaire s'est produit lors de ces transitions plus fondamentales. La période de transitions de phase est la symétrie brisée (la symétrie étant la manière dont les forces unifiées montraient initialement une force identique).

La première force à se séparer a été la gravitation. L'énergie dégagée lors de cette transition de phase a créé la mousse quantique de l'espace-temps. À 10^{-36} seconde, l'interaction forte s'est séparée, libérant un paquet d'énergie susceptible d'avoir induit l'inflation cosmique. L'électromagnétisme et l'interaction faible se sont séparés respectivement à 10^{-12} et à 10^{-6} seconde, à mesure que la température de l'Univers est descendue à moins de 10^{15} °C.

Les transitions de phase impliquent des changements de l'arrangement de la matière. Bien que déclenchées par les changements de la température, elles impliquent typiquement un bref arrêt de ce changement, comme l'eau qui devient glace au point de congélation.

Supersymétrie

Un modèle hypothétique de la physique des particules, la supersymétrie, dit que le modèle standard est symétrique, chaque boson étant symétriquement lié à un fermion, son superpartenaire. Les masses, les charges et les autres nombres quantiques des particules symétriques sont identiques ; seul leur spin diffère, car c'est lui qui définit les bosons et fermions. Pourquoi ces superpartenaires n'existent-ils pas dans la nature ? Leur absence apparente signifie que si la supersymétrie est réelle, ce doit être une symétrie brisée, si bien que les superpartenaires ont une masse-énergie bien plus élevée, entre 100 et 1000 milliards eV (davantage même que le boson de Higgs). Pourquoi les physiciens poursuivent-ils dans ce cas cette théorie ? La supersymétrie présente plusieurs avantages essentiels pour la réalisation de modèles fonctionnels de la théorie des cordes. Elle confère par ailleurs une identité potentielle à la matière noire de l'univers. Qui plus est, il se peut aussi qu'elle soit un élément essentiel pour l'unification des quatre interactions fondamentales, car elle fait converger leurs forces très différentes lorsqu'on les retrace jusqu'à l'ère de Planck.

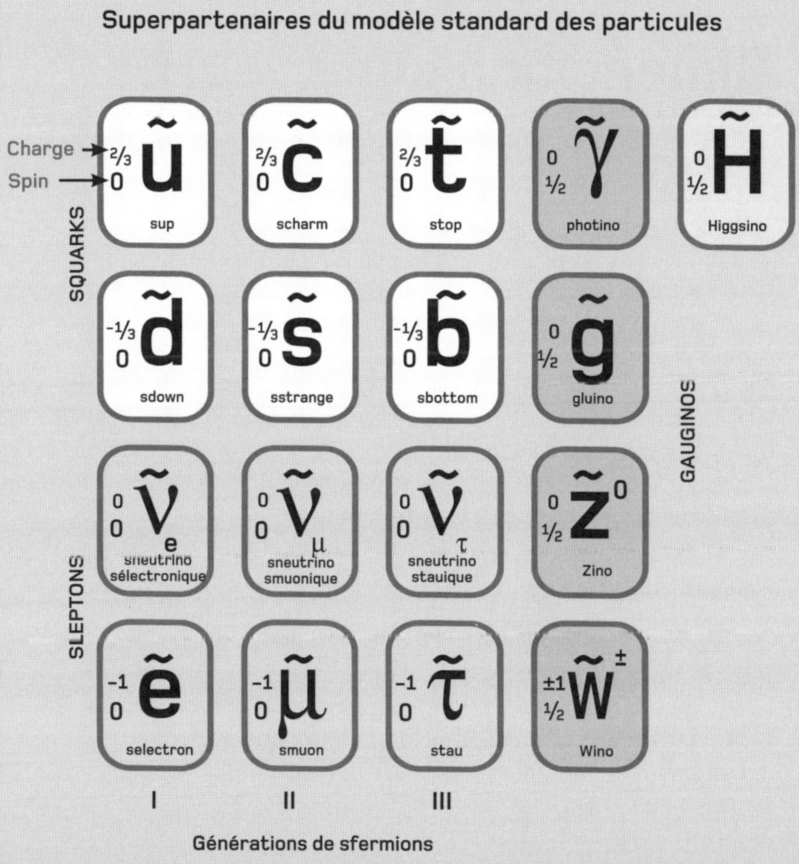
Superpartenaires du modèle standard des particules
Charge
Spin
SQUARKS
SLEPTONS
GAUGINOS
sup
scharm
stop
photino
Higgsino
sdown
sstrange
sbottom
gluino
sneutrino sélectronique
sneutrino smuonique
sneutrino stauique
Zino
selectron
smuon
stau
Wino
I
II
III
Générations de sfermions

Dimensions supérieures

Nous faisons l'expérience de notre Univers en quatre dimensions : trois spatiales et une temporelle. Donc, quand les équations originales de la théorie des cordes ont abouti à des résultats qui, pour fonctionner, exigeaient 26 dimensions spatio-temporelles, des réserves ont été exprimées. Les choses sont allées un peu mieux avec l'incorporation de la supersymétrie dans la théorie des cordes, ce qui a réduit les dimensions requises à dix (neuf spatiales, une temporelle). Un modèle récemment développé, la théorie M, unifie cinq variantes rivales de la théorie des cordes, mais exige onze dimensions pour fonctionner.

Si n'importe laquelle de ces théories est correcte, où sont les dimensions supplémentaires et pourquoi ne les perçoit-on pas ? Une possibilité, la compactification, dit que ces dimensions sont enroulées très serré à des échelles si microscopiques qu'on ne peut pas les détecter. Une autre option est qu'elles sont très grandes et que notre Univers tridimensionnel est situé en elles, comme une sorte de « membrane » flottant à travers un espace à dimensions supérieures.

Les dimensions supérieures peuvent être imperceptibles parce qu'elles sont compactifiées à des échelles très infimes. Une analogie est la manière dont on peut enrouler une feuille de papier pour former un tube qui, vu de très loin, a l'air d'une ligne unidimensionnelle.

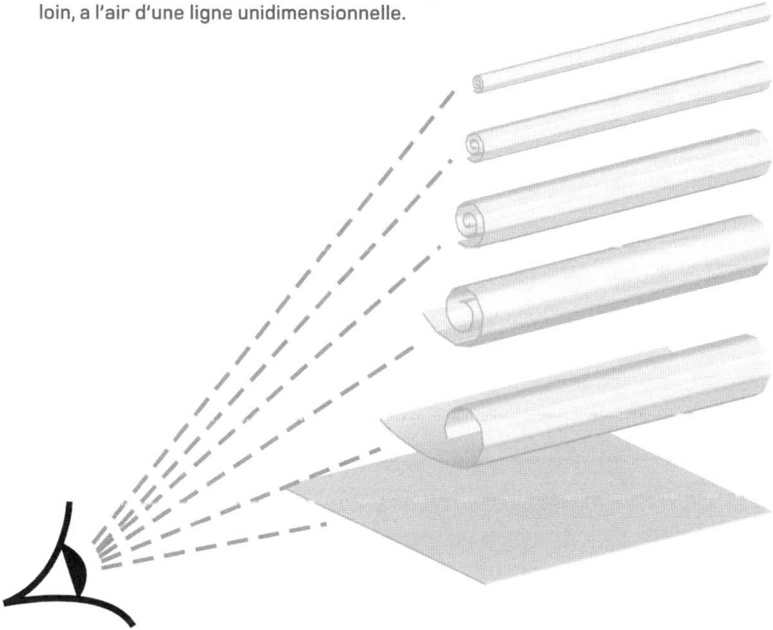

Espace de Calabi-Yau

Si la théorie des cordes est correcte, et si les dimensions supplémentaires qu'elle requiert sont compactifiées, où se cachent-elles ? La réponse est peut-être donnée par un espace de compactification, l'espace ou la variété de Calabi-Yau, d'après les mathématiciens Eugenio Calabi et Shing-Tung Yau. L'idée est que l'entrée dans cet espace à six dimensions a un diamètre de l'ordre de 10^{-15} mètre. « Défaire » cet espace pour rendre mesurable l'effet de n'importe laquelle de ses dimensions exige des immenses volumes d'énergie – les scientifiques du Grand collissionneur de hadrons espèrent trouver une preuve de l'existence de l'espace de Calabi-Yau dans les collisions des particules.
L'espace de Calabi-Yau intéresse les partisans des supercordes, car la compactification des dimensions préserve une supersymétrie brisée partielle. La théorie des cordes prône l'existence de plusieurs types différents d'espaces à six dimensions et prédit que l'espace de Calabi-Yau devrait comporter des « trous », correspondant au nombre des familles de particules. Si c'est juste, les solutions possibles sont réduites à des espaces de Calabi-Yau à trois trous (correspondant aux fermions, aux quarks et aux bosons).

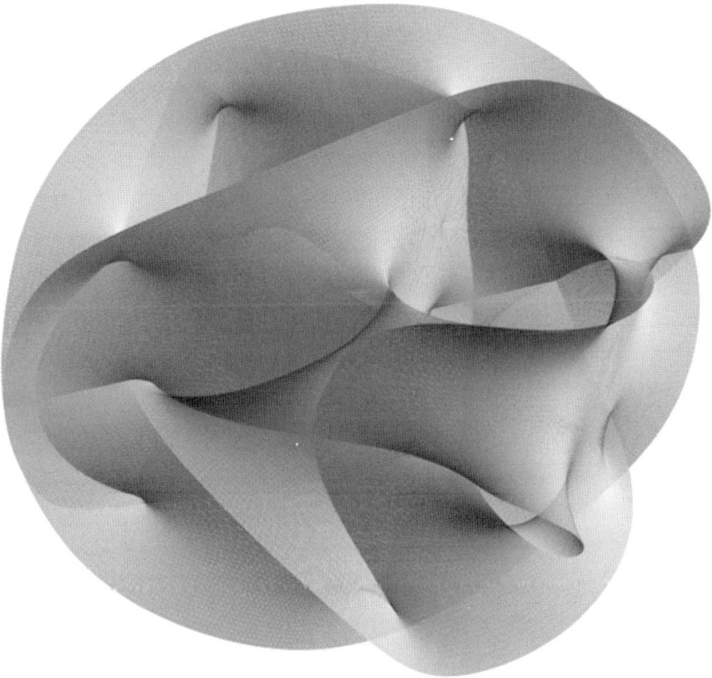

Cette représentation graphique montre comment un espace de Calabi-Yau multidimensionnel pourrait être perçu dans un espace tridimensionnel.

Théorie des branes

Issue de la théorie des cordes, la théorie des branes évoque un scénario impliquant un espace à dimensions supérieures comportant des dimensions supplémentaires, parfois appelé « hyperespace ». Une brane (aphérèse de « membrane ») est une représentation physique dans l'hyperespace d'une dimension ou d'un ensemble de dimensions. Les objets individuels sont décrits par des *p*-branes, où *p* est le nombre de dimensions spatiales qui composent la brane. Une particule telle qu'un électron, sans dimension physique, serait donc une 0-brane, une corde serait une 1-brane, car elle existe en une dimension, et ainsi de suite. Les cordes peuvent soit former des boucles, soit être ouvertes. Dans ce dernier cas, leurs extrémités sont attachées aux D-branes, objets multidimensionnels se déplaçant à travers l'hyperespace. Selon la cosmologie branaire, notre Univers est l'une de ces branes. Il a même été suggéré que le Big Bang s'est produit quand deux branes sont entrées en collision, l'expansion ultérieure de l'Univers étant causée par l'éloignement des deux branes l'une de l'autre.

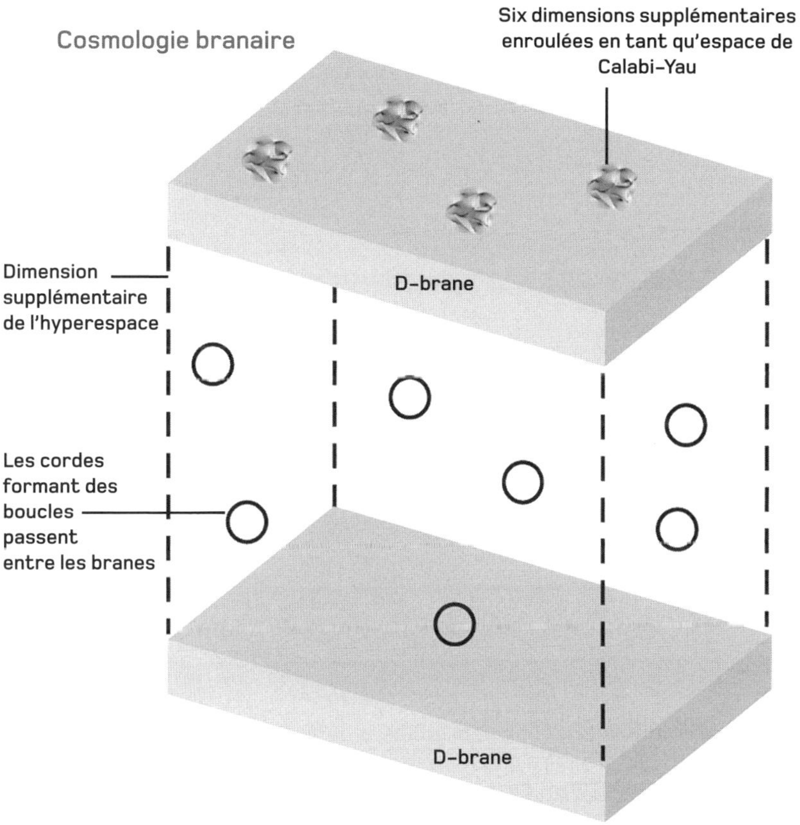
Cosmologie branaire
Six dimensions supplémentaires enroulées en tant qu'espace de Calabi-Yau
Dimension supplémentaire de l'hyperespace
D-brane
Les cordes formant des boucles passent entre les branes
D-brane

Correspondance AdS/ théorie conforme des champs

Nous vivons dans un univers dominé par l'énergie noire, force mystérieuse accélérant l'expansion cosmique. Une explication populaire dit que l'énergie noire est la constante cosmologique, champ énergétique hypothétique mis sur le tapis pour la première fois par les solutions aux équations de l'espace-temps d'Einstein. Un univers dominé par une constante cosmologique positive est un espace de de Sitter, d'après le scientifique hollandais Willem de Sitter. Par contre, l'espace anti-de Sitter (espace AdS) a une constante cosmologique négative, causant la décélération de l'expansion.

En 1997, l'Argentin Juan Maldacena a fait une découverte étonnante : si on élargit un AdS à cinq dimensions, « notre » Univers à quatre dimensions apparaît sur sa frontière. Qui plus est, il y a une relation entre la gravitation d'un espace à cinq dimensions et un groupe de théories quantiques des champs, les théories conformes des champs en quatre dimensions. La découverte de Maldacena, qui semble confirmer le principe holographique, propriété postulée de la gravitation quantique qui « code » ses propriétés haut-dimensionnelles dans un espace-temps à quatre dimensions, a marqué une avancée majeure dans la quête d'une théorie du tout.

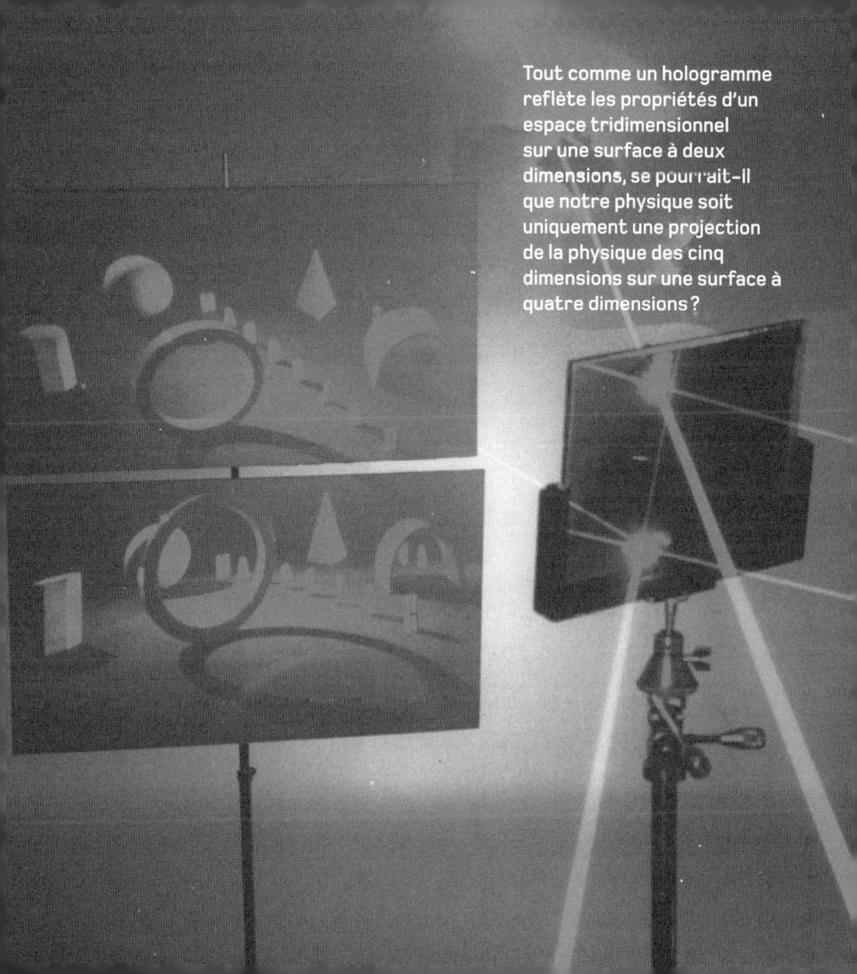

Tout comme un hologramme reflète les propriétés d'un espace tridimensionnel sur une surface à deux dimensions, se pourrait-il que notre physique soit uniquement une projection de la physique des cinq dimensions sur une surface à quatre dimensions ?

La meilleure théorie ?

Pendant plusieurs décennies, la théorie des cordes a été la meilleure candidate pour une théorie du tout qui unifie les forces fondamentales, explique le modèle standard et décrit une théorie quantique de la gravitation. Toutefois, elle a ses détracteurs, qui ciblent en particulier ses dimensions supplémentaires non confirmées. La découverte des particules superpartenaires (voir page 274) confirmera, bien qu'indirectement, la théorie des cordes. Ces particules devraient avoir des énergies de l'ordre de 100 à 1000 milliards eV. Actuellement toutefois, le Grand collissionneur de hadrons ne peut que sonder l'extrémité inférieure de cette échelle énergétique. À ce jour, on n'a pas découvert le moindre signe de l'existence d'un superpartenaire. On dirait une bonne nouvelle pour la gravitation quantique à boucles, où la supersymétrie est facultative. Mais celle-ci a ses propres problèmes : les critiques soulignent que les réseaux de spin n'incorporent pas le temps et n'expliquent pas non plus le modèle standard. Apparemment, la voie est encore longue jusqu'à une théorie du tout.

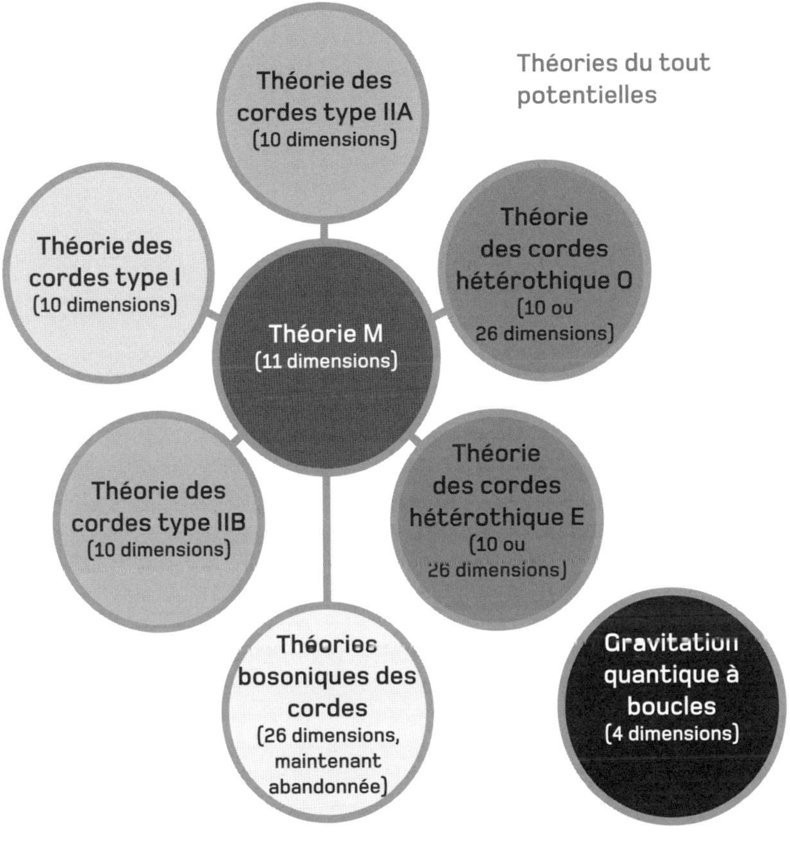
Théories du tout potentielles
Théorie des cordes type IIA (10 dimensions)
Théorie des cordes type I (10 dimensions)
Théorie des cordes hétérothique O (10 ou 26 dimensions)
Théorie M (11 dimensions)
Théorie des cordes type IIB (10 dimensions)
Théorie des cordes hétérothique E (10 ou 26 dimensions)
Théories bosoniques des cordes (26 dimensions, maintenant abandonnée)
Gravitation quantique à boucles (4 dimensions)

Interprétation d'Everett

L'une des conséquences les plus étonnantes de la théorie quantique est que notre réalité pourrait ne pas être la seule ; un nombre infini d'univers parallèles pourrait exister, où prendrait place chaque événement possible. Selon l'interprétation de Copenhague (voir page 54), la fonction d'onde est la meilleure tentative de décrire une incertitude inhérente de la mécanique quantique. Une fois une observation effectuée, cette fonction d'onde s'effondre, aboutissant à une solution unique. En 1957, le physicien Hugh Everett III a suggéré une alternative étonnante : et si la fonction d'onde ne s'effondrait jamais, mais que la réalité même divergeait, permettant à chaque possibilité qu'elle décrit de prendre place quelque part dans un univers alternatif ? L'idée d'Everett, la théorie des mondes multiples, est une alternative majeure à l'interprétation de Copenhague, même si elle n'est pas la seule théorie quantique des univers parallèles. L'inflation éternelle, déclenchée par les fluctuations quantiques, pourrait créer d'innombrables nouveaux univers, chacun ayant ses propres caractéristiques et réalités, et peut-être même un nombre infini de vous-même.

Types de multivers

Le multivers est l'ensemble des univers possibles, dont le nombre est peut-être infini. Max Tegmark, cosmologiste au Massachusetts Institute of Technology (MIT), avance l'hypothèse de l'existence de quatre types différents de multivers (voir ci-contre). Le plus simple, le multivers de niveau 1, repose sur le fait que l'Univers global est très, très grand, bien plus grand que l'Univers observable dont les frontières sont limitées par la vitesse de la lumière (voir page 222).

En prenant en compte l'inflation cosmique, l'Univers observable a un diamètre d'environ 96 milliards d'années-lumière. Si on place tous les atomes qu'il renferme dans un sac qu'on secoue, ceux-ci peuvent assumer uniquement un nombre fini de réarrangements. Dans un Univers infini, chaque arrangement possible finira par se répéter – pas une seule fois, mais un nombre infini de fois. Si cette idée est correcte, alors quelque part, à une distance inimaginable, il y a un autre vous au centre d'une sphère tout à fait semblable à notre Univers observable.

Les quatre niveaux de multivers de Tegmark

Niveau 1. L'extension de l'espace-temps normal au-delà des limites de l'Univers observable.

Niveau 2. Le multivers formé d'univers aux propriétés physiques différentes, produits par des processus tels que l'inflation éternelle.

Niveau 3. Le multivers formé de mondes multiples prôné en physique quantique par l'interprétation d'Everett.

Niveau 4. L'« ensemble ultime », série de structures mathématiques, capable de décrire tout multivers possible, y compris ceux des niveaux 1 à 3.

Le multivers inflationniste

Si un multivers de niveau 1 a davantage d'espace et est similaire au nôtre, mais répété à l'infini, le multivers de niveau 2 de Tegmark est plus divers. L'inflation éternelle (voir page 226) prédit que des parties de l'Univers sont constamment en train de bourgeonner grâce aux fluctuations quantiques qui induisent de nouvelles reprises d'inflation. Cela crée une multitude de nouveaux univers, en expansion si rapide que rien de ce qui existe dans notre Univers ne pourrait les atteindre et y pénétrer.
Si la théorie des cordes est correcte dans les grandes lignes, chacun de ces nouveaux univers pourrait être potentiellement régi par les lois d'une physique complètement différente de la nôtre. Tout cela parce que les équations de la théorie des cordes peuvent avoir environ 10^{500} solutions potentielles, chacune susceptible de décrire un univers aux lois de la physique différentes – dimensions différentes, puissances différentes des forces fondamentales, particules fondamentales différentes.
Une inflation chaotique pourrait produire un nombre infini de tels univers et, en outre, beaucoup de ceux-ci pourrait être des multivers indépendants de niveau 1.

Ce dessin montre les nouveaux univers émergeant les uns des autres dans un processus d'inflation sans fin.

Fonction d'onde cohérente

Au début, beaucoup de scientifiques ont eu du mal à accepter l'interprétation de Copenhague, qui pouvait impliquer que de vastes étendues du cosmos étaient susceptibles d'exister dans des limbes probabilistes jusqu'à ce qu'elles soient observées. Parmi eux, il y avait Hugh Everett III, dont l'interprétation suggère que les fonctions d'onde ne s'effondrent pas réellement quand elles sont observées, mais donnent seulement l'*illusion* d'un effondrement. Everett soulignait que ce n'est pas uniquement l'objet observé qui est en un état de flux quantique, mais aussi l'observateur. Si un électron a une possibilité d'exister à un emplacement parmi plusieurs, l'observateur montre aussi une fonction d'onde décrivant la possibilité qu'il observe l'électron à chacun de ces emplacements. Les états quantiques de l'électron et de l'observateur sont intriqués, la solution de l'un se rapportant à la solution de l'autre. Chaque solution possible pour l'observateur est superposée à l'autre, et dans quelque solution l'observateur voit sa propre variante de l'effondrement de la fonction d'onde. En général, la fonction d'onde est cohérente, bien qu'on puisse connaître seulement l'une de ses solutions.

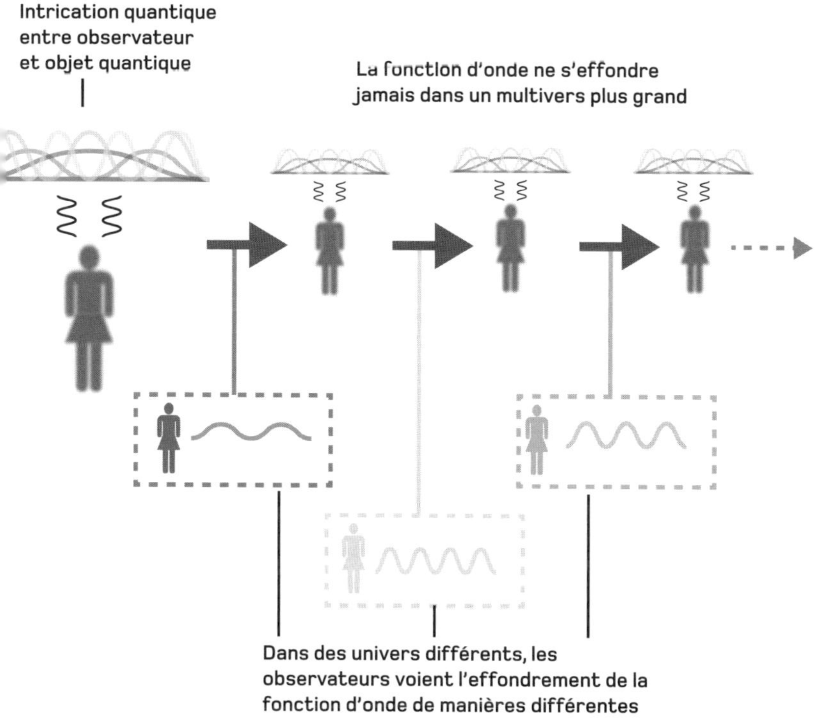
Intrication quantique
entre observateur
et objet quantique
La fonction d'onde ne s'effondre
jamais dans un multivers plus grand
Dans des univers différents, les
observateurs voient l'effondrement de la
fonction d'onde de manières différentes

Le multivers

Selon l'interprétation d'Everett (voir page 286), chaque solution possible de chaque fonction d'onde intervient quelque part – mais où prend place tout cela ? La réponse, semble-t-il, c'est l'existence des univers parallèles, tenus par Max Tegmark pour des multivers de niveau 3.
Cependant, la théorie des mondes multiples a peu à dire quant à la manière dont se produit la divergence continue dans les univers parallèles ou au positionnement de ces réalités parallèles infinies les unes par rapport aux autres. Puisque l'ensemble de notre monde repose sur des fondations quantiques, tout ce qui arrive a une nature probabiliste, et chaque possibilité se ramifie à partir d'une autre, comme les branches d'un arbre. Dans un univers, le chat de Schrödinger vit, dans une multitude d'autres, qui se ramifient chaque seconde depuis le premier, le chat meurt. Mais le chat ne connaîtra que l'univers dans lequel il survit. Cela induit un curieux test de la théorie des mondes multiples, l'expérience du suicide quantique.

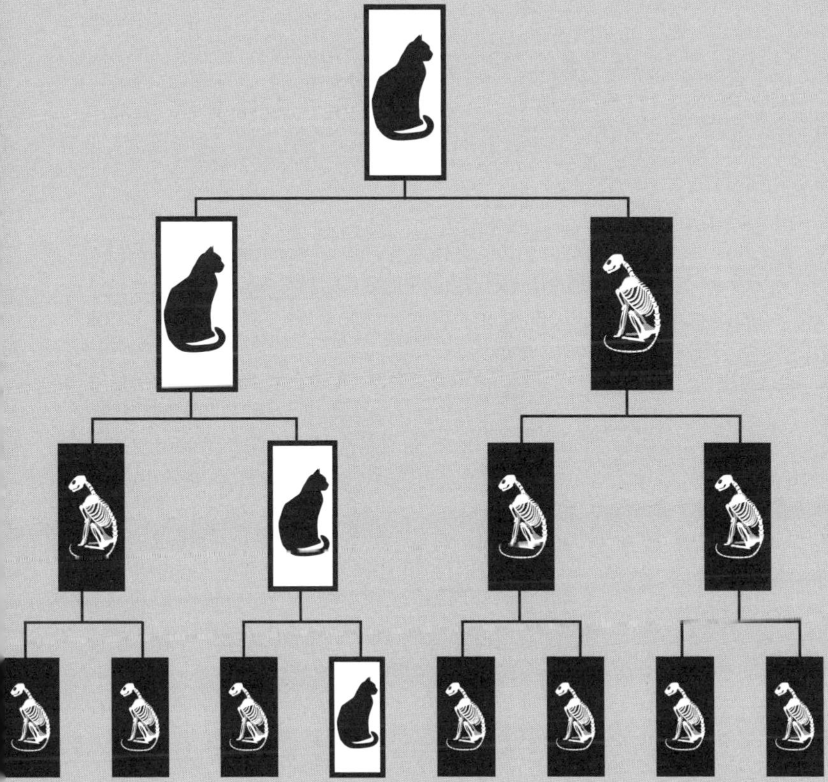

Suicide quantique

Dans l'interprétation d'Everett, le chat de Schrödinger ne connaît jamais un univers dans lequel il meurt. Voilà l'étonnante conclusion d'une expérience de pensée appelée « suicide quantique ». L'expérience (à ne pas tenter !) est un genre de roulette russe quantique, une modification de l'idée originale de Schrödinger, où l'expérimentateur prend la place du chat. Un revolver est connecté à une particule en état de superposition quantique, mesurée chaque seconde. Si la particule présente un état particulier, le revolver tire une balle ; si elle présente l'autre état, le revolver ne tire pas.

Normalement, l'expérimentateur pourrait avoir de la chance et survivre aux premiers coups de feu, mais finira par être tué en quelques secondes. Toutefois, dans l'interprétation d'Everett, l'expérimentateur survit chaque fois ; la fonction d'onde ne s'effondre jamais de son point de vue, si bien qu'il perçoit toujours un univers dans lequel il survit. Seul un observateur extérieur verra la fonction d'onde s'effondrer et l'expérimentateur mourir, alors que celui-ci vit dans une réalité parallèle.

Une théorie vérifiable ?

L'interprétation d'Everett fournit une solution irréfutable aux aspects paradoxaux de l'interprétation de Copenhague. Elle écarte le paradoxe du chat de Schrödinger et la nécessité que l'Univers soit observé pour exister en un état donné. Elle offre aussi une explication au problème de l'adaptation. Toutefois, sans preuves basées sur l'observation pour la soutenir, l'interprétation d'Everett a été critiquée pour être une théorie invérifiable. La méthode scientifique sur laquelle se base toute la science moderne repose sur l'observation empirique et les prédictions vérifiables, mais nul n'a encore conçu d'expérience susceptible de tester la théorie des mondes multiples car, pour autant que nous le savons, les différents univers n'interagiraient pas après leur séparation. Sans explication satisfaisante de la manière dont les divers univers quantiques se ramifient les uns depuis les autres, il semble à présent que la conviction de l'existence de mondes multiples dépend de la foi qu'on accorde à la logique et aux mathématiques sous-tendant la théorie.

Univers cycliques

La question de ce qui existait avant le Big Bang a souvent été écartée comme dénuée de sens ; le Big Bang a créé tout, y compris le temps, de sorte que rien n'a pu exister avant lui, même pas l'espace vide.
Mais cela n'est pas forcément vrai. Pour commencer, si l'inflation éternelle (voir page 226) fait actuellement se ramifier sans cesse de nouveaux univers à partir du nôtre, on peut présumer que notre Univers a pu émerger lui aussi d'un autre univers, encore plus âgé. La théorie des branes (voir page 280) propose une autre alternative, l'univers cyclique.
Les cosmologistes Neil Turok et Paul Steinhardt imaginent deux branes parallèles allant l'une vers l'autre, puis entrant en collision et rebondissant. La collision cause un Big Bang et l'énergie noire qui induit l'expansion de notre Univers est perçue comme une force agissant entre les deux branes à mesure qu'elles s'écartent. Finalement, les branes se rapprochent une fois de plus et notre Univers commence à se contracter, aboutissant à un Big Crunch qui crée immédiatement un nouveau Big Bang, et le cycle se répète.

Dessin montrant deux univers de D-branes s'approchant l'un de l'autre dans l'hyperespace (voir page 280).

Le principe anthropique

L'un des aspects les plus curieux de notre Univers est la manière dont les constantes fondamentales qui sous-tendent beaucoup de processus physiques essentiels semblent singulièrement adaptées à la création d'un cosmos capable de soutenir la vie. Par exemple, si l'interaction forte était juste un peu plus faible, les quarks ne seraient pas capables de rester unis et de former des baryons. Si elle était légèrement plus forte, la totalité de l'hydrogène de l'Univers primordial aurait fusionné, devenant de l'hélium, privant les étoiles de leur réserve de combustible. La vitesse de la lumière, la charge de l'électron et la force gravitationnelle ont aussi des valeurs tout à fait appropriées pour la vie.

Les cosmologistes expliquent cette adaptation par le principe anthropique. La forme « faible » du principe affirme qu'on doit s'attendre à mesurer des valeurs comme celles-ci, car on ne pourrait pas exister dans un univers ne convenant pas à la vie. Au contraire, sa forme « forte » cherche une raison sous-tendant l'adaptation: peut-être est-elle une conséquence de la théorie du tout, ou peut-être que notre Univers n'est qu'un élément d'un multivers très varié, dont tous les univers n'ont pas donné naissance à la vie.

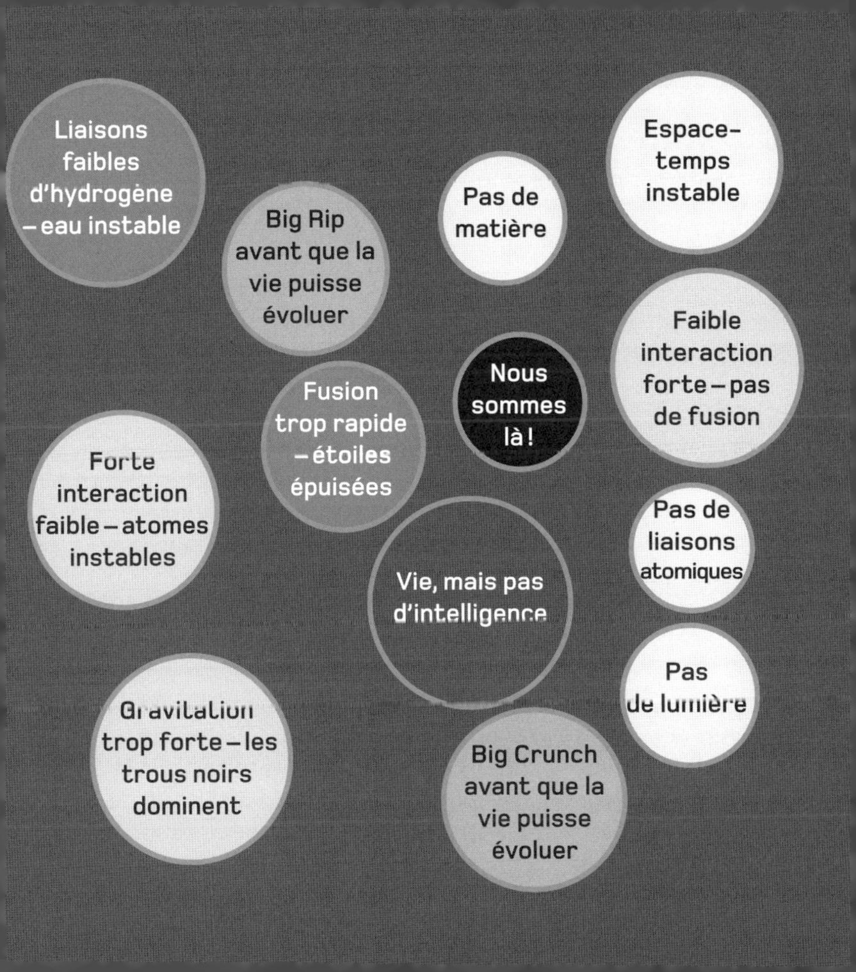
Liaisons faibles d'hydrogène – eau instable
Big Rip avant que la vie puisse évoluer
Pas de matière
Espace-temps instable
Faible interaction forte – pas de fusion
Nous sommes là !
Fusion trop rapide – étoiles épuisées
Forte interaction faible – atomes instables
Pas de liaisons atomiques
Vie, mais pas d'intelligence
Pas de lumière
Gravitation trop forte – les trous noirs dominent
Big Crunch avant que la vie puisse évoluer

Jouer aux dés

Quand Albert Einstein a déclaré que « Dieu ne joue pas aux dés », il déplorait la nature apparemment aléatoire de la fonction d'onde probabiliste prônée par l'interprétation de Copenhague. Les conséquences de cette notion vont bien au-delà du fait de savoir si la lumière ou les électrons sont des corpuscules ou des ondes ; le principe d'incertitude d'Heisenberg signifie qu'au niveau quantique, la nature est fondamentalement aléatoire et ne peut être prédite avec un quelconque degré d'exactitude.

Einstein rejetait absolument cette notion. Pour lui, la nature apparemment aléatoire signifiait uniquement que notre compréhension de la physique quantique était incomplète ; les propriétés des particules devaient cacher plus d'informations, décrivant leur comportement de façon déterministe, prévisible. Toutefois, Einstein admettait que son objection reposait sur son instinct. Notre intuition est, bien entendu, influencée par nos observations d'un monde quotidien déterministe et prévisible. Finalement, une expérience de sa propre conception a prouvé qu'Einstein avait tort à propos de la mécanique quantique.

Intrication quantique et le paradoxe EPR

En 1935, Einstein, de concert avec les physiciens Boris Podolsky et Nathan Rosen, a exprimé ses doutes quant à l'interprétation de Copenhague lors du paradoxe EPR. Supposons qu'un noyau atomique se désintègre en deux particules qui s'éloignent dans des directions opposées. Comme elles se sont formées en un état de superposition, leurs propriétés quantiques sont intriquées. Donc, par exemple, si le spin d'une particule est mesuré et identifié comme « spin down », alors selon l'interprétation de Copenhague, la fonction d'onde de l'autre particule doit simultanément s'effondrer et la forcer à être « spin up », même si elle est déjà arrivée de l'autre côté de l'Univers.

Einstein a décrit le phénomène comme une « bizarre action à distance » : puisque l'information ne peut pas se déplacer plus vite que la lumière, il ne voyait pas comment cela pouvait être possible. Pourtant, des expériences ont montré que l'intrication quantique est exactement cela : la mécanique quantique opère sur le concept de non-localité, qui va à l'encontre de la compréhension classique de la physique.

Les paires de particules intriquées ont des propriétés qui restent incertaines jusqu'à ce qu'elles soient observées, mais qui doivent néanmoins être opposées ou complémentaires les unes aux autres.

Variables cachées et inégalités de Bell

L'Irlandais John Bell a développé le paradoxe EPR lors d'une série d'expériences de pensée qui lui ont permis de formuler des hypothèses, confirmées par la suite. Einstein, Podolsky et Rosen prônaient l'existence de certaines variables cachées – propriétés pas encore détectées qui véhiculent l'information permettant à chaque particule de connaître son état. Si c'était bien le cas, le paradoxe de la communication plus rapide que la lumière de l'intrication quantique, tout comme l'incertitude inhérente de l'interprétation de Copenhague pouvaient être évités.

Bell a soumis le paradoxe EPR à un test mathématique rigoureux, aujourd'hui connu sous le nom d'« inégalités de Bell ». La nature du spin quantique d'une particule signifie que la probabilité de mesurer un spin donné dépend de l'angle à partir duquel il est mesuré. Bell a donc réalisé une analyse statistique, calculant les probabilités de mesurer un spin donné à partir d'un angle donné, sans trouver de preuve d'une relation entre les probabilités et les angles, susceptible de suggérer l'existence de variables cachées. Par conséquent, l'intrication quantique doit être réelle.

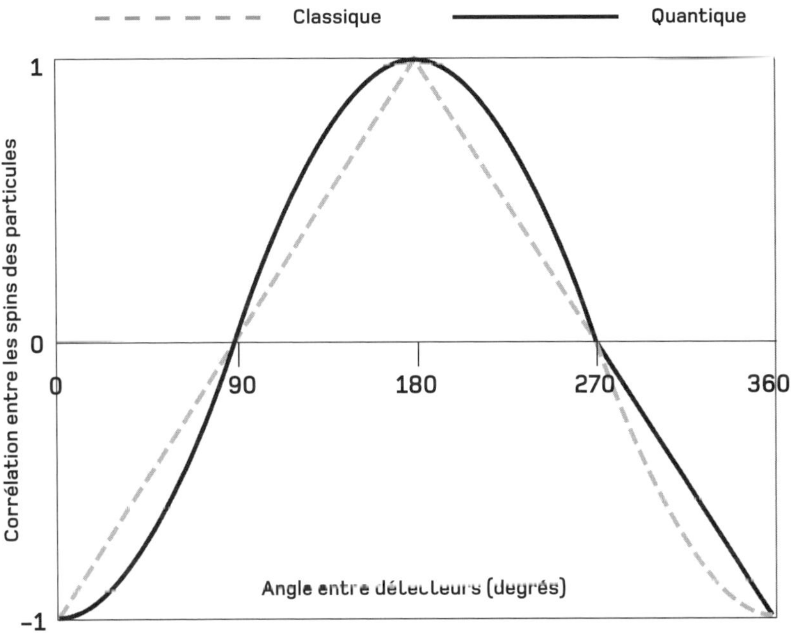

Les expériences qui ont testé les inégalités de Bell en mesurant le spin des particules intriquées donnent des résultats correspondant à la mécanique quantique plutôt qu'à une distribution classique. Une distribution classique pourrait être expliquée par l'existence de variables cachées, à la différence de la vraie distribution quantique – l'intrication quantique est donc réelle.

Mettre au défi la causalité

Einstein avait tort à propos de l'intrication quantique parce qu'il assumait en premier lieu que la cause et l'effet opéraient en se reposant sur le principe de localité, où l'information se propage à la vitesse de la lumière vers l'extérieur depuis la position de la « cause ». C'est l'un des principes les plus intuitifs de la physique : si on effectue une action, ses conséquences suivront naturellement. Toutefois, l'intrication quantique semble opérer en se reposant sur un principe de non-localité ; la distance entre particules intriquées ne compte pas. C'est extrêmement paradoxal et pas encore parfaitement compris, mais les règles normales de la cause et de l'effet ne s'appliquent plus. John Bell a comparé ce comportement bizarre à son ami, le Dr Reinhold Bertlmann, qui aimait enfiler des chaussettes de couleurs différentes, une bleue, une verte, en changeant chaque jour au hasard de pied. Si un matin vous le voyiez porter une chaussette bleue sur le pied droit, vous saviez, sans prendre le temps de regarder, que la chaussette verte était enfilée sur son autre pied. Pareillement, l'intrication quantique défie la causalité en véhiculant l'information de manière non-locale.

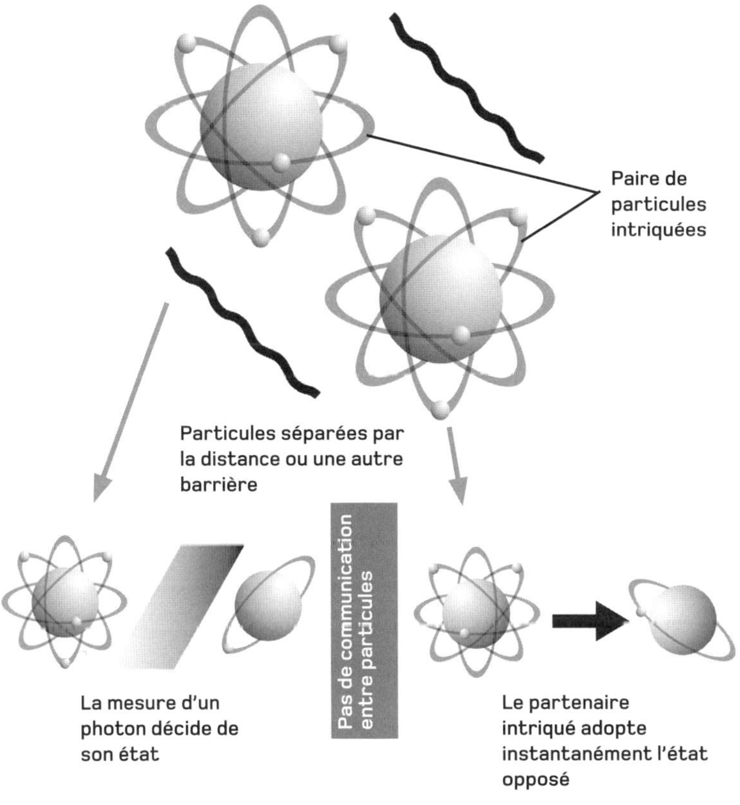
Paire de particules intriquées
Particules séparées par la distance ou une autre barrière
Pas de communication entre particules
La mesure d'un photon décide de son état
Le partenaire intriqué adopte instantanément l'état opposé

Déterminisme

La physique classique repose sur le déterminisme, principe disant que l'état d'un objet est entièrement déterminé par ses états précédents. Prenons, par exemple, un coup de pied dans un ballon de foot : les propriétés physiques du ballon (comme sa forme et son poids) et les forces agissant sur lui (la force du coup de pied, la position du contact, la force du vent, et ainsi de suite) jouent sur son point d'atterrissage. Si vous avez accès à toutes ces informations, le comportement du ballon est parfaitement prévisible. Toutefois, si ce ballon existe en une série d'états quantiques, alors le principe d'incertitude d'Heisenberg signifie que ses états futurs sont par inhérence imprévisibles et susceptibles de changer instantanément. L'intrication quantique est un autre moyen de déterminer l'état futur d'une particule sans cette progression linéaire de cause à effet (voir page 310). C'est là la différence fondamentale entre physique classique et physique quantique : l'une est déterministe, l'autre est probabiliste.

Plus rapide que la lumière ?

Rien d'étonnant à ce qu'Albert Einstein ne fût pas un fan de la notion d'intrication quantique, car sa théorie restreinte de la relativité affirme que rien ne peut se déplacer plus vite que la vitesse de la lumière. Toutefois, si l'information concernant les états quantiques intriqués peut aller plus vite que la lumière (voir page 310), cela signifie-t-il que d'autres informations peuvent aussi être communiquées instantanément à travers de vastes distances ?

Le postulat d'Einstein sur la vitesse de la lumière subsiste à cause d'un détail technique. Ce n'est pas l'information concernant l'état quantique d'une particule qui est communiquée plus vite que la vitesse de la lumière, mais une sorte de signal pour que la particule *révèle* son état quantique. L'information est déjà contenue dans la fonction d'onde de la particule. Cette distinction subtile signifie que des limites pourraient exister à la manière dont nous pouvons employer l'intrication quantique à notre avantage – nous serons empêchés d'envoyer de l'information « utile » à une vitesse dépassant celle de la lumière.

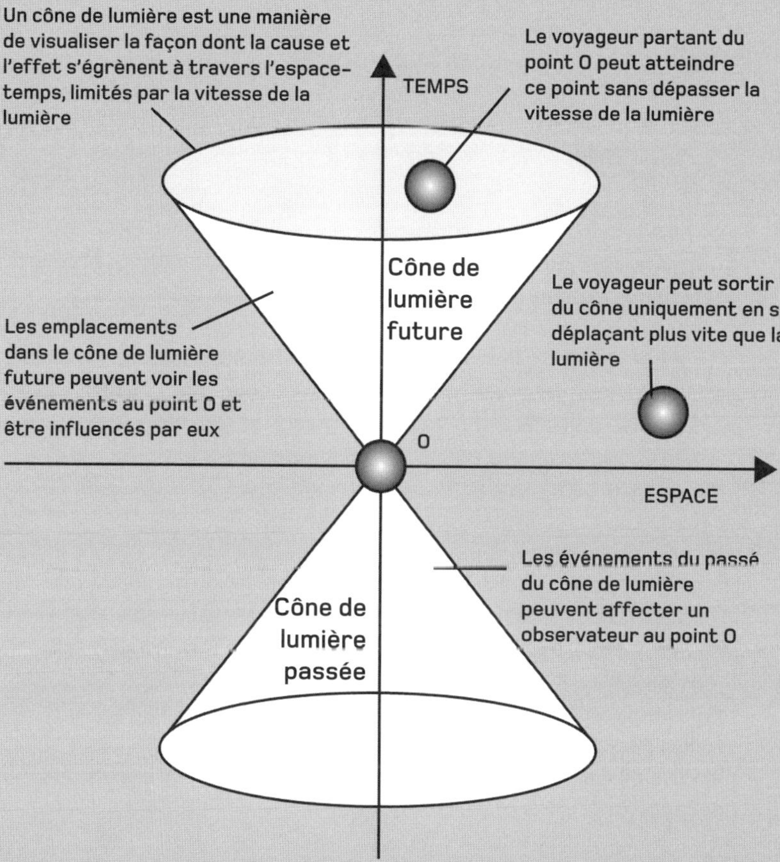
Un cône de lumière est une manière de visualiser la façon dont la cause et l'effet s'égrènent à travers l'espace-temps, limités par la vitesse de la lumière
TEMPS
Le voyageur partant du point O peut atteindre ce point sans dépasser la vitesse de la lumière
Cône de lumière future
Le voyageur peut sortir du cône uniquement en se déplaçant plus vite que la lumière
Les emplacements dans le cône de lumière future peuvent voir les événements au point O et être influencés par eux
O
ESPACE
Les événements du passé du cône de lumière peuvent affecter un observateur au point O
Cône de lumière passée

Téléportation quantique

L'intrication quantique ouvre la porte à une sorte de téléportation. Les objets physiques ne peuvent pas être envoyés instantanément à travers de grandes distances, à la différence de leurs états quantiques, ce qui permet la création de copies exactes. Pour que la téléportation fonctionne, trois objets sont nécessaires : deux (particules X et Y) sont intriqués et commencent à s'éloigner l'un de l'autre. À une distance indéterminée entre X et Y, X rencontre la particule Z. L'information quantique de Z est transférée à X ; l'état quantique de X est alors instantanément communiqué à Y, transformant Y en une copie exacte de Z.

Une complication existe : dans le processus, l'état quantique de Z est détruit. Si jamais elle devient une réalité, la téléportation humaine risque d'être quelque peu effrayante. Qui plus est, un transporteur de type *Star-Trek* aura besoin à sa destination d'une réserve d'atomes prêts à recevoir l'information quantique. Le simple volume d'information impliqué dans l'envoi de tout grand objet signifie que le processus prendrait énormément de temps et que la décohérence pourrait susciter d'autres écueils.

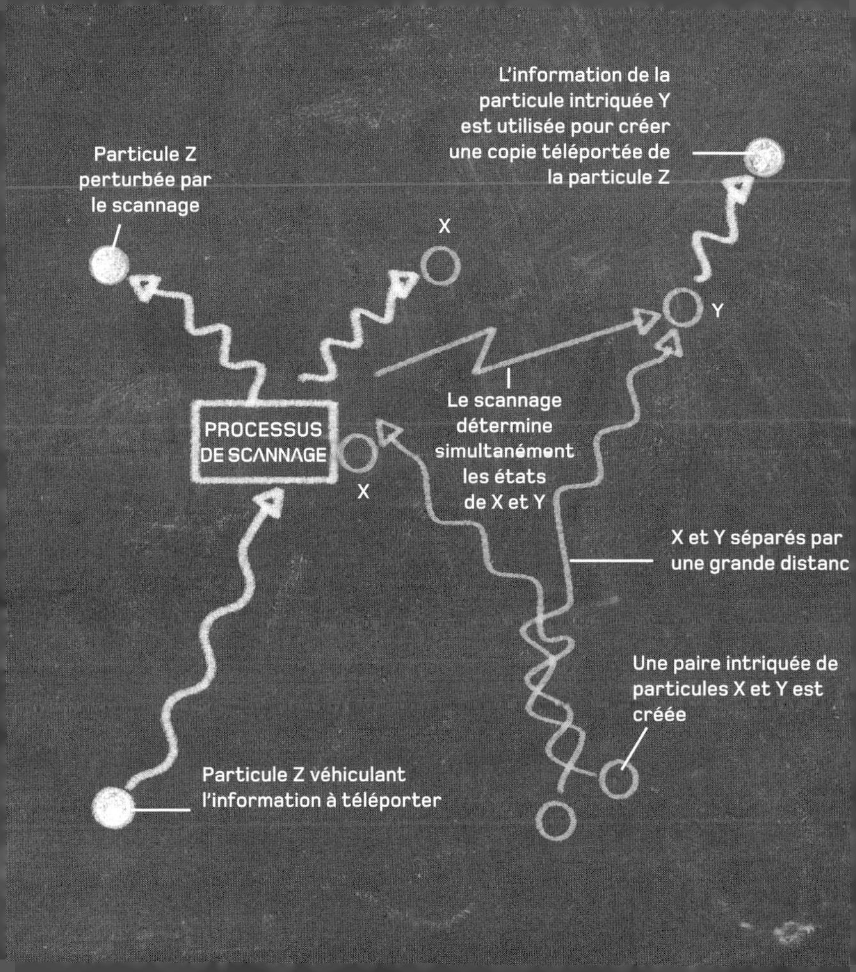
L'information de la particule intriquée Y est utilisée pour créer une copie téléportée de la particule Z
Particule Z perturbée par le scannage
X
Y
PROCESSUS DE SCANNAGE
X
Le scannage détermine simultanément les états de X et Y
X et Y séparés par une grande distanc
Une paire intriquée de particules X et Y est créée
Particule Z véhiculant l'information à téléporter

Expériences de téléportation

La téléportation quantique n'est pas seulement une fantaisie théorique ; les scientifiques ont déjà réussi à téléporter l'information d'une particule. La première expérience couronnée de succès a été menée en 1998. Cinq ans seulement après la présentation de la première thèse théorique quant à cette possibilité, les chercheurs ont réussi à téléporter l'état quantique d'un photon à travers le plateau d'une table. En 2004, les scientifiques ont téléporté pour la première fois un atome. Depuis lors, le rayon d'action de la téléportation a considérablement augmenté. Le record actuel de téléportation de l'état quantique d'un photon est de 144 kilomètres, détenu par une équipe dirigée par Anton Zeilinger de l'université de Vienne. Cette expérience a été menée à travers un « espace libre », mais en 2015 les scientifiques américains du National Institute of Standards and Technology ont réussi à téléporter les états quantiques des photons sur 102 kilomètres de câble à fibre optique. À l'avenir, de telles techniques pourraient s'avérer utiles pour mettre en place des systèmes de communication sécurisés utilisant l'intrication quantique.

Appareil de téléportation quantique utilisé par Anton Zeilinger et son équipe à l'université de Vienne.

Temps quantique

Dans le monde ordinaire de la physique classique, le cours du temps coïncide avec l'entropie accrue (la perte naturelle et inévitable d'ordre des systèmes thermodynamiques, voir page 22). Toutefois, à des échelles quantiques, l'entropie n'a pas tout à fait la même importance qu'à des échelles macroscopiques. Grâce au principe d'incertitude d'Heisenberg, quelques particules peuvent changer d'un état ordonné d'entropie basse à un état désordonnée d'entropie élevée et revenir à leur état précédent, de façon presque aléatoire. Que définit donc le temps au niveau quantique ?

Seth Lloyd du Massachusetts Institute of Technology pense que le cours du temps est défini par une perte accrue d'information. La décohérence et l'effondrement des fonctions d'onde sont assurément des manières irréversibles de perdre de l'information quantique, mais selon Lloyd c'est l'intrication quantique qui est au cœur de l'information. Imaginez une tasse de thé en train de refroidir. Dans la représentation du temps de Lloyd, les atomes du thé deviennent progressivement intriqués avec leur environnement, déplaçant le système vers un plus grand équilibre avec l'Univers, mais perdant l'information quantique du thé de manière irréversible.

Peut-on remonter le temps ?

Le principe de la cause et de l'effet semble bloqué sur le cours en avant du temps, mais des aspects du monde quantique suggèrent que les choses ne sont pas toujours aussi simples. Par exemple, lors de l'expérience des doubles fentes, les franges d'interférences sont causées par le comportement ondulatoire (ci-contre, en haut). Si on mesurait par quelle fente passe chaque photon (en observant les photons en tant que particules, pas en tant qu'ondes), les franges d'interférences disparaîtraient (ci-contre, en bas). Supposons, toutefois, qu'on change l'expérience pour mesurer par quelle fente passent les photons intriqués seulement *après* qu'ils l'aient traversée. Le principe de la cause et de l'effet dit qu'on devrait voir les franges d'interférences; portant, ce n'est pas le cas. On observe toujours les photons agissant comme des particules : il semble que d'une certaine manière la mesure dans le présent a affecté le comportement de la particule dans le passé. Ce phénomène, la retro-causalité, est-il la preuve que l'information remonte le temps ? Peut-être, mais la plupart des physiciens considèrent qu'il s'agit là d'un résultat des effets quantiques plutôt qu'un véritable voyage dans le temps.

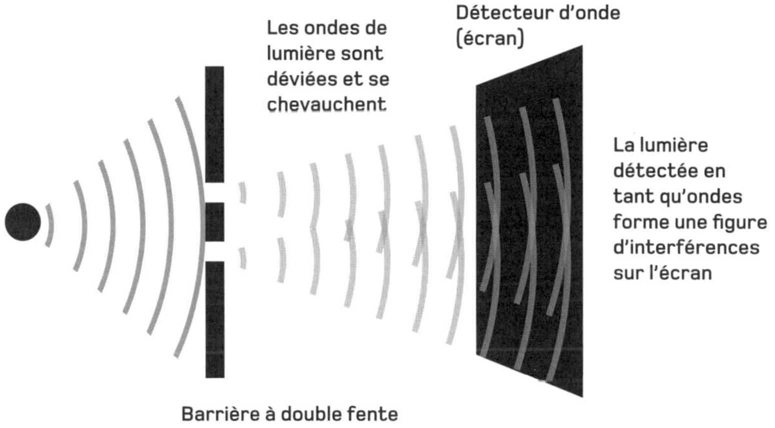
Les ondes de lumière sont déviées et se chevauchent
Détecteur d'onde (écran)
La lumière détectée en tant qu'ondes forme une figure d'interférences sur l'écran
Barrière à double fente

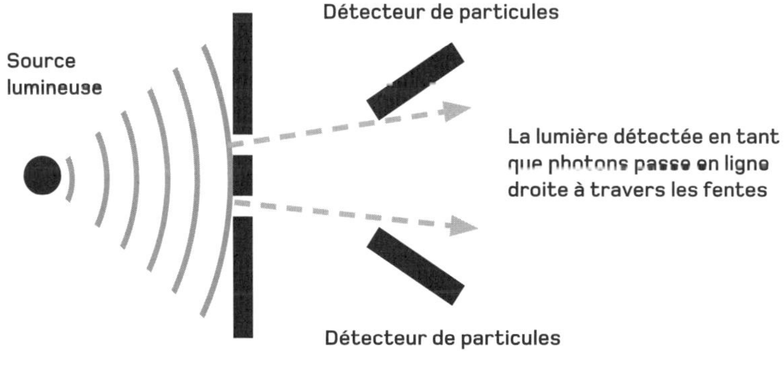
Détecteur de particules
Source lumineuse
La lumière détectée en tant que photons passe en ligne droite à travers les fentes
Détecteur de particules

Cerveau de Boltzmann

Bien que le cours du temps soit décrit comme lié à des processus irréversibles, en vérité rien n'est irréversible si on lui accorde assez de temps. Selon le principe d'incertitude d'Heisenberg, il y a une chance infime que de tels processus s'inversent d'eux-mêmes ; par exemple, si deux gaz différents contenus dans des récipients métalliques distincts sont mélangés, il y a une probabilité infinitésimale qu'après une éternité tous les atomes quittent le mélange et finissent par revenir dans leur récipient d'origine.

Une autre conséquence bizarre du passage d'une période incommensurable est le « cerveau de Boltzmann », d'après Ludwig Boltzmann, physicien du XIXe siècle. Selon lui, nous vivons dans une fluctuation aléatoire d'entropie basse et d'organisation relative dans un univers à haute entropie. D'autres fluctuations de basse entropie pourraient déboucher naturellement sur l'apparition de la conscience. Même si Boltzmann n'avait pas idée du monde quantique, ses fluctuations quantiques qui remplissent l'espace évoquent celui-ci. Avec du temps, de telles fluctuations pourraient façonner n'importe quoi, même une entité consciente.

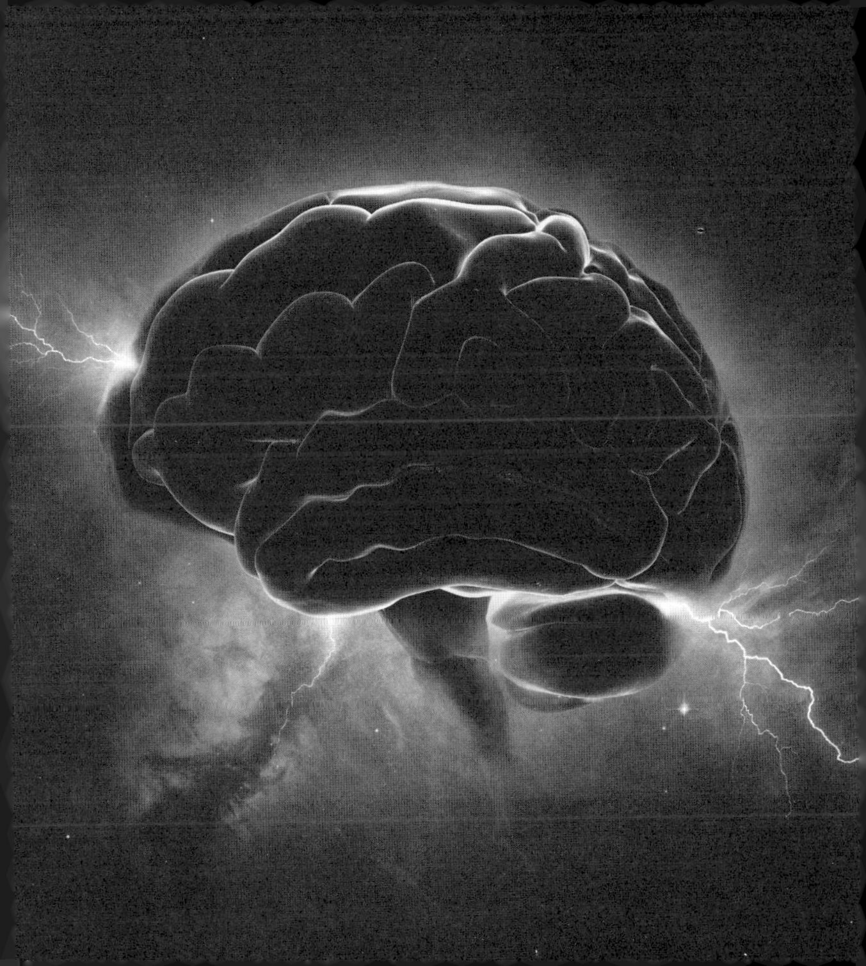

Applications de la mécanique quantique

Bien que le bizarre comportement des particules dans le monde quantique semble loin de l'expérience ordinaire, cela ne signifie pas que la physique quantique est un domaine abstrait qui n'intéresse que les physiciens théoriciens. En fait, rien n'est plus loin de la vérité : la physique quantique est une science pratique, présente dans de nombreux aspects de la vie quotidienne. Elle se cache partout, depuis les appareils électroniques aux télécommunications, et des smartphones aux visites banales au supermarché.

Certaines technologies utilisent délibérément des effets de la mécanique quantique, d'autres ont été inventées et utilisées longtemps avant que la théorie les sous-tendant soit totalement comprise. Sans la mécanique quantique, une bonne partie de la technologie moderne actuelle n'aurait pas existé.

La science quantique opère aussi sur les choses vivantes, sous-tendant de nombreux processus chimiques vitaux pour la vie. Peut-être agit-elle même comme base de la conscience.

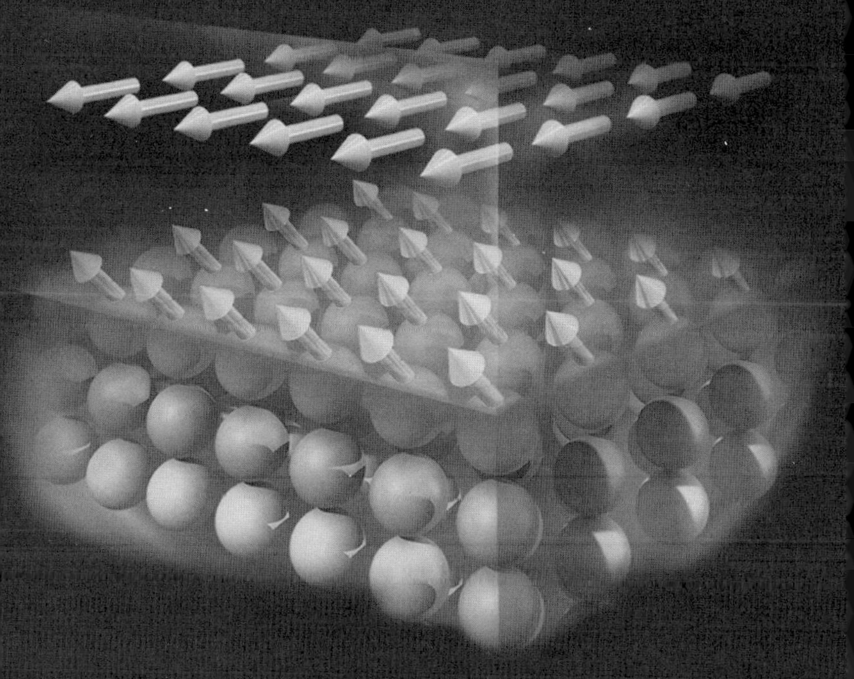

La maîtrise du comportement quantique à grande échelle permet aux scientifiques de créer des matériaux révolutionnaires tels que les isolants topologiques qui permettent le passage du courant électrique à travers une surface, qui reste impénétrable pour les champs magnétiques.

Lasers

Omniprésents dans la technologie moderne, les lasers sont de puissants rayonnements de lumière qui doivent leurs propriétés uniques au fait que leurs photons individuels sont cohérents. Autrement dit, les pics et les creux de leurs ondes sont synchronisés les uns avec les autres, ce qui leur permet de former des faisceaux intenses, très focalisés.

Le terme « laser » est l'acronyme anglais d'« amplification de la lumière par émission de radiation stimulée ». Le laser utilise un milieu amplificateur – cristal ou gaz. Lorsque les électrons des atomes de ce milieu sont chargés en énergie par un champ électrique ou une lumière intense, ils sautent sur un niveau d'énergie plus élevé. Normalement, à mesure de leur retour naturel à leur état fondamental, ils émettraient de façon aléatoire des photons de longueurs d'onde identiques. Toutefois, ici la cavité optique ou le résonateur piège ces photons, les faisant rebondir à travers le milieu amplificateur. À mesure que les photons interagissent avec les électrons, ils déclenchent une émission stimulée, forçant un électron à libérer un autre photon aux propriétés identiques au premier et amplifiant le faisceau global.

Fonctionnement d'un laser

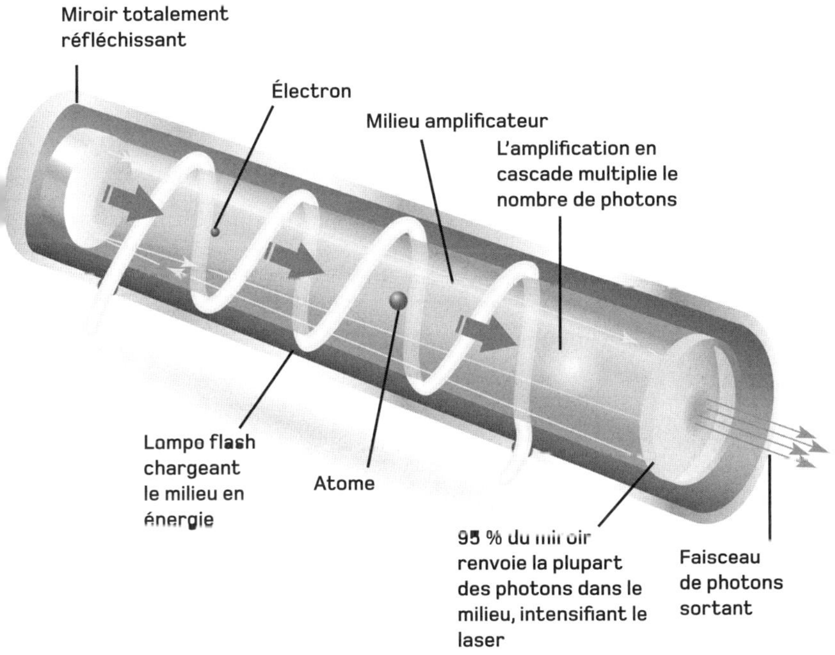

Microscope à effet tunnel

Les propriétés ondulatoires des électrons sont utilisées pour créer des images à des échelles bien plus infimes que celles possibles dans le cas de la lumière visible (voir page 40). Le microscope à effet tunnel porte cela un pas plus loin. Parmi de nombreuses autres applications, il est essentiel pour la recherche médicale et la fabrication des microprocesseurs. Ce microscope est en essence un palpeur ou une sonde dont la pointe extrêmement fine est constituée d'un seul atome. La pointe est approchée de l'échantillon à une distance égale à la largeur d'un atome. Une tension électrique est appliquée ensuite, qui excite les électrons libres de la surface de l'échantillon, poussant certains à passer par un effet tunnel entre la surface examinée et la pointe et générant un courant tunnel. La pointe balaie la surface, montant et descendant par rapport à ses contours pour s'assurer que ce courant reste constant. En suivant les mouvements de la pointe, le microscope bâtit une image à échelle atomique de la surface examinée.

Principe du microscope à effet tunnel

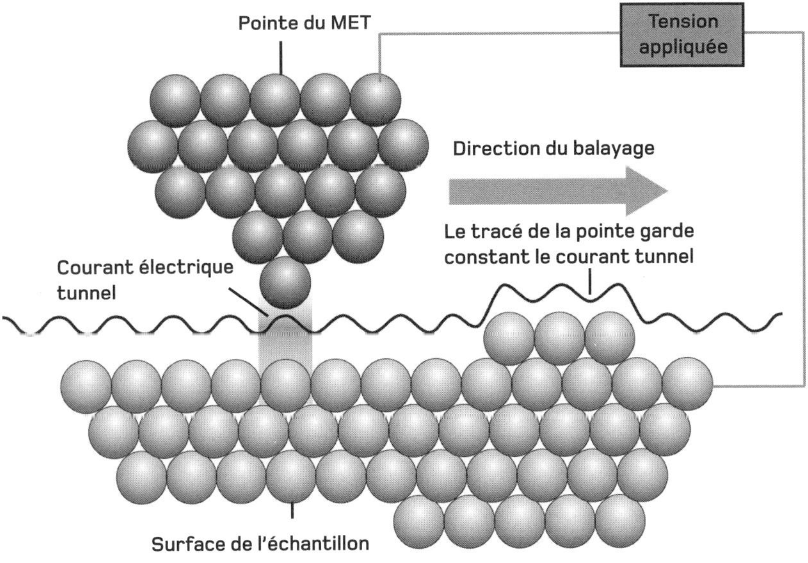

Imagerie par résonance magnétique

L'IRM se sert du fait que les protons des atomes d'hydrogène entrant dans la composition de l'eau et de la graisse d'un corps ont un spin quantifié dirigé dans l'une des deux directions, chacune ayant une énergie légèrement différente (voir page 108). Pendant une IRM, on soumet ces atomes à une forte onde électromagnétique d'une fréquence particulière, dite fréquence de résonance, ce qui aligne la plupart des spins des protons dans sa direction, alors que les protons à l'énergie de spin plus élevée sont alignés dans la direction opposée. Lorsqu'on applique le champ magnétique d'une fréquence radio variable à la fréquence de résonance, on modifie légèrement cet alignement et on produit un signal électrique mesurable, que les protons à énergie de spin basse absorbent, faisant passer leur spin à un état plus élevé. Quand le champ magnétique est interrompu, les protons reviennent à leur état plus bas et émettent des ondes radio détectées par le scanner. Les protons des divers tissus reviennent à leurs états plus bas à des rythmes différents, permettant aux médecins de différencier les organes et de surveiller leur santé.

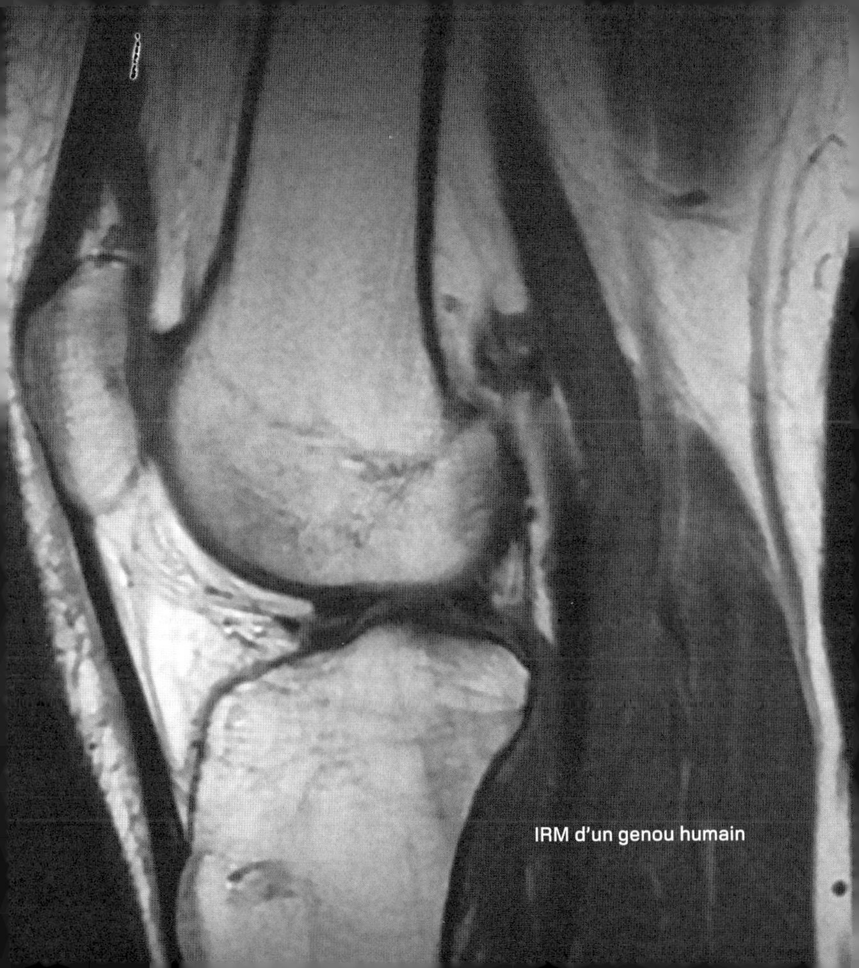
IRM d'un genou humain

Électronique

La microélectronique moderne repose sur les puces de silicium et les courants électriques qui les parcourent. Un exemple tangible de physique quantique en action est la maîtrise des infimes flux d'électrons chargés grâce à des collections relativement restreintes d'atomes. Les électrons du silicium, comme de tout solide, sont distribués dans des bandes d'énergie quantifiée, qui dictent la manière dont cet élément conduit le courant électrique. Chaque matériau possède des bandes d'énergie à la structure spécifique. En dopant le silicium avec de petites quantités d'autres éléments, on modifie sa conductivité afin de produire un excès ou un déficit d'électrons, chose utile pour une diversité d'applications, créant des matériaux semi-conducteurs qui permettront le passage de l'électricité uniquement dans certaines directions ou sous certaines conditions. Les semi-conducteurs à couches sont utilisés pour fabriquer des diodes, des transistors et d'autres composantes électroniques de taille nanométrique, capables d'effectuer des fonctions logiques simples. Les semi-conducteurs placés les uns à côté des autres sur des puces de silicium forment des circuits intégrés complexes, à la base de la plupart de la technologie moderne.

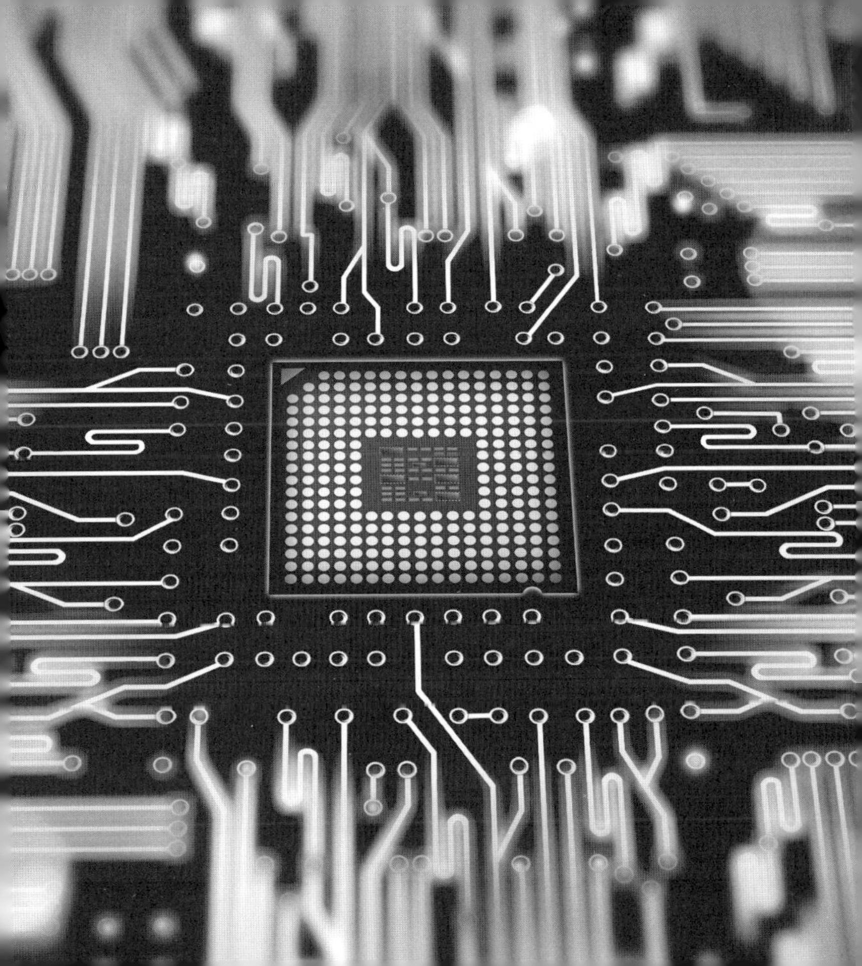

Clés USB

La modeste carte mémoire d'un ordinateur est une autre merveille de la physique quantique. Sa mémoire flash stocke les bits de données numériques (1 et 0) en utilisant un transistor à grille flottante. Il renferme deux circuits à portes logiques distincts – une grille de commande qui régit la circulation du courant à travers le transistor (comme un commutateur on/off) et une grille flottante qui agit comme une cellule mémoire. Pour conserver son état, la grille flottante est électriquement isolée du reste du transistor par deux minces strates d'oxyde.

Lorsqu'on sauve un bit de données sur une clé USB, l'ordinateur envoie un signal qui applique une tension électrique forte à travers le transistor. Cela conduit les électrons à utiliser l'effet tunnel pour traverser les strates d'oxyde dans la grille flottante. Ici, ils restent piégés et la donnée est stockée dans la cellule mémoire isolée. Pour effacer les données, une tension électrique est appliquée dans l'autre direction, de sorte que les électrons remontent la strate d'oxyde en sens inverse grâce à l'effet tunnel.

Structure d'un transistor à grille flottante

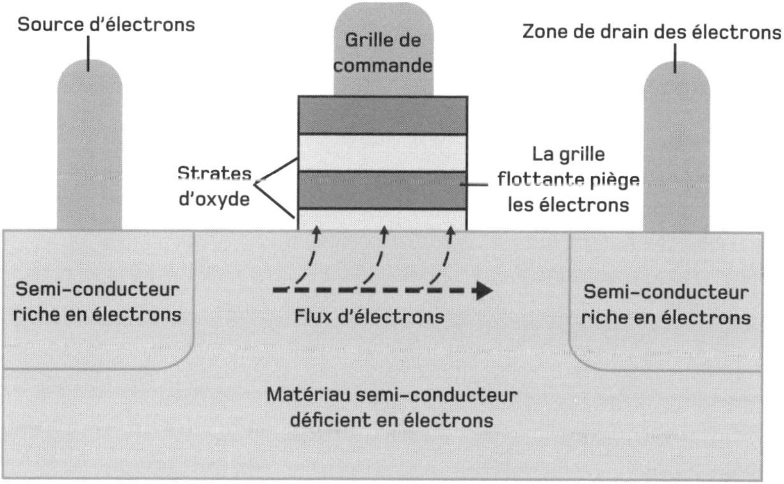

LED

La diode électroluminescente (LED en anglais) est un dispositif omniprésent dans la vie quotidienne, qui opère en s'appuyant sur les principes quantiques. Une LED renferme une puce semi-conductrice qui ne conduit l'électricité que sous certaines conditions. Elle est constituée de deux strates de matériau cristallin, comme l'arséniure de gallium ou le nitrate de gallium, mélangé à d'autres éléments qui modifient légèrement ses propriétés conductrices. Ce mélange laisse l'une des strates avec un excès d'électrons à énergie élevée et l'autre avec plusieurs trous à énergie basse que les électrons peuvent occuper.
Entre les deux strates on trouve un espace, la jonction *p-n* (*p* se réfère à la strate comportant des trous, *n*, à la strate montrant un excès d'électrons). La jonction *p-n* étant une diode, les électrons ne peuvent aller que dans une direction lorsqu'une tension électrique est appliquée. En traversant la jonction *p-n*, les électrons perdent des quanta d'énergie sous forme de lumière, la faisant s'éclairer. Plus cette jonction est grande, plus le saut quantique est considérable, plus l'énergie est élevée et plus la longueur d'onde de la lumière émise est courte.

Structure d'une LED

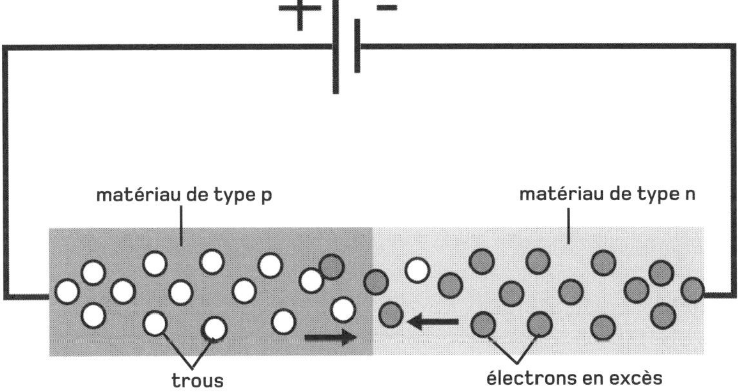

Niveaux d'énergie à la jonction p-n

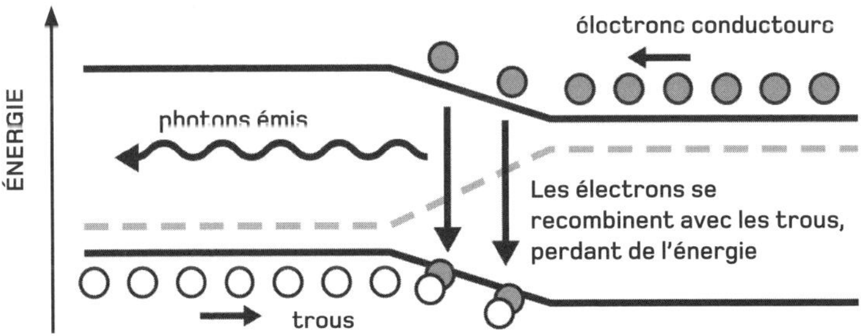

Horloges atomiques

Sans surprise, les horloges atomiques, les appareils de mesure du temps les plus précis de l'Univers, reposent sur les principes quantiques. Les champs magnétiques et la lumière laser bleue portent les atomes individuels de béryllium, de césium ou de strontium à des températures extrêmement basses, auxquelles les atomes se déplacent à peine. Une lumière laser rouge est ensuite dirigée sur les atomes, sa longueur d'onde spécifiquement accordée au volume d'énergie requis pour que leurs électrons effectuent un saut quantique sur un niveau d'énergie plus haut.
Lorsque les électrons ont absorbé un photon et effectué ce saut, ils émettent immédiatement un photon et retournent sur leur niveau précédent. Tant que les atomes restent éclairés par le laser rouge, les électrons continuent les sauts et les retours durant une période précise, comme un pendule égrenant les secondes. Les impulsions électromagnétiques émises créent un signal mesurable, dont la précision est de 1 seconde perdue pour 300 millions d'années. Les horloges quantiques qui mesurent les états vibratoires des ions refroidis de béryllium ou d'aluminium sont encore plus précises, perdant 1 seconde pour 3,86 milliards d'années.

Les satellites GPS comme le système européen Galileo sont dotés d'horloges atomiques pour mesurer précisément le temps.

Cryptographie quantique

Le cryptage sécurisé des données joue un rôle de plus en plus important à notre époque. Il implique d'habitude des algorithmes basés sur de longues séries de nombres, pratiquement impossibles à déchiffrer en utilisant les techniques de calcul traditionnelles. À l'avenir, toutefois, les ordinateurs quantiques déchiffreront facilement ces codes, si bien que les systèmes reposeront probablement sur un cryptage quantique inviolable. Dans un système typique de cryptographie quantique, l'expéditeur code les photons avec des données binaires en adaptant l'alignement de leur spin. Le destinataire passe les photons par un filtre (de forme soit +, soit x), et demande en clair à l'expéditeur s'il a choisi le bon filtre à chaque étape (voir ci-contre). La réponse dit au destinataire la séquence correcte du filtre, mais la non-information quantique relayée n'a pas de sens pour les indiscrets qui ne connaissent pas le contexte. Toute tentative d'intercepter le signal modifiera l'état de spin des photons, signalant l'interférence. Pour une sécurité encore plus considérable, les photons n'ont même pas besoin d'être émis : l'information peut être envoyée par téléportation quantique.

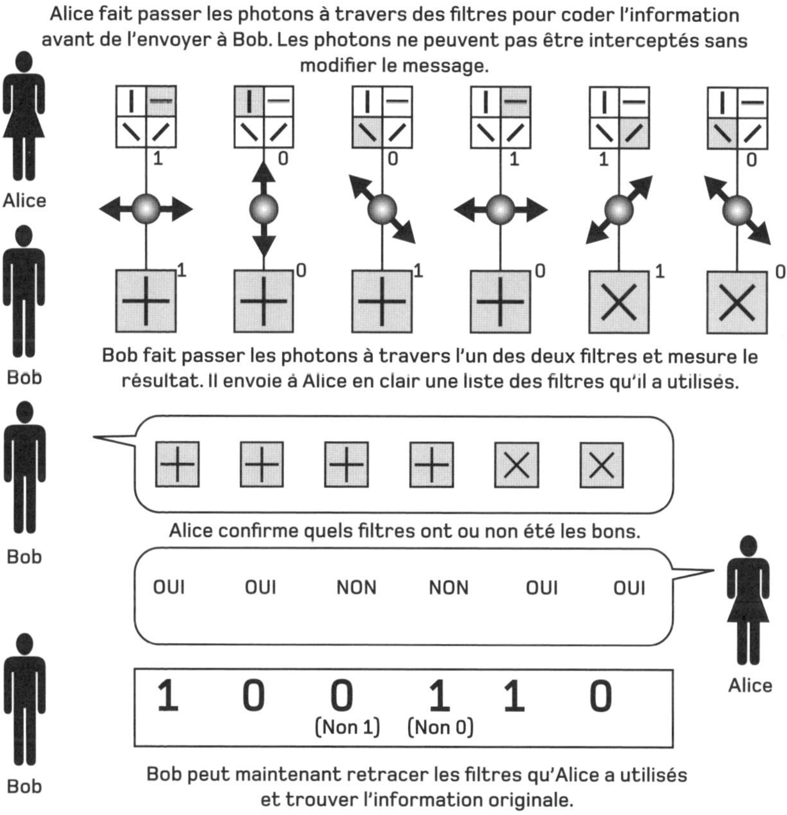
Alice fait passer les photons à travers des filtres pour coder l'information avant de l'envoyer à Bob. Les photons ne peuvent pas être interceptés sans modifier le message.
Alice
1
0
0
1
1
0
1
0
1
0
1
0
Bob
Bob fait passer les photons à travers l'un des deux filtres et mesure le résultat. Il envoie à Alice en clair une liste des filtres qu'il a utilisés.
Bob
Alice confirme quels filtres ont ou non été les bons.
OUI OUI NON NON OUI OUI
Alice
1 0 0 1 1 0
(Non 1) (Non 0)
Bob
Bob peut maintenant retracer les filtres qu'Alice a utilisés et trouver l'information originale.

Télécommunications

Les télécommunications modernes sont bâties autour des micro-ondes, des lasers et de la fibre optique. Les lasers, en particulier, sont un phénomène quantique créé par la manipulation de la manière dont les photons sont émis par les électrons à mesure qu'ils passent entre niveaux d'énergie (voir page 328). Leur intensité permet aux signaux numériques, sous la forme d'impulsions laser, d'être transmis sur d'énormes distances à travers des câbles à fibre optique sans perdre de leur puissance. Dans un avenir proche, à mesure que la sécurisation des données prend encore plus d'importance, il est certain que la cryptographie quantique inviolable sera largement mise en place dans les réseaux de télécommunications. En 2016, la Chine a lancé Mozi, le premier satellite de communications quantiques. Il comporte un cryptage à clé quantique et, en cas de réussite, créera un réseau sans fil impossible à pirater. Les étapes initiales de la mise en place de liens à cryptage quantique à partir d'un satellite distant et vers celui-ci sont complexes. Le gouvernement chinois vise à disposer bientôt du premier réseau de communications quantiques entre l'Europe et l'Asie.

Datation radiométrique

Application ingénieuse de la radioactivité (voir page 128), la datation radiométrique utilise la désintégration probabiliste d'atomes radioactifs pour déterminer l'âge de tout, depuis les roches à la matière organique. La méthode la plus connue est la datation au carbone-14, largement utilisée par les archéologues. Le carbone-14, forme radioactive du carbone, est produit sans cesse dans l'atmosphère terrestre à mesure que les particules venant

Intensité de radiation 100 % **Intensité de radiation 50 %**

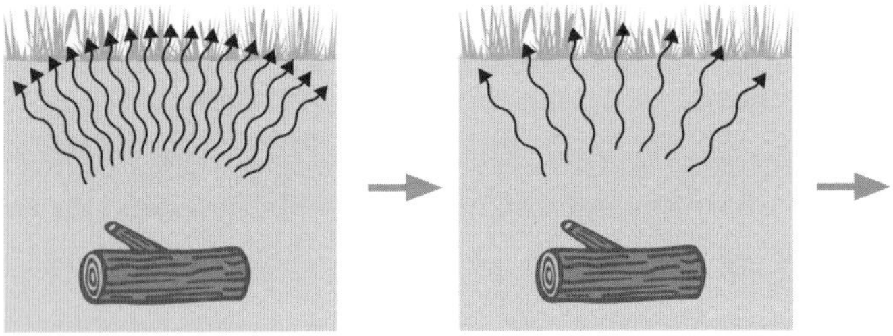

Immédiatement après la mort **5730 ans après la mort**

de l'espace entrent en collision avec les atomes d'azote. Toutes les choses vivantes renferment une petite quantité de carbone radioactif, qui est constamment recyclée dans l'environnement. Cependant, quand un organisme meurt, cet échange s'arrête et est remplacé par le processus quantique de désintégration radioactive. Le carbone-14 a une demi-vie de 5730 ans (temps mis par la moitié des atomes d'un échantillon pour se désintégrer). Les scientifiques peuvent donc mesurer le volume restant de carbone-14 et calculer l'âge d'un échantillon. La demi-vie du carbone-14 est relativement courte, limitant la technique aux vestiges âgés d'au maximum 50 000 ans. Des techniques similaires peuvent être utilisées pour la datation des échantillons de roche vieux de milliards d'années.

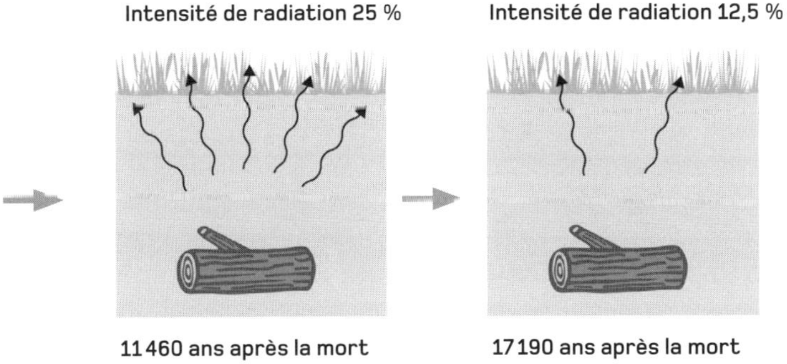

Boîtes quantiques

Les boîtes (ou points) quantiques sont des nanostructures de semi-conducteurs (silicium ou germanium) de seulement quelques douzaines d'atomes. Leurs atomes sont si proches que leurs électrons sont confinés dans un puits de potentiel. Toutefois, comme le principe d'exclusion de Pauli leur interdit de partager les mêmes états quantiques, un autre arrangement se forme, créant de nouveaux niveaux d'énergie, conférant aux boîtes quantiques des propriétés proches de celles de l'atome, d'où le surnom d'« atomes artificiels ».

Comme dans un atome, les électrons de la boîte absorbent des photons, passant sur des niveaux d'énergie plus hauts, puis émettent un photon pour retourner sur le niveau précédent. Cela fait luire la boîte d'une couleur dictée par sa taille : dans les grandes, les niveaux d'énergie sont moins espacés, si bien que l'énergie du photon est plus basse et la lumière plus rouge. Les plus petites ont des niveaux d'énergie plus espacés et produisent des protons plus bleus, à l'énergie plus élevée. Les boîtes quantiques sont utilisées comme biosenseurs, dans les cellules solaires et même comme LEDs dans les téléviseurs de dernière génération.

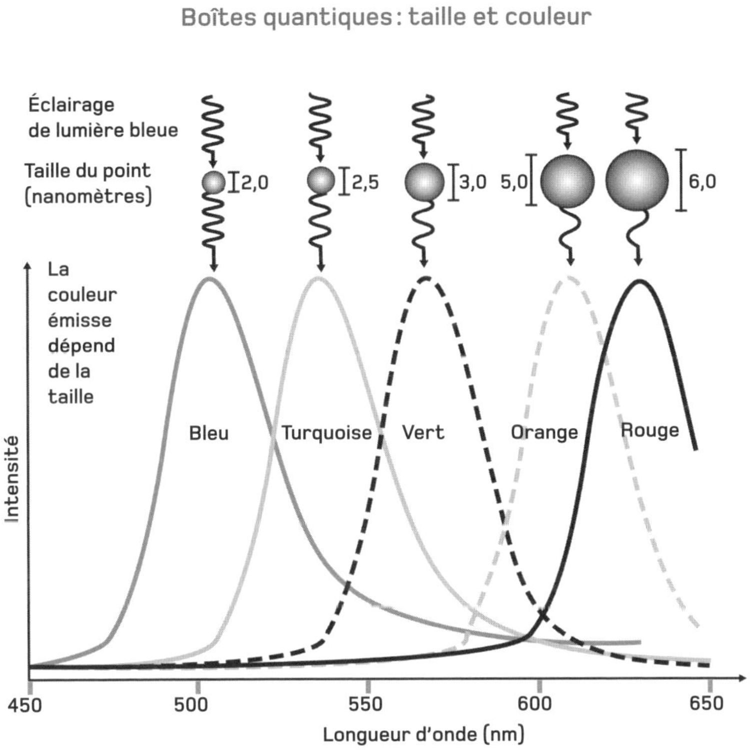
Boîtes quantiques : taille et couleur
Éclairage de lumière bleue
Taille du point (nanomètres)
2,0
2,5
3,0
5,0
6,0
La couleur émisse dépend de la taille
Intensité
Bleu
Turquoise
Vert
Orange
Rouge
450
500
550
600
650
Longueur d'onde (nm)

Superfluides

Lorsque certains liquides, comme l'hélium liquide, sont refroidis à quelques degrés au-dessus du zéro absolu, ils perdent toute viscosité. Sous une légère impulsion, ils s'écouleront vers le haut ou se glisseront hors des conteneurs et par-dessus des obstacles. Soumis à la rotation, un superfluide crée des tourbillons quantiques qui ont une vorticité quantifiée et sont capables de tournoyer à l'infini. Les superfluides sont des condensats de Bose-Einstein (voir page 114), systèmes dans lesquels les bosons passent sur le niveau d'énergie le plus bas possible et évitent ainsi les collisions, ce qui abaisse formidablement la viscosité. En tant que solvants quantiques, les superfluides peuvent dissoudre les substances chimiques jusqu'à une couche de quelques molécules, entourées par une couche de solvatation quantique qui leur permet de tourner librement. Cela s'avère utile pour l'étude des molécules individuelles de gaz. Les superfluides dépourvus de frottement visqueux ont aussi été utilisés dans un gyroscope de haute précision et aussi comme moyen de « piéger » le rayonnement électromagnétique : l'interaction entre photons et superfluides peut ralentir la vitesse de la lumière à 17 m/seconde.

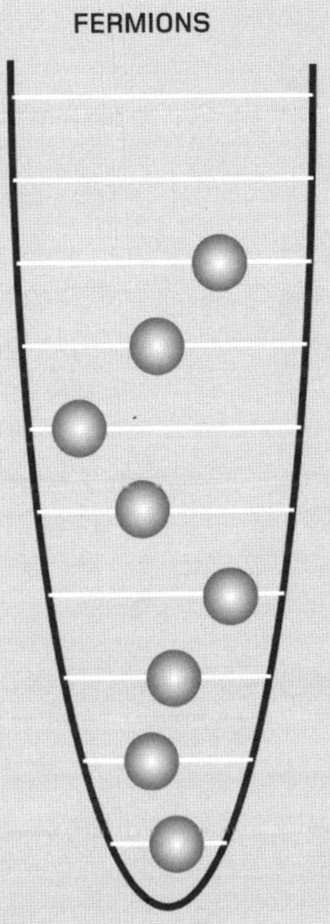

Les fermions obéissent au principe d'exclusion de Pauli – les particules sont forcées d'occuper des états quantiques différents.

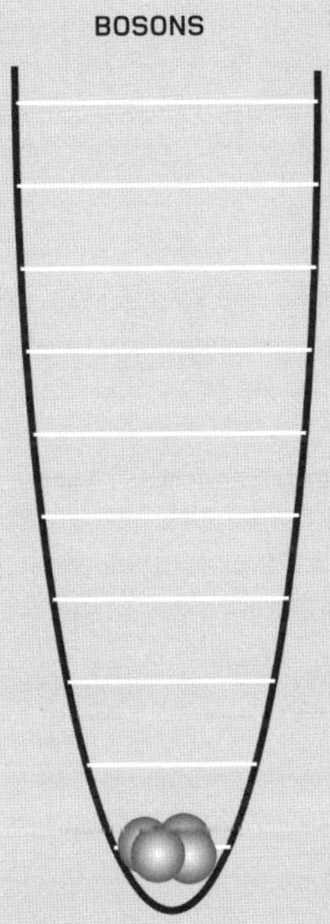

Les bosons refroidis peuvent passer à l'état énergétique le plus bas, leur permettant de montrer un comportement identique, comme des propriétés de superfluide.

Supraconductivité

Lorsque certains métaux, comme le plomb, le niobium, le mercure et le rhodium, sont refroidis jusqu'à quelques degrés au-dessus du zéro absolu, leur résistance électrique devient d'un coup presque nulle. Ils deviennent des supraconducteurs, capables de maintenir un courant électrique sans perdre de l'énergie, en théorie pendant des milliards d'années. Les supraconducteurs repoussent aussi les champs magnétiques, ce qui sous-tend la lévitation magnétique. Dans les métaux, les ions (noyaux atomiques chargés) sont disposés dans une structure réticulaire, entourés par des électrons. Normalement, les ions vibrent et entrent en collision avec les électrons passant devant eux, générant une résistance électrique. Cependant, quand ils sont refroidis en dessous d'une température critique, les électrons commencent à former des paires qui défient le principe d'exclusion de Pauli, car ils ont des états quantiques similaires. L'énergie de ces « paires de Cooper » diminue spectaculairement et, dans la structure réticulaire, une bande interdite apparaît au-dessus des électrons. Comme ils n'ont pas assez d'énergie pour la traverser, ceux-ci ne peuvent pas entrer en collision avec les ions, si bien qu'il n'y a pas de résistance électrique.

Intérieur d'un supraconducteur

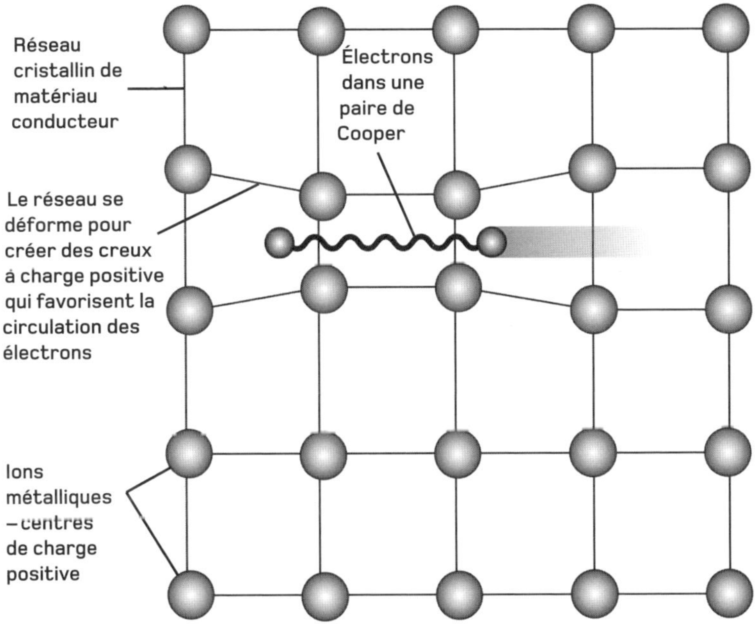

Chimie quantique

Comme elle travaille davantage avec les molécules qu'avec les atomes ou les particules, la chimie est généralement considérée comme un domaine d'une échelle plus grande que la physique des particules. Néanmoins, les propriétés quantiques des atomes affectent de nombreux aspects de la chimie. Les liaisons chimiques sont formées par l'échange ou le partage d'électrons entre différents atomes afin que chacun arrive à une configuration orbitale relativement stable (orbite soit complète, soit à moitié complète). On comprend donc que la physique quantique, en changeant notre compréhension des électrons et de leurs orbites, a eu aussi un impact sur nos idées quant à ces liaisons.

Dès 1927, les physiciens allemands Walter Heitler et Fritz London ont utilisé l'équation d'onde de Schrödinger nouvellement formulée pour modéliser la structure de la liaison entre deux atomes d'hydrogène. Les chimistes quantiques actuels utilisent une diversité de techniques, incluant la modélisation sur ordinateur, pour mieux comprendre la distribution des propriétés de l'électron dans les molécules plus complexes, et la façon dont cela affecte leurs propriétés à plus grande échelle.

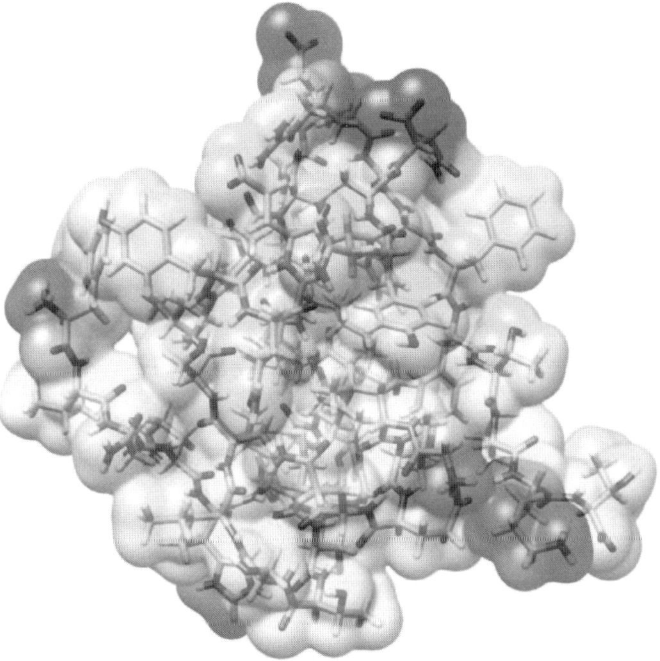

En utilisant la mécanique quantique pour modéliser la distribution des électrons, les scientifiques peuvent mieux comprendre la forme et la fonctionnalité des substances chimiques complexes, comme cette molécule d'insuline.

Biologie quantique

Toutes les choses animées comptent sur le transfert et la conversion de l'énergie pour rester en vie ; quelle que soit l'énergie convertie, un processus quantique est d'habitude impliqué. Le domaine en développement de la biologie quantique tente d'expliquer les processus biologiques à travers le prisme de la mécanique quantique. La plupart des fonctions de la vie végétale et animale reposent sur des réactions chimiques, elles-mêmes attribuées au comportement quantique des électrons. L'absorption de la lumière peut être utilisée pour générer de l'énergie chimique ou envoyer une information aux organes sensoriels. Les neurones sont les points nodaux des réseaux chimique et électrique qui opèrent dans le cerveau à un niveau quantique. Les enzymes, les chevaux de labour biologiques qui catalysent les réactions chimiques prenant place dans le corps, semblent utiliser l'effet tunnel pour faire passer les électrons à travers les barrières énergétiques autrement insurmontables entourant les molécules. Si on arrive à comprendre le fonctionnement de ces processus, on arrivera à créer des catalyseurs artificiels pour générer de l'énergie et former de nouvelles molécules qui respectent l'environnement.

À un niveau fondamental, les fonctions biologiques, comme le passage des signaux nerveux entre les synapses, dépendent des processus chimiques et électriques plongeant leurs racines dans la mécanique quantique.

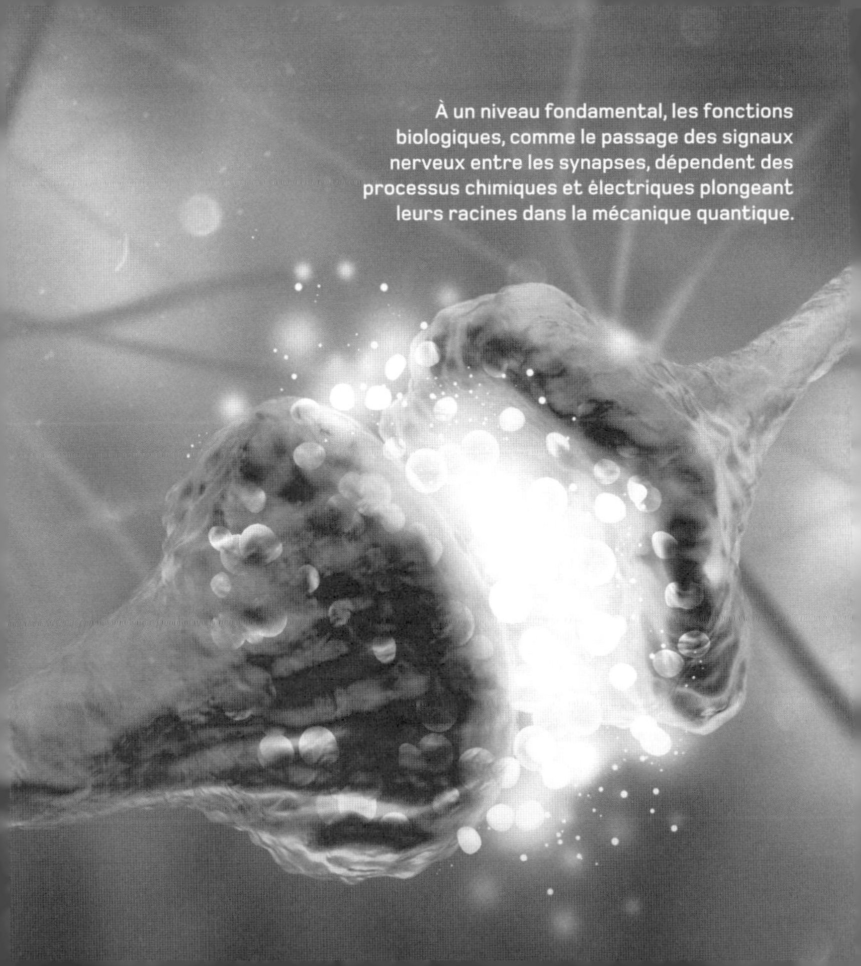

Boussoles biologiques

Nombre d'animaux montrent un sens particulier qui leur permet de détecter le champ magnétique de la Terre, à l'exemple des oiseaux migrateurs qui suivent les lignes de force magnétiques pour voler autour de la planète.
Une explication possible de ce phénomène est la présence dans le système sensoriel des oiseaux d'un oxyde de fer, la magnétite. Leur forte aimantation permet à ces grains individuels de magnétite de s'aligner au magnétisme de la Terre. Une autre explication implique toutefois la mécanique quantique. Certaines protéines, sensibles à la lumière bleue, créent deux radicaux, molécules ou atomes très réactifs à un seul électron de valence. L'effet du magnétisme de la Terre sur leurs spins quantiques garde actives plus longtemps les protéines sensibles à la lumière bleue et induit une modification de la vision de la couleur que détectera un oiseau migrateur. Il a même été suggéré que les électrons de valence de chaque radical pourraient être intriqués, assurant que lorsqu'un s'y aligne avec le champ magnétique, l'autre s'aligne aussi.

Photosynthèse quantique

Peut-être assez surprenant, l'un des processus essentiels qui ont permis la vie sur la Terre doit aussi sa réussite à la physique quantique. Les végétaux obtiennent de l'énergie grâce à la photosynthèse, en se servant de l'énergie du Soleil pour transformer l'eau et le dioxyde de carbone en glucose. La clé de ce processus est la chlorophylle – pigment vert – et, plus spécifiquement, les chromophores qui captent l'énergie du Soleil. Lorsqu'un photon est absorbé par la chlorophylle, son énergie génère des vibrations moléculaires dans une paire de chromophores qui ne peuvent être décrits qu'en termes quantiques. Ces vibrations véhiculent l'énergie autour de la structure cellulaire d'une feuille. L'efficacité de ce transport est accrue quand l'énergie d'une paire de chromophores qui vibrent correspond aux transitions vibratoires de ceux-ci, aboutissant à l'échange de quanta d'énergie. Chose remarquable, la chlorophylle montre ce comportement quantique à des températures chaudes, alors qu'on pourrait s'attendre à ce qu'il soit couvert par les autres vibrations moléculaires. On peut apprendre beaucoup d'une modeste feuille.

Vision quantique

Les yeux sont des détecteurs biologiques identifiant les photons de lumière ; peu étonnant donc que le processus de vision implique la physique quantique. La rétine, à l'arrière de l'œil, est tapissée de photorécepteurs, cellules qui convertissent les photons de lumière en signaux électriques en utilisant une substance chimique, le rétinal, dont la structure se modifie à la suite de l'absorption d'un photon de lumière. C'est la première étape d'une voie électrochimique qui finit par les signaux envoyés au cerveau. Toutefois, lors de cette analogie biologique de l'effet photoélectrique, un photon doit être le vecteur d'un certain volume quantifié d'énergie pour activer le rétinal.
Cela explique une bizarrerie biologique. Le corps humain chaud produit de grands volumes de rayonnement thermique (infrarouge), qui s'infiltre inévitablement dans les yeux. Un million de fois plus de photons pénètrent dans les yeux depuis le corps que depuis le monde extérieur – pourquoi ne voit-on pas ce rayonnement thermique quand on ferme les yeux ? En fait, même s'il y a plus de photons thermiques, aucun n'est le vecteur d'assez d'énergie pour activer le rétinal.

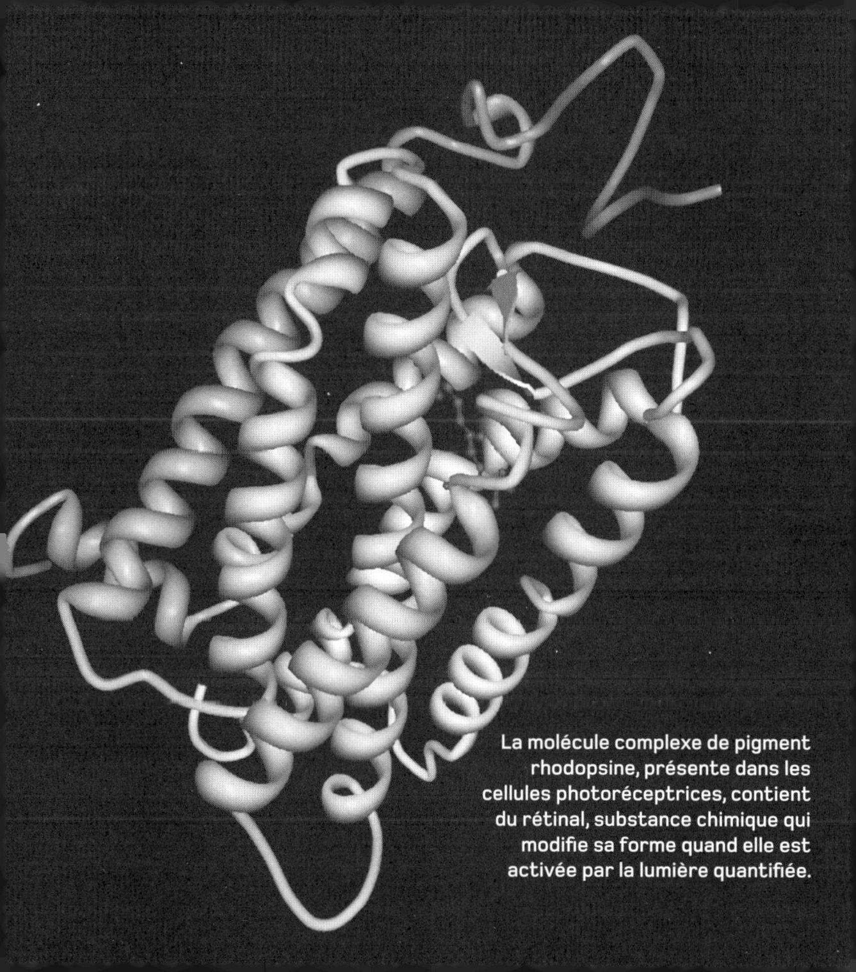

La molécule complexe de pigment rhodopsine, présente dans les cellules photoréceptrices, contient du rétinal, substance chimique qui modifie sa forme quand elle est activée par la lumière quantifiée.

Conscience quantique

La physique quantique pourrait-elle être à la source de la conscience humaine ? De nombreux physiciens ont spéculé là-dessus, y compris Niels Bohr et Eugene Wigner. L'un des défenseurs de la conscience quantique est le physicien britannique Roger Penrose. De concert avec l'anesthésiste Stuart Hameroff, Penrose a proposé une théorie, la réduction objective, qui affirme que la conscience est un effet de la gravitation quantique.

Selon Penrose et Hameroff, la gravitation quantique se manifeste sous forme de vibrations spatio-temporelles à l'intérieur d'infimes polymères protéiques, les microtubules, situés dans les neurones. Une superposition des états quantiques générés par les microtubules montre une décohérence régulière plutôt qu'instantanée, créant instant après instant une prise de conscience. En 2014, Penrose et Hameroff sont allés plus loin, affirmant que le rythme des ondes cérébrales est la preuve de la présence des vibrations spatio-temporelles dans les microtubules.

Structure d'un neurone

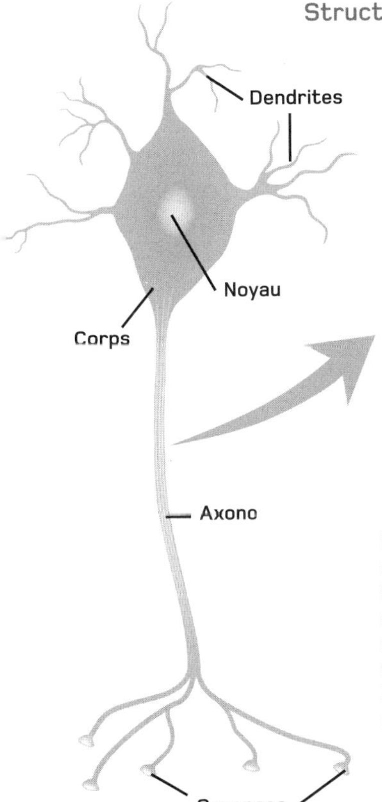

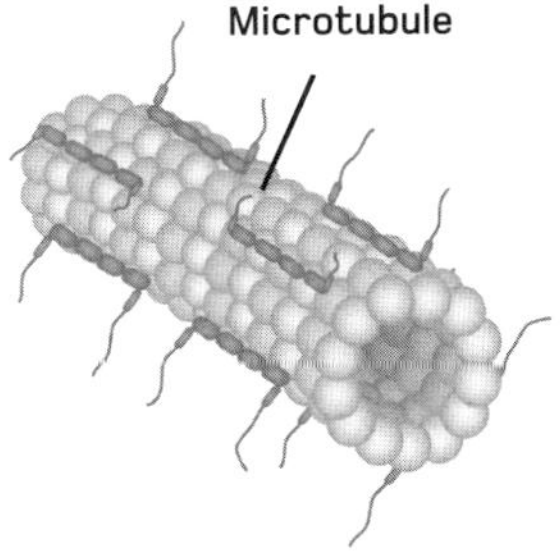

Des molécules complexes, les microtubules, sont des composantes vitales des cellules de la plupart des organismes vivants. Nombre de scientifiques ont prôné que la structure moléculaire des microtubules des neurones fait de ceux-ci un emplacement idéal pour le comportement quantique susceptible de former la base de la conscience.

Contre la conscience quantique

Beaucoup de scientifiques ont jeté une douche froide sur les affirmations que la conscience humaine est due à des effets quantiques. Le chef de file de ces sceptiques a été Max Tegmark du Massachusetts Institute of Technology. Soulignant que le cerveau est une structure chaude et très complexe, il a effectué des calculs suggérant que toute superposition quantique susceptible de se manifester là entrera en décohérence plus rapidement que le temps dont les neurones ont besoin pour faire passer un signal entre eux. Donc, si cet état quantique existe, il ne pourrait pas avoir d'effet sur le fonctionnement du cerveau. Toutefois, depuis l'analyse de Tegmark des études ont montré que les créatures vivantes peuvent utiliser effectivement à leur profit les effets quantiques, comme la photosynthèse des plantes et le sens de magnétoréception des oiseaux migrateurs. En dernière analyse, le cerveau humain est bien trop complexe pour qu'on en établisse déjà un modèle correct, ce qui signifie qu'il y a encore de la place pour des théories de la conscience quantique aux côtés des théories mieux étayées prônant que le cerveau peut être décrit par la physique classique.

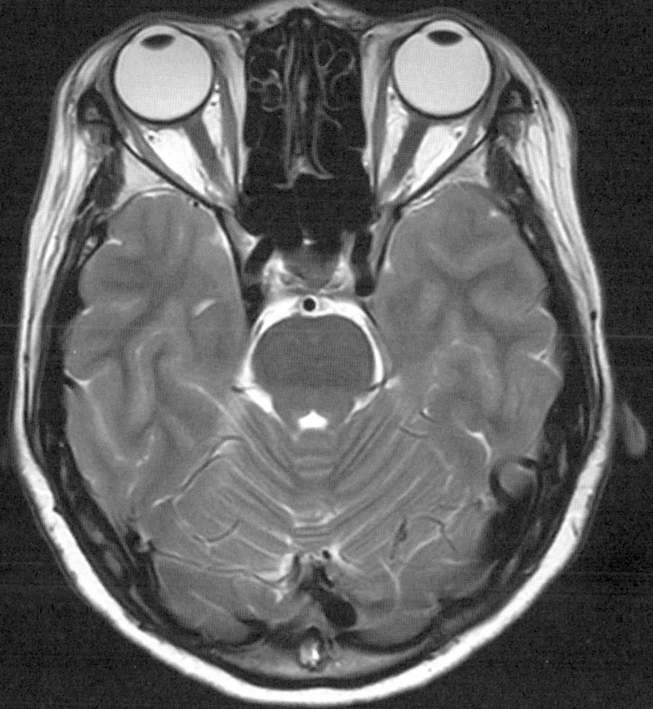

Le cerveau humain est-il simplement trop complexe et bruyant pour que d'infimes effets quantiques fassent sentir leur influence ?

Pas de libre arbitre ?

D'un point de vue philosophique, le fait de savoir si la mécanique quantique permet ou non le libre arbitre est son effet le plus significatif. Pour bon nombre de physiciens quantiques et de philosophes, le déterminisme, qui dit que l'Univers est prévisible, débouche sur le fait que toutes nos actions et décisions sont elles aussi en essence prévisibles (si, bien entendu, on dispose de la capacité de calcul nécessaire, d'une compréhension complète des processus impliqués et de l'accès à l'ensemble de l'information concernant l'Univers). D'autres suggèrent que la nature probabiliste aléatoire de la mécanique quantique écarte en réalité le libre arbitre : si rien ne peut être prédit avec précision, on n'a pas vraiment voix au chapitre quant à ce qui se passe à la suite de ses actions. Dans les deux cas, le libre arbitre serait une illusion. Sabine Hossenfelder, physicienne allemande, a proposé l'existence de fonctions du libre arbitre, lois cachées susceptibles de susciter quelque chose qui semble être du libre arbitre. Néanmoins, que cette distinction soit suffisante pour affecter la perception humaine, c'est tout à fait autre chose.

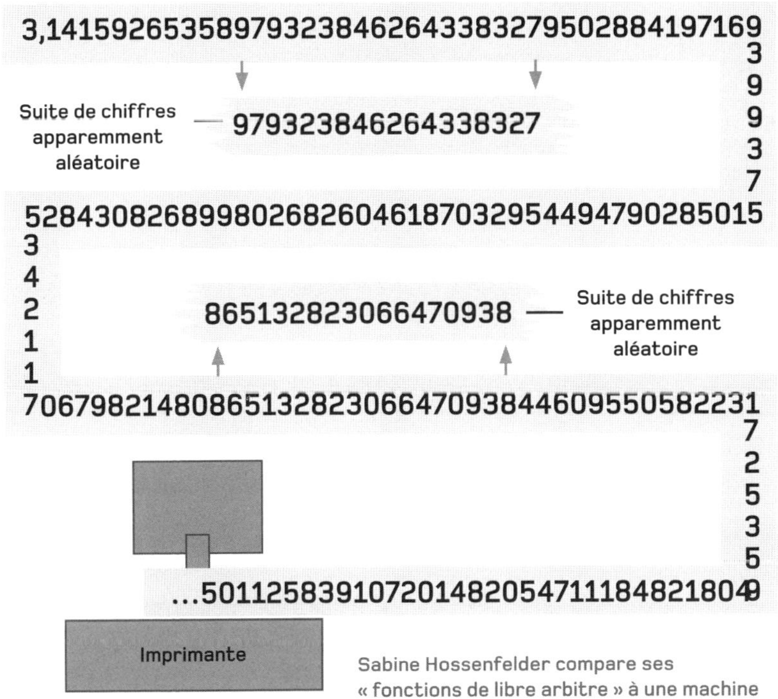

Sabine Hossenfelder compare ses « fonctions de libre arbitre » à une machine qui imprime séquentiellement un chiffre du nombre π par seconde : si vous lisez une partie de la sortie papier d'une telle machine sans rien savoir à son sujet, les chiffres vous paraîtront aléatoires et imprévisibles.

Calcul quantique

Les ordinateurs quantiques promettent de changer le monde de manière encore inimaginable. Notre âge de l'information nous inonde de données – des réseaux sociaux aux résultats des expériences scientifiques –, et les ordinateurs numériques traditionnels ont du mal à analyser les énormes volumes d'information. Les ordinateurs quantiques, quant à eux, disposent d'une capacité de traitement en parallèle pour faire face à ces défis. Alors que les ordinateurs numériques stockent l'information en tant que « bits » binaires qui prennent une valeur soit 0, soit 1, les ordinateurs quantiques utilisent la superposition des états quantiques des particules pour stocker l'information en q-bits. La superposition accroît la vitesse de traitement des ordinateurs quantiques : alors qu'un ordinateur ordinaire n'effectue qu'un calcul à la fois, un ordinateur quantique peut travailler simultanément sur des millions de calculs. À l'avenir, ces équipements puissants traiteront et analyseront des volumes colossaux de données, en plus de résoudre des problèmes mathématiques complexes applicables à des domaines comme la modélisation de l'environnement, la guérison des maladies et l'étude du monde quantique.

Q-bits (qubits)

Pensez à un q-bit comme à un quantum d'information – l'unité la plus simple et la plus petite d'information possible. Alors qu'un bit normal ne peut prendre que l'un des deux états (0 ou 1, vrai ou faux, oui ou non), un q-bit peut exister en tant que 0 et 1, vrai et faux, oui et non, car ses états quantiques sont superposés, comme ceux du chat de Schrödinger, jusqu'à ce qu'une mesure soit effectuée. Les q-bits peuvent être des atomes, des ions, des électrons, des condensats de Bose-Einstein, des circuits supraconducteurs (jonction Josephson) ou même des photons individuels de lumière.

L'information d'un q-bit est codée dans ses propriétés quantiques, comme le spin d'un électron ou la polarisation d'un photon. Le nombre d'états possibles est égal à 2^N, où N est le nombre de q-bits, donc deux q-bits peuvent traiter simultanément quatre états et six q-bits peuvent traiter simultanément 64 états. En fin de compte, chaque q-bit peut produire une seule réponse lorsqu'il est mesuré, mais la superposition des états fournit une extraordinaire puissance de traitement.

Bit classique et q-bit

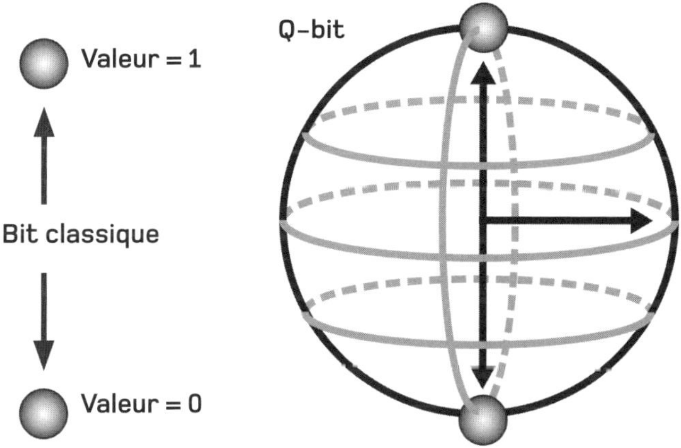

Un bit normal d'information ne peut prendre que deux états, 1 ou 0

Un q-bit peut exister en une superposition d'états 1 et 0, permettant à une matrice de q-bits de traiter simultanément d'énormes volumes d'information.

Types d'ordinateurs quantiques

Les physiciens qui développent des ordinateurs quantiques ne s'attendent pas à réaliser immédiatement un modèle haut de gamme. Leur développement passe par trois étapes déterminantes. La plus basique, utilisant la méthode du recuit simulé quantique, considère les états quantiques variables comme une sorte de carte topographique montrant des collines et des vallées (voir ci-contre). Des appareils capables d'effectuer cette étape ont été construits, mais la technique n'est utile que pour des problèmes spécifiques. Ils ne se sont pas avérés considérablement plus rapides que les ordinateurs classiques.

L'étape suivante, l'ordinateur quantique analogique, sera plus rapide qu'un ordinateur ordinaire. Un tel appareil opérera avec environ 50 à 100 q-bits et, lui aussi, ne pourra résoudre que certains types de problèmes, mais ce sera une étape décisive sur la voie de la réalisation d'un véritable ordinateur quantique universel. Équipé de 100 000 q-bits, un tel appareil montrerait une rapidité exponentielle par rapport aux ordinateurs actuels.

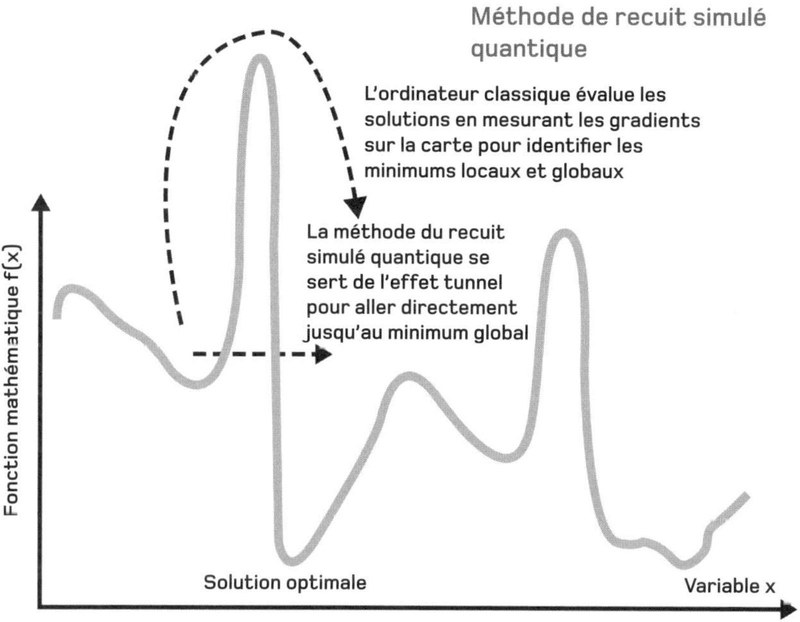

La méthode du recuit simulé quantique considère les problèmes mathématiques d'une manière analogue à celle d'une carte topographique, avec des collines et vallées, et une solution au fond de la vallée la plus basse de la carte (le « minimum global »). Un ordinateur classique devra parcourir toute la carte pour trouver la solution correcte, alors qu'un ordinateur quantique pourra utiliser efficacement l'effet tunnel pour traverser les collines afin de trouver la réponse en quelques instants.

Problèmes de décohérence

Le plus notable problème auquel sont confrontés les ordinateurs quantiques est la décohérence, le déphasage de la fonction d'onde quand l'état quantique d'un q-bit est mesuré (voir page 176). La décohérence fera disparaître la superposition d'un q-bit, de sorte qu'au lieu d'être en un état de 0 et 1, il serait forcé de prendre l'une ou l'autre de ces valeurs.

La décohérence, difficile à éviter, transforme un ordinateur quantique en un ordinateur classique. Les q-bits devront être isolés de l'interférence extérieure qui causera le déphasage de leurs fonctions d'onde. L'intrication offre un moyen de mesurer l'état de l'ordinateur sans perturber les q-bits qui réalisent les calculs. Toutefois, bon nombre des scientifiques qui développent les systèmes de calcul quantique considèrent qu'il faut gérer la décohérence ; elle sera toujours présente, et un certain degré pourra être toléré. Cela est possible en utilisant un ordinateur disposant d'un grand nombre de q-bits, afin que le taux d'erreur causé par la décohérence soit réduit en comparaison du nombre de q-bits.

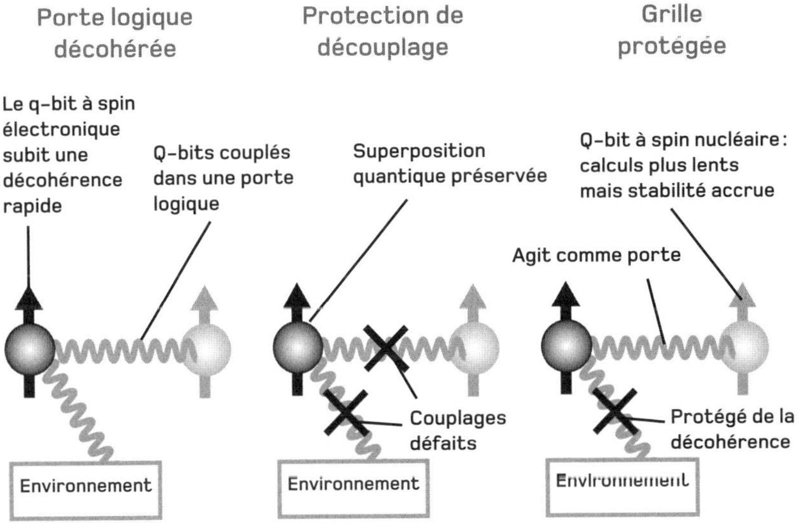

Une porte logique à deux q-bits (voir page 380) perd la fidélité à travers les interactions avec son environnement.

Isoler les q-bits conserve l'information, mais empêche leur fonctionnement dans une porte logique.

Les grilles « protégées » peuvent intriquer deux q-bits différents tout en isolant le système de la décohérence.

Contrôler les q-bits

Isoler les q-bits d'un ordinateur quantique pour éviter la décohérence exige des moyens de les piéger et de les garder sans causer le déphasage de leurs fonctions d'onde. Les ordinateurs qui se servent d'atomes comme q-bits peuvent utiliser un réseau de lasers – un réseau optique – pour créer des puits de potentiel où les faisceaux se croisent, piégeant les atomes dans ces régions-là. Les ions à charge électrique, quant à eux, peuvent être confinés par les champs électromagnétiques et pourraient véhiculer l'information grâce à leurs mouvements collectifs à mesure que leurs charges s'influencent mutuellement. Les boîtes quantiques (voir page 348) peuvent être utilisées pour contrôler les électrons qui se disposent eux-mêmes sur des orbites autour d'elles, mais les ordinateurs quantiques reposant sur la lumière sont plus problématiques, car les photons n'interagissent pas les uns avec les autres. Les miroirs et certains dispositifs, les séparatrices, pourraient permettre de confiner la lumière, tout comme les atomes de Rydberg – gros atomes qui, ensemble, ralentissent de beaucoup la lumière – ouvrant la voie aux circuits d'ordinateur quantique faits de lumière.

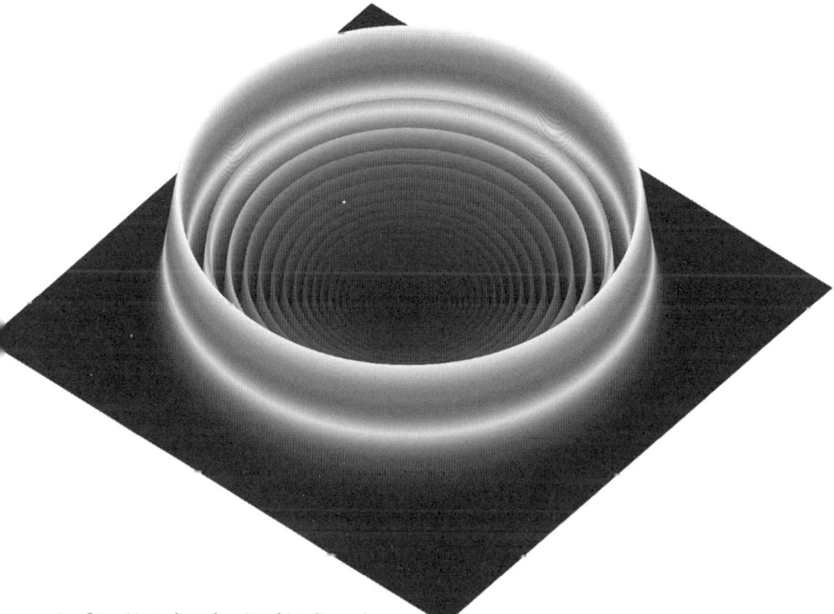

La fonction d'onde simulée d'un atome de Rydberg – un possible moyen de confiner les photons pour les utiliser lors des calculs quantiques.

Portes logiques quantiques

Un ordinateur classique utilise de petits composants, des portes logiques, qui réalisent des fonctions logiques simples dépendantes des signaux électroniques (bits de données binaires) qu'ils reçoivent. Par exemple, une porte ET multiplie deux valeurs d'entrée, une porte OU additionne deux valeurs d'entrée et une porte NON inverse une seule valeur d'entrée. Il y a d'autres variantes de ces portes, mais seule la porte NON est réversible ; les autres sont à sens unique. Toutes les portes logiques quantiques, quant à elles, sont réversibles. Les séries des portes quantiques forment des circuits quantiques, et puisqu'elles ne réalisent que des fonctions basées sur une ou deux entrées, leur comportement peut être décrit en termes de matrices soit 2 x 2, soit 4 x 4. On peut avoir plus de portes quantiques que de portes logiques classiques, chacune réalisant une fonction différente. Au début, les portes quantiques ont été faites de matériaux exotiques comme les atomes de Rydberg et les photons, mais en 2015 les chercheurs ont réussi à bâtir pour la première fois une porte quantique en silicium, avancée majeure vers un ordinateur quantique pratique.

Une porte CNOT réalise une opération binaire « NON » sur un q-bit, faisant passer son état de 0 à 1 ou *vice-versa*, mais uniquement si un deuxième q-bit de contrôle présente un état « 1 ». En 2013, les chercheurs ont réussi à bâtir une telle porte en utilisant un photon et une boîte quantique (voir page 348).

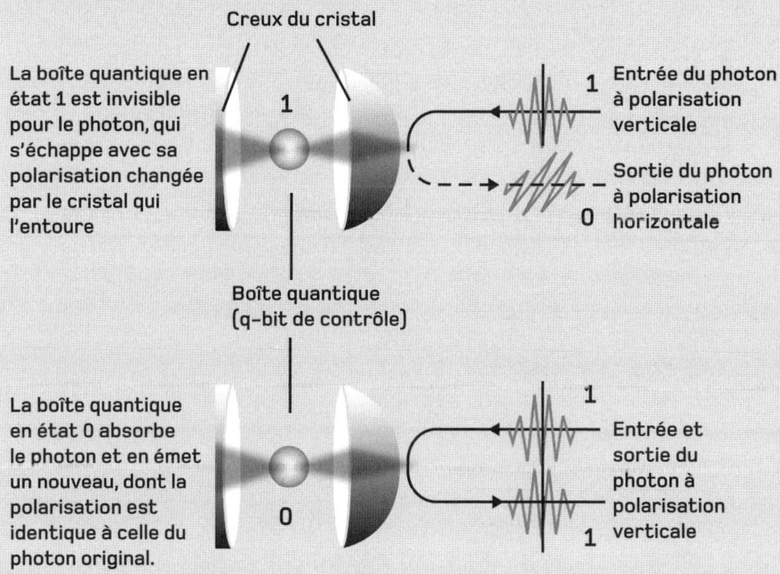

Algorithmes quantiques

Un algorithme est un ensemble de règles dont l'application permet à un ordinateur d'effectuer une tâche plus ou moins complexe. Les algorithmes ordinaires peuvent fonctionner sur des ordinateurs quantiques ; des algorithmes quantiques spécialement conçus permettent de profiter de la capacité inhérente de traitement en parallèle des q-bits.

Comme ces algorithmes fonctionnent sur le principe de la découverte d'une solution à partir d'une des deux réponses (0 ou 1, vrai ou faux, et ainsi de suite), ils ne peuvent rien faire d'illogique ou de théoriquement impossible pour un ordinateur classique, mais résolvent les problèmes bien plus rapidement. Une tâche qui prendrait des siècles avec un ordinateur classique pourrait être achevée en quelques minutes grâce à un algorithme quantique

Les algorithmes utilisent des portes logiques quantiques pour agir sur un nombre donné de q-bits de données entrantes, culminant en une mesure qui révèle un résultat. Parmi les plus importants, on compte l'algorithme de Grover (ci-contre) et l'algorithme de Shor.

Algorithme de Grover

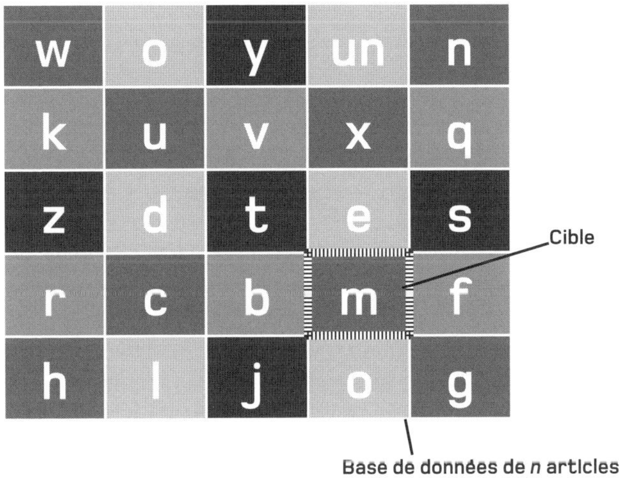

L'algorithme de Grover est un algorithme quantique simple permettant de trier une base de données et d'y trouver un article spécifique.

Solution classique : n requêtes nécessaires pour garantir la découverte de la cible.

Solution quantique : √n requêtes nécessaires pour garantir la découverte de la cible.

Correction de l'erreur quantique

Les ordinateurs quantiques sont si délicats qu'on peut changer littéralement l'état des q-bits rien qu'en les regardant. La décohérence introduira inévitablement du « bruit » et les portes logiques introduiront de temps à autre des erreurs, tout comme cela arrive pour les ordinateurs classiques. Traditionnellement, la manière la plus simple de corriger de telles erreurs est la redondance ; des bits d'information sont copiés et envoyés de multiples fois. S'il y a des erreurs, la répétition est brouillée et l'ordinateur peut détecter et corriger l'erreur. Cependant, cette procédure ne fonctionne par pour les q-bits, dont on ne peut pas copier les états quantiques, qui ne sont pas connus – théorème de non-clonage. Toutefois, l'information stockée sur un q-bit peut être disséminée par intrication sur de multiples q-bits, par exemple la codant sur les spins de trois électrons. Ceci fait, les erreurs peuvent être détectées en faisant appel à un type de mesure qui ne perturbe pas la superposition et suggère diverses procédures de récupération capables de corriger les erreurs sans provoquer une autre décohérence.

Procédure simplifiée de correction d'erreur

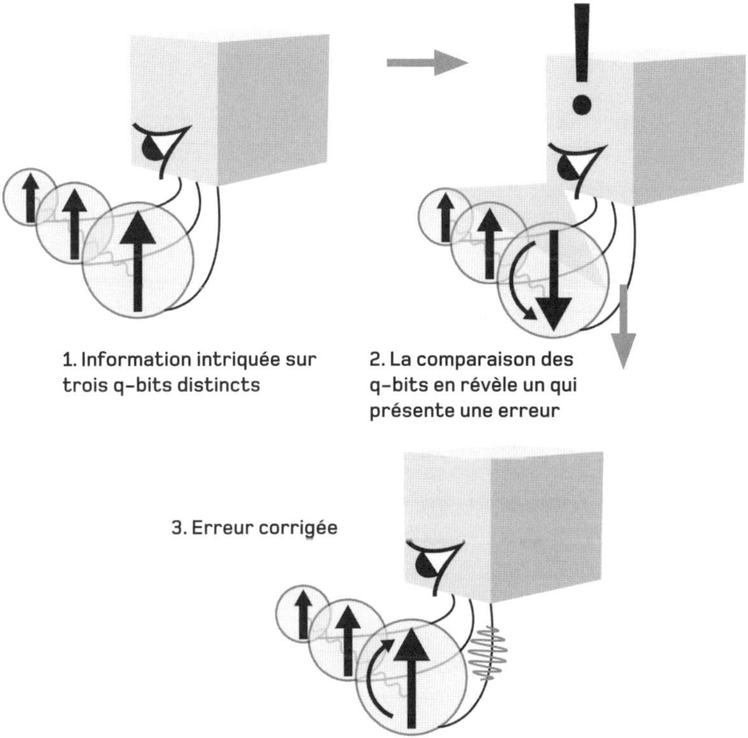

Simulations quantiques

Peu surprenant, les processus et les systèmes quantiques sont difficiles à simuler sur les ordinateurs classiques. Une tâche majeure de l'ordinateur quantique sera de permettre une meilleure compréhension de la physique quantique, ainsi que de ses applications.
Considérons, par exemple, les collisions prenant place dans un accélérateur de particules, tel que le Grand collisionneur de hadrons. Avant que l'expérience réelle soit menée, un puissant ordinateur quantique pourrait modéliser ces collisions lors d'une expérience virtuelle, mettant en évidence en grand détail les énergies générées et les particules filles obtenues. Chose plus exotique, les ordinateurs quantiques peuvent être utilisés pour décrire les conditions présentes au cœur des étoiles de neutrons, où les températures et les pressions sont si grandes que la matière pourrait prendre la forme de superfluides supraconducteurs gouvernés par l'interaction nucléaire forte. Des applications plus ordinaires pourraient inclure une meilleure connaissance des matériaux supraconducteurs à haute température, et même la conception de meilleurs ordinateurs quantiques !

Simuler les collisions dans les accélérateurs de particules fait travailler pendant des heures les superordinateurs actuels, alors que les futurs ordinateurs quantiques pourront effectuer des tâches similaires en quelques minutes.

Construire des ordinateurs quantiques

L'ordinateur quantique en est encore à ses balbutiements: le premier essai expérimental d'un algorithme quantique a pris place en 1998 à Oxford, utilisant seulement deux q-bits dans un appareil d'IRM. La même année, un ordinateur à trois q-bits a été construit. En 2000, le Los Alamos National Laboratory (États-Unis) disposait d'un ordinateur quantique à résonance magnétique nucléaire fonctionnel à sept q-bits. Toutefois, ces systèmes étaient si basiques qu'ils ne pouvaient résoudre que des problèmes des plus simples. En 2001, l'algorithme de Shor a été le premier à être mis à l'épreuve à l'université Stanford. Un ordinateur quantique à sept q-bits est parvenu à factoriser le nombre 15 (ses deux facteurs premiers, le 3 et le 5) grâce à l'algorithme de Shor. En 2012, D-Wave, entreprise canadienne, a construit un ordinateur à 84 q-bits en utilisant la méthode du recuit simulé quantique. En 2015, elle a annoncé le premier microprocesseur à 1000 q-bits. Toutefois, beaucoup de scientifiques sceptiques soulignent que même si techniquement ces ordinateurs peuvent être appelés quantiques, en pratique ils ne sont pas plus rapides que les ordinateurs classiques.

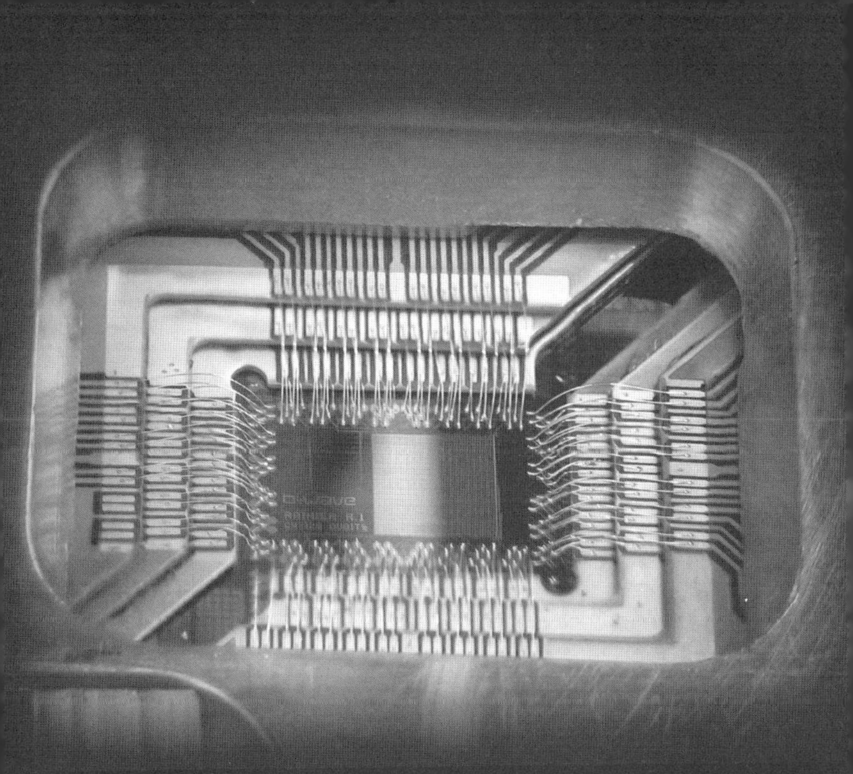

Microprocesseur quantique à 128 q-bits de l'entreprise canadienne D-Wave.

Défis futurs

La mécanique quantique n'est pas un coin isolé du monde scientifique. Elle sous-tend pratiquement chaque aspect de la physique, de la chimie et même de la biologie – de l'électronique à l'astrophysique et de la médecine à la science des matériaux. La compréhension du monde quantique joue un rôle central pour les avancées dans ces domaines et dans bien d'autres. Les nouvelles technologies, les nouvelles sources d'énergie et l'utilisation des ordinateurs quantiques feront partie de notre avenir quantique. Des applications ne seront pas les seules à être développées. Des signes d'interrogation fondamentaux subsistent quant à la signification de certains aspects essentiels de la mécanique quantique. La fonction d'onde est-elle une vraie onde ou seulement un concept abstrait ? La conscience humaine est-elle un élément clé quant à la détermination de la réalité quantique qui nous entoure ? Pouvons-nous unifier la physique quantique avec d'autres théories ? Apprendrons-nous jamais l'origine du Big Bang et la vraie nature de l'Univers ? Ce sont là de grandes questions, mais si nous arrivons à résoudre ces défis quantiques, les récompenses seront extraordinaires.

Le développement de panneaux solaires plus efficaces, moins chers, n'est que l'un des domaines pratiques où l'avenir sera façonné par notre meilleure maîtrise de la physique quantique.

Le rôle de l'observateur

Si l'acte d'observer et de mesurer une fonction d'onde provoque son effondrement, cela pose nombre de questions philosophiques. Si une chose n'est jamais observée, existe-t-elle ou reste-t-elle en un état de superposition ? Si cette dernière hypothèse est vraie, les vastes étendues de l'Univers où il n'y a pas d'observateurs subsisteront en tant que fonctions d'onde cohérentes. La majorité des physiciens quantiques écartent cette idée, soulignant que la fonction d'onde d'un objet est seulement une manière de décrire les propriétés quantiques d'un objet physique. Qui plus est, les « mesures » peuvent intervenir simplement par l'interaction avec d'autres particules et rayonnements, causant une décohérence, qu'il y ait ou non un observateur.

Tous les physiciens ne sont cependant pas prêts à écarter le rôle de l'observateur. Le physicien théoricien américain John Wheeler affirmait que l'Univers et l'observateur sont mutuellement dépendants ; l'un a besoin de l'autre, et il ne suffit pas d'effectuer simplement une mesure : un mental conscient doit interpréter cette mesure.

Effondrement objectif

Comme chacun le sait, l'interprétation de Copenhague est floue quant à certains aspects de la mécanique quantique. Par exemple, elle ne se prononce pas quant à la réalité de la fonction d'onde, mais la voit simplement comme une description de la nature probabiliste des états quantiques. L'interprétation d'Everett écarte ce flou en affirmant que l'onde *est* réelle et se ramifie en des univers distincts, bien qu'à son tour cela pose de nombreuses questions nouvelles.

Ces deux extrêmes laissent de la place pour d'autres modèles, dont l'un est la théorie de l'effondrement objectif. Comme son nom le suggère, elle traite la fonction d'onde comme un phénomène réel, avec un effondrement qui est lui aussi objectivement réel. Cependant, une fois que la fonction d'onde s'est effondrée, elle disparaît ; il n'y a pas de « ramification » comme dans l'interprétation d'Everett. Qui plus est, l'effondrement objectif intervient soit de façon aléatoire, soit à un certain seuil d'échelle, sans assigner de rôle particulier à l'observateur. Toutefois, les critiques soulignent un problème qui n'a pas encore été résolu : pour que l'énergie soit conservée, une petite partie de la fonction d'onde doit rester d'une certaine façon définie.

Nombre de scientifiques affirment que l'effondrement objectif est nécessaire pour que notre Univers riche en matière émerge du Big Bang.

Dans la variante le plus stricte de l'interprétation de Copenhague, l'absence d'une quelconque forme d'observateur après le Big Bang devrait signifier que les fonctions d'onde ne s'effondrent pas et que la matière reste délocalisée.

L'effondrement objectif permet aux fonctions d'onde de s'effondrer sans un observateur. La matière commence à former des masses localisées qui agissent comme des grains pour la structure cosmique à grande échelle.

L'Univers primordial

Créer de nouveau les conditions du Big Bang semble au-delà de la portée de tout accélérateur de particules dans un avenir prévisible. Actuellement, notre meilleur moyen de comprendre les origines de l'Univers est de sonder les profondeurs de l'espace et d'observer comment les objets astronomiques ont été influencés par la gravitation quantique pendant la première fraction de seconde qui a suivi le Big Bang. Cela exige une meilleure compréhension de l'inflation, de l'énergie noire et de la structure à grande échelle de la matière dans l'Univers actuel.

La clé se trouve dans le fond diffus cosmologique (voir page 218), le faible rayonnement d'ondes radio empreintes des conditions de l'Univers primordial. À ce jour, ses meilleures observations ont été effectuées par la sonde Planck de l'Agence spatiale européenne (ci-contre) entre 2009 et 2013. Les futures missions qui l'étudieront devraient être capables d'écarter jusqu'à trois quarts des modèles potentiels de l'inflation, nous rapprochant de la compréhension de l'Univers primordial quantique.

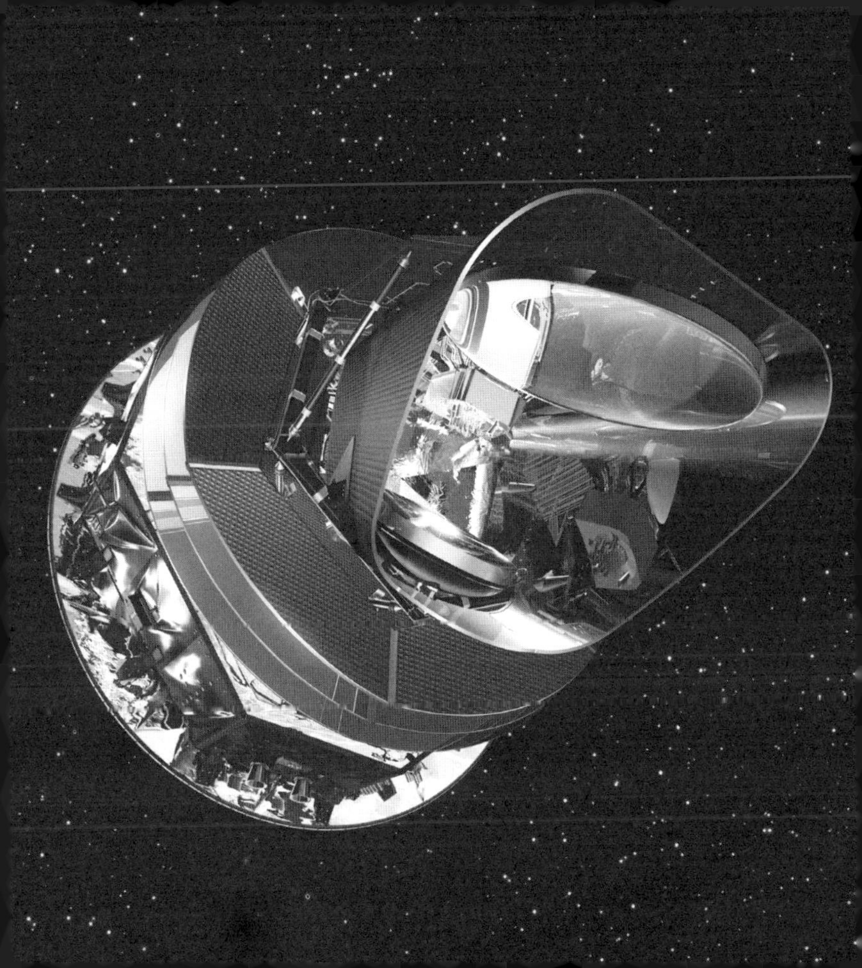

L'information est-elle détruite ?

En 1974, Stephen Hawking est devenu célèbre en découvrant que les trous noirs ne sont pas aussi infranchissables qu'ils le semblaient. Les particules virtuelles formées aux bords d'un trou noir peuvent produire le rayonnement de Hawking (voir page 242), réduisant la masse du trou noir jusqu'à ce qu'il disparaisse entièrement. Ce rayonnement de Hawking ne renferme toutefois aucune information provenant de l'intérieur du trou noir.
Lorsque la matière tombe dans un trou noir, elle renferme de l'information sous la forme de ses états quantiques. Hawking (ci-contre) ne voyait cependant pas comment son rayonnement pouvait conserver cette information et avait parié avec le physicien américain John Preskill que l'information était détruite. Il a dû s'avouer vaincu en 2004. Pourquoi ? La correspondance AdS/TCC (voir page 282) fournit une nouvelle description des trous noirs en tant que particules sur la frontière entre nos quatre dimensions et une cinquième, d'où notre Univers est projeté comme un hologramme. Ces particules opèrent selon les lois de la mécanique quantique, et *doivent* donc conserver l'information. Pourtant, le mystère reste entier quant à la manière dont l'information survit à un trou noir.

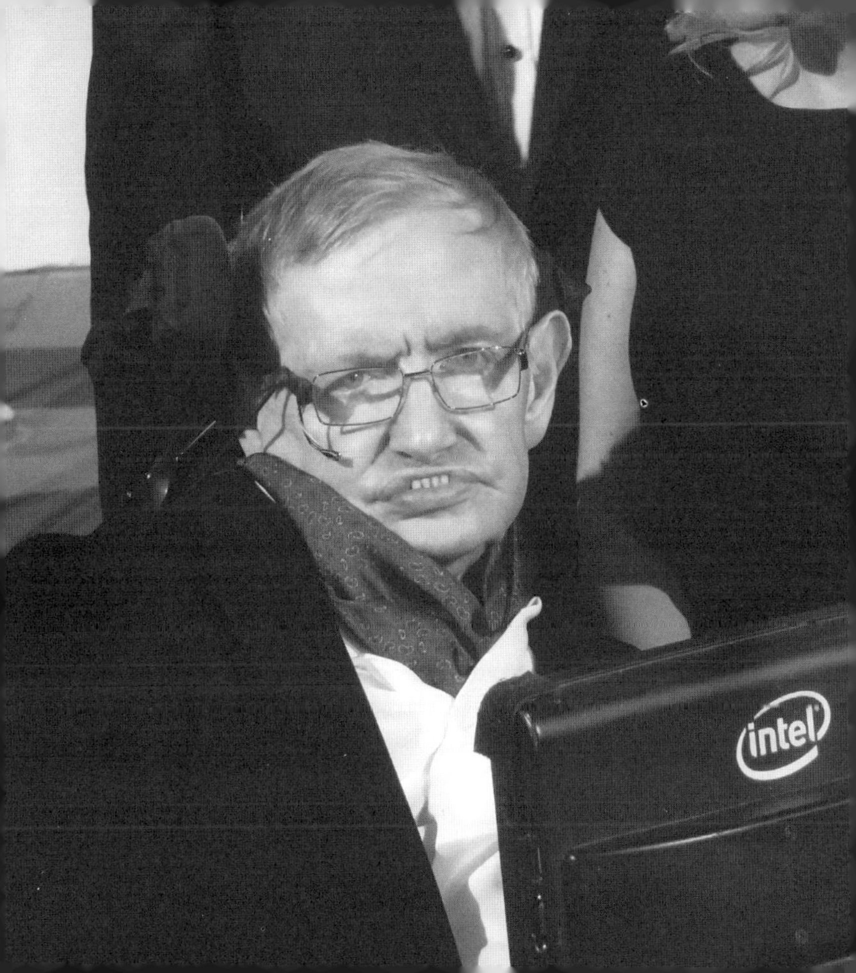
intel

Une vitesse de la lumière variable ?

Selon la physique conventionnelle, la vitesse de la lumière dans un vide est de 299 792 458 mètres par seconde, constante où que l'on soit dans l'Univers. Donc, pourquoi des scientifiques pensent-ils qu'elle peut varier ? En raison du principe d'incertitude d'Heisenberg, l'espace est rempli de particules virtuelles. Les photons se déplaçant à travers le vide de l'espace entreront inévitablement en collision avec celles-ci. Les énergies des particules pourraient potentiellement impartir un infime effet aux photons, les ralentissant d'une centaine de billionième de seconde par mètre. À travers des milliards d'années-lumière d'espace, cela peut aboutir à une différence détectable.

Une vitesse de la lumière variable a aussi été suggérée comme alternative à l'explosion d'inflation largement tenue pour être intervenue peu après le Big Bang (voir page 214). Si les constantes fondamentales peuvent changer, les lois de la physique le peuvent aussi, posant toutes sortes de problèmes à notre compréhension de l'Univers.

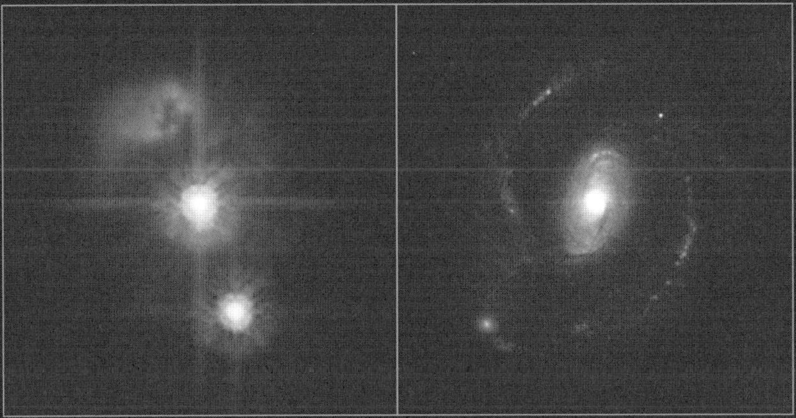

Nombre d'astronomes qui étudient la lumière des quasars distants affirment avoir découvert des variations dans la constante de structure fine, propriété qui définit la force des interactions électromagnétiques entre particules, donc aussi la vitesse de la lumière.

Matière extrême

La compréhension du comportement de la matière à des conditions extrêmes de température et de pression reste un énorme défi pour les physiciens. Sur la géante gazeuse Jupiter (ci-contre), des pressions quarante fois supérieures à la pression terrestre transforment l'hydrogène en liquide conducteur d'électricité, où les états quantiques de ses atomes créent de la matière qui est en même temps superfluide et supraconductrice. Les choses deviennent encore plus bizarres dans les étoiles de neutrons, où les pressions sont 10^{34} fois supérieures à la pression terrestre. Nombre de scientifiques spéculent que les neutrons pourraient se diviser en quarks individuels, constituant une nouvelle forme de matière, un plasma de quarks et de gluons.
Dans un monde où les différentes théories quantiques des champs sont unifiées (voir page 262), il y a des pressions et des températures encore plus élevées, comme celles du Big Bang. Les futurs accélérateurs de particules, capables d'atteindre des énergies de 100 billions eV (12 fois celles que peut atteindre le LHC), visent à sonder ces conditions.

Alternatives aux cordes

Alors que la théorie des cordes (voir page 268) est encore la meilleure candidate pour une théorie du tout viable, elle suscite toujours des doutes. Le vaste nombre de solutions potentielles offertes par ses équations la rend extrêmement difficile à falsifier, car les défenseurs de cette théorie peuvent suggérer n'importe laquelle des 10^{500} états de vide potentiels en tant qu'alternative à toute solution s'étant avérée incorrecte. Une autre critique dit que la théorie des cordes ne tient pas compte du milieu : les cordes vibrent dans l'espace et dans le temps, mais ne nous disent pas comment l'espace et le temps sont venus à l'existence.

Pour Lee Smolin, le concepteur de la théorie de la gravitation quantique à boucles (voir page 266), la théorie des cordes évite les résultats expérimentaux, leur préférant les mathématiques élégantes, décrivant de multiples dimensions et des mondes parallèles sans se demander s'ils peuvent être testés. En 1999, Smolin a contribué à la fondation de l'Institut Perimeter (Canada), consacré à la physique théorique, où les chercheurs étudient, outre la théorie des cordes, les théories alternatives de la gravitation quantique.

	Théorie des cordes	Gravitation quantique à boucles
Origines	Développée à partir de la théorie quantique	Développée à partir de la relativité générale
But	Théorie potentielle du tout	Théorie quantique de la gravitation, écartant le besoin d'une théorie du tout
Exigences	Particules supersymétriques	Particules non supersymétriques
	10 ou 11 dimensions	4 dimensions (peut en intégrer davantage)
	Espace-temps continu	Espace-temps quantifié
Tests possibles	Graviton à spin 2	Trous blancs (objets spatio-temporels où s'échappe la matière avalée par les trous noirs)
	Variation de la gravitation dépendante de la composition	Vitesse de la lumière variable aux énergies les plus élevées (rayons gamma)

L'interprétation de Copenhague a-t-elle raison?

L'interprétation de Copenhague a dominé la mécanique quantique pendant pratiquement un siècle, mais dans quelle mesure doit-on la prendre littéralement? Niels Bohr considérait encore les particules et les atomes comme par inhérence déterministes, et voyait la fonction d'onde comme la meilleure tentative de conceptualiser ce fait. Quand il s'agit de résoudre des problèmes standard de la mécanique quantique, cela fonctionne bien. Expliquer les franges d'interférences de Young ou les orbitales des électrons ne dépend pas réellement du fait que la fonction d'onde soit une chose matérielle ou une idée abstraite; les mathématiques fonctionnent dans les deux cas. Mais si on creuse un peu plus dans la nature, la question devient plus importante. La différence entre une onde ordinaire et une onde conceptuelle pourrait être un réseau infini d'univers parallèles ou la clé du secret de la gravitation quantique. Au fil des décennies à venir, les physiciens quantiques devront décider lequel de ces concepts est correct. En fonction de la réponse, notre compréhension non seulement de la nature, mais de notre place dans l'Univers (ou dans le multivers), sera très différente.

« Je suis persuadé que Dieu ne joue pas aux dés. »

Albert Einstein

Glossaire

Boson
Particule à spin zéro ou nombre entier. Les bosons de jauge, créés souvent comme particules virtuelles, jouent un rôle capital en véhiculant les forces fondamentales de la nature entre fermions.

Atome
La plus petite unité indivisible de matière qui montre les propriétés d'un élément chimique. Les atomes ont un noyau compact formé de protons à charge positive et de neutrons neutres, entourés par un nuage d'électrons chargés dont le nombre correspond au nombre de protons.

Constante de Planck
Constante physique qui aide à définir les relations à échelle quantique comme celle entre la fréquence d'un photon et l'énergie qu'il renferme.

Électron
Particule élémentaire à masse faible et à charge électrique négative. Les électrons sont présents sur les orbitales entourant le noyau atomique.

Fermion
Toute particule à spin mi-entier, incluant toutes les particules élémentaires (quarks et leptons). Les fermions sont régis par le principe d'exclusion de Pauli.

Fonction d'onde
Description de l'état quantique d'un système, souvent noté par la lettre grecque ψ (psi). La fonction d'onde décrit la probabilité qu'une mesure effectuée sur un système quantique donne un résultat particulier.

Force fondamentale
L'une des quatre forces régissant la manière dont les particules de matière interagissent dans la nature. Trois des forces fondamentales, l'électromagnétisme, l'interaction faible et forte, sont décrites par la physique quantique. La quatrième, la gravitation, est actuellement décrite seulement par la relativité générale.

Lepton
Tout membre d'une famille de particules élémentaires qui ne sont pas sensibles à l'interaction nucléaire forte, incluant les électrons et les neutrinos.

Moment cinétique
Propriété des objets en rotation, liée à leur inertie et à leur vitesse de rotation autour d'un axe.

Moment magnétique
Propriété déterminant la force du champ magnétique créé par un objet, et sa sensibilité à l'influence d'autres champs magnétiques.

Neutron
Particule subatomique neutre formée de deux quarks down et d'un quark up, présente dans le noyau atomique.

Orbitale
Région entourant un noyau atomique, occupée par les électrons. La taille d'une orbitale détermine l'énergie des électrons qui l'occupent.

Particule alpha
Particule émise par la désintégration radioactive alpha, formée de deux protons et deux neutrons – équivalant au noyau d'un atome d'hélium.

Particule bêta
Particule émise par la désintégration radioactive bêta – un électron ou, rarement, un positron. Les particules bêta sont émises par les noyaux atomiques instables quand un neutron se transforme en proton ou, plus rarement, *vice-versa*.

Particule virtuelle
Particule qui vient spontanément

à l'existence et existe pour un laps de temps extrêmement court en résultat du principe d'incertitude d'Heisenberg, tel qu'il s'applique au temps et à l'énergie. Les particules virtuelles sont produites en paires particule-antiparticule et agissent comme bosons de jauge véhiculant les forces fondamentales de la nature.

Photon
Paquet discret d'énergie électromagnétique qui peut montrer un comportement tant d'onde que de corpuscule.

Principe d'exclusion de Pauli
Loi qui empêche les fermions d'occuper des « états » identiques dans un système, donc responsable de la majeure partie de la structure de la matière.

Principe d'incertitude d'Heisenberg
Relation affirmant l'impossibilité de mesurer en même temps avec exactitude deux propriétés quantiques complémentaires (par exemple, la position et la quantité de mouvement d'une particule).

Proton
Particule subatomique lourde, à charge électrique positive, présente dans le noyau atomique et composée de deux quarks up et d'un quark down.

Quantum
1. Quantité indivisible d'une grandeur physique, correspondant à la variation d'un nombre quantique.
2. Discontinuité élémentaire d'une valeur quantifiée, en particulier de l'énergie.

Quark
Particule élémentaire existant en six « saveurs » différentes, responsable de la plupart de la masse de la matière.

Raies spectrales
Lignes d'un spectre de lumière de longueurs d'onde spécifiques, générées par l'émission ou l'absorption de lumière à mesure que les électrons se déplacent entre les

orbitales et les niveaux énergétiques de l'atome.

Rayonnement électromagnétique
Phénomène naturel où les ondes électrique et magnétique interfèrent l'une avec l'autre et se fortifient l'une l'autre. Il peut montrer des propriétés très différentes en fonction de sa longueur d'onde, de sa fréquence et de son énergie. Circule en paquets discrets d'énergie – photons – qui montrent tant des propriétés d'onde que des propriétés de corpuscule.

Rayonnement gamma
Forme de rayonnement électromagnétique à énergie élevée, émis par divers processus comme la désintégration radioactive.

Spin
Propriété des particules subatomiques, analogue au moment cinétique des objets plus grands, qui affecte plusieurs aspects de leur comportement.

Vecteur
Objet mathématique ayant une magnitude et une direction déterminées. Beaucoup de propriétés quantiques sont décrites en termes de vecteurs.

Notation scientifique :
Ce livre parle de nombres très grands et très petits. Pour simplifier leur présentation, la notation scientifique a été utilisée sous la forme $a \times 10^b$ (a multiplié par 10 à la puissance b). Donc $3 \times 10^6 = 3\,000\,000$. Dans ce système, les valeurs négatives de b indiquent la multiplication par $1/10^b$, par exemple $3 \times 10^{-6} = 3 \times 0{,}000001 = 0{,}000003$.

Index

Titre original :
Quantum Physics in minutes

Traduit de l'anglais et adapté par
Antonia Leibovici

Maquette : Pikaia Imaging

ISBN : 978-2-84933-411-9

www.editions-tredaniel.com
info@guytredaniel.fr
www.facebook.com/editions.tredaniel

Imprimé en France - Laballery - 707195

Crédits des images 2 : general-fmv via Shutterstock, Inc. ; 11 : Fouad A. Saad via Shutterstock, Inc. ; 13 : Mopic via Shutterstock, Inc. ; 19 : Fouad A. Saad via Shutterstock, Inc. ; 71 : Patricia.fidi via Wikimedia ; 79 : N.Un.Sharp, NOAO/NSO/ Kitt Peak FTS/AURA/NSF ; 81 : ESO/H. Drass et al. ; 85 : NASA ; 89 : CERN/ BEBC ; 99 : ESA/Hubble & NASA ; 109 : Johnwalton via Wikimedia ; 115 : Courtesy National Institute of Standards and Technology ; 119 : Julian Herzog via Wikimedia ; 121 : CERN for the ATLAS and CMS Collaborations ; 123 : FurryScaly/ Flickr ; 143 : BenBritton via Wikimedia ; 153 : PoorLeno via Wikimedia ; 159 : Alexander Sakhatovsky via Shutterstock, Inc. ; 161 : NASA ; 181 : Rhoeo via Shutterstock, Inc. ; 189 : GFHund via Wikimedia ; 193 : Jorge Stolfi via Wikimedia ; 201 : Matt McIrvin via Wikimedia ; 211 : Michael Courtney via Wikimedia ; 213 : NASA, ESA, S. Beckwith (STScI) et le HUDF Team ; 217 : GiroScience via Shutterstock, Inc. ; 219 : NASA / WMAP Science Team ; 221 : Max Planck Institute for Astrophysics/Springel et al., 2005 ; 227 : Juergen Faelchle via Shutterstock, Inc. ; 237 : NASA/CXC/SAO/F. Seward et al. ; 247 : Vadim Sadovski via Shutterstock, Inc. ; 251 : Mikkel Juul Jensen/ Science Photo Library ; 255 : Tenth Seal via Shutterstock, Inc. ; 263 : Markus Gann via Shutterstock, Inc. ; 265 : CMS/CERN ; 269 : DrHitch via Shutterstock, Inc. ; 273 : r.classen via Shutterstock, Inc. ; 279 : Lunch via Wikimedia ; 283 : Fritz Goro/ Contributor/Getty Images ; 287 : Detlev van Ravenswaay/Science Photo Library ; 291 : Henning Dalhoff/Science Photo Library ; 295 : Rhoeo via Shutterstock, Inc. ; 297 : ktsdesign via Shutterstock, Inc. ; 299 : Victor Habbick via Shutterstock, Inc. ; 301 : Nicolle R. Fuller/Science Photo Library ; 305 : Mega Pixel via Shutterstock, Inc. ; 313 : PHOTOCREO Michal Bednarek via Shutterstock, Inc. ; 319 : Volker Steger/ Science Photo Library ; 321 : Svetlana Lukienko via Shutterstock, Inc. ; 325 : Johan Swanepoel via Shutterstock, Inc. ; 327 : ORNL/Jill Hemman ; 329 : Designua via Shutterstock, Inc. ; 335 : Robert Lucian Crusitu via Shutterstock, Inc. ; 341 : ESA - J. Huart ; 345 : Sebastian Kaulitzki via Shutterstock, Inc. ; 355 : Simen Reine-UIO ; 357 : Andrii Vodolazhskyi via Shutterstock, Inc. ; 359 : FotoRequest via Shutterstock, Inc. ; 361 : Smit via Shutterstock, Inc. ; 363 : Roland Deschain via Wikimedia ; 365 : Alila Medical Media via Shutterstock, Inc. ; 367 : AkeSak via Shutterstock, Inc. ; 371 : Mopic via Shutterstock, Inc. ; 379 : Hweimer via Wikimedia ; 387 : general-fmv via Shutterstock, Inc. ; 389 : D-Wave Systems, Inc. via Wikimedia ; 391 : Fomanu via Wikimedia ; 393 : Aleksandar Mijatovic via Shutterstock, Inc. ; 397 : ESA - AOES Medialab ; 399 : Martin Hoscik via Shutterstock, Inc. ; 401 : NASA/ESA, ESO, Frédéric Courbin (École polytechnique fédérale de Lausanne, Suisse) & Pierre Magain (Université de Liège, Belgique) ; 403 : NASA/JPL/Space Science Institute. Toutes les autres illustrations : Tim Brown.